高等职业教育“互联网+”新形态一体化系列教材
高职高专院校汽车类专业技术技能型人才培养教材

汽车保险与理赔

主　编◎刘　颖　朱　颖
副主编◎孙　丽　于洪兵　杨秀芳　张启森
参　编◎杨质彬
主　审◎白树全

華中科技大學出版社
http://www.hustp.com
中国·武汉

内容简介

全书共分为8个学习任务，主要内容包括汽车保险基础知识、汽车保险合同、汽车保险基本原则、机动车交通事故责任强制保险、机动车商业保险、汽车保险承保实务、汽车保险理赔实务及汽车保险相关法律法规。

本书既可作为高职高专院校汽车制造与装配技术、汽车运用与维修技术、汽车电子技术、汽车营销与服务、新能源汽车技术等专业的教材，也可供相关工程技术人员参考。

图书在版编目(CIP)数据

汽车保险与理赔/刘颖，朱颖主编. —武汉：华中科技大学出版社，2020.6
ISBN 978-7-5680-4097-6

Ⅰ. ①汽… Ⅱ. ①刘… ②朱… Ⅲ. ①汽车保险-理赔-中国-职业教育-教材 Ⅳ. ①F842.63

中国版本图书馆 CIP 数据核字(2020)第106101号

汽车保险与理赔 刘 颖 朱 颖 主编
Qiche Baoxian yu Lipei

策划编辑：张 毅
责任编辑：刘姝甜
封面设计：孢 子
责任监印：朱 玢
出版发行：华中科技大学出版社(中国·武汉) 电话：(027)81321913
武汉市东湖新技术开发区华工科技园 邮编：430223
录 排：华中科技大学惠友文印中心
印 刷：武汉市籍缘印刷厂
开 本：787mm×1092mm 1/16
印 张：14.25
字 数：365千字
版 次：2020年6月第1版第1次印刷
定 价：42.00元

高等职业教育“互联网+”新形态一体化系列教材
高职高专院校汽车类专业技术技能型人才培养教材

编审委员会

前言 QIANYAN

为进一步规范车险市场，完善车险管理制度，改进车险承保和理赔服务，更好地保护消费者的合法权益，商业车险从 2015 年 6 月至 2016 年 6 月，已分三个批次在全国陆续实施改革。商业车险改革后，汽车服务领域人才的培养及整个社会保险知识水平的提升已迫在眉睫。

本书从高等职业教育的特点出发，及时跟进社会及行业最新发展动态，以满足用人单位的要求为宗旨，以符合汽车保险相关岗位能力要求为目标，内容十分贴合行业实际，具有较强的针对性和实用性。

本书具体特点如下：

(1) 采用最新、最具代表性的案例。本书每个学习任务都会导入相关案例，使课程知识围绕案例展开，引发读者思考，便于理解，且非常实用。

(2) 内容紧跟汽车保险行业的发展动态。本书对现行商业车险相关法律条款进行了归纳总结，内容结构合理，深入浅出，以应用为目的，减少实用性不强的知识，调动读者学习的主动性。

(3) 图文并茂，模块丰富。本书既有大量汽车保险单证和实务图片，还有部分装饰图片，使内容不再枯燥，能给读者带来轻松、愉悦的阅读感受；穿插了"思考""小知识""小案例""拓展与提升"等模块，能激发读者的学习兴趣，拓宽视野。

(4) 融入"互联网＋"思维，以二维码形式展现。为有效丰富教师的教学手段，提高学生的学习效率，本书配备了大量的微课、视频和动画，学生可以随时随地扫描二维码进行观看，轻松记忆，知识点更加形象立体。

本书由包头职业技术学院刘颖、朱颖任主编并负责统稿，包头职业技术学院孙丽、于洪兵、杨秀芳和无锡汽车工程高等职业技术学校张启森任副主编，中国平安保险公司鄂尔多斯中心支公司副总经理杨质彬参编。具体编写分工：刘颖负责编写学习任务 1、学习任务 4 和学习任务 5；朱颖负责编写学习任务 2 和学习任务 8；孙丽负责编写学习任务 3；杨秀芳负责编写学习任务 6；于洪兵负责编写学习任务 7；杨质彬、张启森也参加了部分内容的编写。全书由包头职业技术学院白树全教授主审。在此衷心感谢为本书编写提供支持的所有人。

由于时间仓促，编者水平有限，书中难免有疏漏与不妥之处，恳请广大读者提出宝贵意见和建议，以便再版修订时补充完善。

编　者

2020 年 3 月

目录 MULU

学习任务1
汽车保险基础知识

1

近年来,我国经济高速发展,汽车行业也取得了长足进步。但是,汽车在给人们的交通带来便利的同时,也给人们带来了潜在的风险。学习风险和风险管理知识以后,读者能对车主所面临的风险进行有效管理。由于汽车存在风险,汽车保险应运而生。掌握汽车保险的相关知识,对汽车车主及保险与理赔工作者都具有重要意义。

本任务主要介绍汽车保险基础知识,旨在让读者全面了解和认识汽车保险,从而为后续汽车承保和理赔实务的学习奠定基础。

知识目标

- 了解风险的含义、特征、要素、分类,以及风险管理;
- 了解保险的概念、相关术语、特征、功能和分类;
- 掌握保险的要素和汽车保险的概念;
- 熟悉我国汽车保险的发展历程及汽车保险产品。

能力目标

- 能够为客户分析其所面临的风险,并能帮助客户选择风险管理方法;
- 能够判断可保风险,帮助客户认识汽车保险产品。

1.1 风险概述

【案例导入】

30 岁的王先生属工薪族，驾龄为 5 年。2016 年，他在某 4S 店买了一辆新帕萨特汽车，该车停在地下车库，一般用于上下班代步和自驾旅游。

讨论：王先生面临哪些风险？如果你是保险公司的销售人员，你如何帮助王先生进行风险分析？其所面临的风险应怎样去管理？

【相关知识】

“天有不测风云，人有旦夕祸福”，这句话极为形象地刻画了风险的存在，风险的存在与发生又催生出解决风险的机制——保险。无风险无保险，风险的客观存在是保险产生和发展的基础，因此，研究保险必须从认识风险开始。

风险的由来和发展

保险理论中的风险，通常是指损失的不确定性，也就是说，风险应该是引起损失的事件，没有给人们造成损失的事件不属于风险。不确定性包括事件是否发生的不确定性、事件发生时间的不确定性及事件发生状况和结果的不确定性。

一、风险的特征

（一）客观性

风险是客观存在的，不以人的意志为转移，如自然界的地震、台风、洪水，人类社会的瘟疫、战争、意外事故等。无论人们是否愿意，它们都会客观存在。人们通过对风险事件进行长期大量的观察，已经研究出风险的存在方式、发生规律等，从而可在一定时间和空间内改变风险存在和发生的条件，降低风险发生的频率和减轻损失程度，使风险在一定程度上得以控制。但是，从总体上说，风险是不可能被彻底消除的，风险是客观存在的。

（二）普遍性

风险无处不在，无时不有。人类自从出现后，就面临着各种各样的风险。随着科学技术的发展、生产力的提高、社会的进步、人类的进化，又产生了新的风险。大到国家，小到个人，都面临着各种各样的风险，风险已渗透到社会生活的每个层面，所以说，风险具有普遍性。

（三）损失性

风险与人们的利益密切相关。损失是风险发生的后果，凡是风险都会给人们的利益造成损害。经济上的损失可以用货币进行衡量。保险不是保证危险不发生，而是保证消除危险发生的后果，即对损失进行经济补偿。

（四）不确定性

风险及其造成的损失总体上来说是必然的、可知的，但个体上却又是偶然的、不可知的，具有不确定性，主要表现在风险的发生与否、发生时间、发生地点、发生原因、损失程度等的不确定性。以交通事故为例，交通事故每天都必然发生，但具体是哪一辆车、在什么时间、什么地点发生是无法预先确定的。

（五）规律性

个别风险的发生是偶然的、不可预知的，但对大量风险进行观察会发现，风险往往呈现出明显的规律性。例如，交通事故对于每一个驾驶员来说是偶然的不幸事件，但是通过对某一地区发生的各种交通事故进行长期观察统计，就会发现，驾驶员的驾龄、年龄、性别、婚否与交通事故发生率有一定的规律性，从而可以测算出各类驾驶员的交通事故率。

（六）发展性

人类在创造和发展物质的同时，也创造和发展了风险，尤其是科学技术的发展，使风险的发展更为突出。例如，汽车发展的同时，也造成了空气污染等问题。风险的发展为保险创造了更为广阔的发展空间。

思考

假如A、B、C三件事情发生的概率分别是30%、50%、100%，那么，哪一件事情的风险最大呢？

二、风险的构成要素

风险是由风险因素、风险事故和风险损失构成的。

（一）风险因素

风险因素也称风险条件，指在风险事故发生时，创造或增加损失可能性的条件。风险因素通常分为实质风险因素、道德风险因素和心理风险因素三类，其中，后两者与人的行为密不可分。

1．实质风险因素

实质风险因素是有形的并直接影响事物物理功能的因素，如汽车的构造、材料等，这些实质风险因素有可能导致某一车辆的损失。

2．道德风险因素

道德风险因素是与人的品德修养有关的无形因素，指由于个人的不诚实或故意行为导致风险事故发生，如欺诈、纵火、盗窃等（故意使其发生）。

3．心理风险因素

心理风险因素是与人的心理状态有关的无形因素，指由于人们主观上的疏忽或过错，以致增加风险事故发生的机会或扩大损失的可能性。例如，把贵重物品放在车中，可能会诱惑小偷盗窃；不及时维护保养汽车，会使汽车受损可能性增加（无意使其发生）。

（二）风险事故

风险事故也称风险原因，是指造成人身伤亡或财产损失的直接原因，如汽车制动失灵、盗窃、失火等，这些风险事故都会造成车损。

(三)风险损失

风险损失是指风险事故引起的损失,是指非故意、非计划性的和非预期的经济价值的减少。要注意区别的是,汽车零部件的正常磨损,尽管会使汽车的经济价值减少,却并不是由偶然的风险事故引起的,因此不为风险损失;发生交通事故后,汽车受到损伤,车主心情不愉快也是一种损失,然而"心情不愉快"无法用经济价值衡量,因此也不为风险损失。保险中所指的风险损失必须满足两个要素:一是非故意、非计划性和非预期;二是经济价值的减少。

(四)风险因素、风险事故和风险损失三者之间的关系

风险因素、风险事故和风险损失均为风险的要素。三者之间存在因果关系,即风险因素引起风险事故,风险事故导致风险损失,如图 1-1 所示。例如,某人拥有一辆汽车,这就可能存在很多风险因素,如此人与新车还处于磨合期、驾驶技术不熟练、汽车存在机械故障等,这些风险因素可能引发或增加碰撞、自燃等风险事故,这些风险事故又可能导致各种直接或间接的风险损失。

图 1-1　风险要素之间的因果关系

思考

某日,徐某驾车行驶至一路口时,遇红灯,便停车等待。此时,后车撞向徐某的轿车,导致其轿车多处受损。此次事故中风险因素、风险事故和风险损失分别是什么?

三、风险的分类

风险是多种多样的,为了便于分析和研究风险的规律和特点,根据不同的划分标准,可将风险分为不同的类别。

(一)按照风险的性质分类

按照风险的性质分类,风险可分为纯粹风险与投机风险。

1. 纯粹风险

纯粹风险是指只有损失机会而无获利可能的风险,如房屋所有者面临的火灾风险、车主面临的碰撞风险等。例如,发生交通事故车辆受损,车主便会遭受经济利益上的损失,而不会额外获利,此类风险即为纯粹风险。

2. 投机风险

投机风险是相对于纯粹风险而言的,是指既有损失机会又有获利可能的风险,如股票买

卖、赌博等。投机风险的后果一般有三种:一是有损失;二是无损失;三是盈利。比如,在股票市场上买卖股票,存在赚钱、赔钱和不赚不赔三种后果,因而属于投机风险。

小知识 ……

纯粹风险与投机风险的区别:纯粹风险的风险事故及损失一般可以通过大量的统计资料进行科学测算,而投机风险一般都是不规律的,无规则可循,难以利用数理统计的方法测算。

(二) 按照风险的环境分类

按照风险的环境分类,风险可分为静态风险和动态风险。

1. 静态风险

静态风险是指在社会、政治、经济环境正常的情况下,由于自然力的不规则变动以及人们的错误判断和错误行为所导致的风险。例如,地震、洪水、飓风等自然灾害,交通事故、火灾、工业伤害等意外事故均属静态风险。静态风险一般为纯粹风险。

2. 动态风险

动态风险是指与社会变动有关的风险,主要是社会、经济、政治以及技术、组织机构发生变动而产生的风险。例如,通货膨胀、罢工、暴动、国家政策变动等均属动态风险。

(三) 按照风险的损害对象分类

按照风险的损害对象分类,风险可分为财产风险、责任风险、信用风险与人身风险。

1. 财产风险

财产风险是指一切导致有形财产损毁、灭失或贬值的风险以及导致经济或金钱上损失的风险,如房屋会遭受火灾、地震等风险;车辆在行驶中,可能遭受碰撞的风险。

2. 责任风险

责任风险是指由于个人或团体的疏忽或过失行为,造成他人财产损失或人身伤亡,依照法律应承担民事责任的风险,如发生交通事故导致第三者受伤的风险。

3. 信用风险

信用风险是指在经济交往中,权利人与义务人之间由于一方违约或违法致使对方遭受经济损失的风险,如借款人不按期还款导致贷款人遭受经济损失的风险。

4. 人身风险

人身风险是指导致人的伤残死亡、丧失劳动能力以及增加医疗费用支出的风险,如由于生老病死等生理规律和自然、政治、军事、社会等原因造成人早逝、伤残、工作能力丧失等的风险。

(四) 按照风险产生的原因分类

按照风险产生的原因分类,风险可分为自然风险、社会风险、政治风险、经济风险和技术风险。

1. 自然风险

自然风险是指由于自然现象、物理现象和其他物质现象所形成的风险,如地震、水灾、火灾、雹灾、旱灾、虫灾及各种瘟疫等。在各类风险中,自然风险是保险公司承保最多的风险。

2. 社会风险

社会风险是指由于个人或团体的过失、不当及故意行为等,使社会生产及人们生活遭受损失的风险,如盗窃、抢劫、玩忽职守及故意破坏等行为造成损失的风险。

3. 政治风险

政治风险又称为国家风险,是指在对外投资和贸易过程中,因政治原因或不可控原因使债权人可能遭受损失的风险,如因进口国发生战争、内乱而中止货物进口造成损失的风险。

4. 经济风险

经济风险是指企业在生产和销售等经营活动中由于受各种市场供求关系、经济贸易条件等因素变化的影响或经营者决策失误等导致经营失败的风险,如企业生产规模的增减、价格的涨落和经营的盈亏等导致的风险。

5. 技术风险

技术风险是指随着科学技术的发展、生产方式的改变而产生的,威胁人们生产和生活的风险,如空气污染、噪声等造成损失的风险。

四、风险管理

(一)风险管理的概念

风险管理是指人们通过风险识别、风险估测、风险评价等过程,对风险实施有效控制及妥善处理风险所致的损失。风险管理的目的是以最小的成本获得最大的安全保障。风险管理的过程包括风险识别、风险估测、风险评价、选择风险管理技术和评估风险管理效果等环节。

(二)风险管理的方法

风险管理的基本方法包括控制风险法和财务处理法两类。

1. 控制风险法

控制风险法是指采用各种措施避免、排除或减少风险,目的在于改善损失的不利条件,降低损失频率,减小损失幅度。常见的控制风险法包括风险避免、风险预防、风险抑制等。

1)风险避免

风险避免是指放弃或不进行可能带来损失的活动和工作,完全避免特定的损失风险。风险避免是一种消极的风险处理办法,因为放弃风险行为的同时,往往也失去了潜在的相关收益。在以下两种情况下才会采用这种方法:一是某特定风险所致损失频率相当高,损失幅度相当大;二是在处理风险时,成本大于其产生的效益。

2)风险预防

风险预防是指在风险发生前为了消除或减少可能引发损失的各种因素而采取处理风险的具体措施,其目的在于,通过消除或减少风险因素,降低风险损失发生的频率。例如,在居民区建造车库,将汽车停放在车库中,可以显著减少汽车被盗风险。

3)风险抑制

风险抑制是指风险发生时或发生后,为减轻损失程度或者避免损失而采取各种措施。例如,车里附带灭火设备可以在汽车自燃时及时灭火,减少损失。

2. 财务处理法

财务处理法是指采用财务技术来处理风险,通过提供财务基金的方式,消除事故带来的损失。常见的财务处理法有风险自留和风险转嫁。

1）风险自留

风险自留是指企业或单位自行承担风险损害后果。风险自留包括主动自留和被动自留。

2）风险转嫁

风险转嫁是指单位或个人为避免承担风险损失，有意识地将损失或与损失有关的财务后果转嫁给另一个单位或个人。风险转嫁的主要形式有保险转嫁和非保险转嫁。

（1）保险转嫁。保险是使用最为广泛的风险转嫁方式，车主购买机动车保险就是把风险转嫁给保险公司。

（2）非保险转嫁。非保险转嫁包括出让转嫁和合同转嫁。出让转嫁主要用于投机风险，如股票下跌时出让股票。合同转嫁是通过签订合同，将部分或全部风险转嫁给一个或多个其他参与者。

1.2 保险概述

【案例导入】

2019年3月3日，保险公司客服接到报案：一投保车辆当日17时发生翻车事故。查勘员与报案人取得联系并进行现场查勘，发现方向盘上有新鲜血迹，之后查勘员核实保单发现，该车3月2日投保，3月3日生效，生效当天就出了险。查勘员在公安机关协助下，从医院取得了司机入院抢救的单证，抢救时间为3月1日15时。后据事故目击者证实，该车是在3月1日翻的车。

讨论：保险公司会赔偿吗？为什么？

【相关知识】

一、保险的概念

保险的概念可以从不同角度进行解释。

从经济的角度来解释，保险人通过收取保险费（简称保费）建立保险基金，然后对个别客户出现的意外事故损失进行赔偿，所以，保险是分摊意外事故损失的财务安排。

从法律的角度来解释，保险是一种合同行为，即通过签订保险合同，明确双方当事人的权利与义务，被保险人交纳保费以获取保险合同规定范围内的赔偿，保险人则有收受保费的权利和提供赔偿的义务。

《中华人民共和国保险法》（以下简称《保险法》）第二条明确了保险的定义：“本法所称保险，是指投保人根据合同约定，向保险人支付保险费，保险人对于合同约定的可能发生的事故因其发生所造成的财产损失承担赔偿保险金责任，或者当被保险人死亡、伤残、疾病或者达到合同约定的年龄、期限等条件时承担给付保险金责任的商业保险行为。”

重要提示

保险基本术语

- 保险人:与投保人订立保险合同,并承担赔偿或者给付保险金责任的保险公司。
- 投保人:与保险人订立保险合同,并按照保险合同负有支付保险费义务的人。
- 被保险人:财产或人身受保险合同保障、享有保险金请求权利的人。
- 保险标的:作为保险对象的财产及有关利益或者人的寿命和身体。
- 保险利益:投保人或者被保险人对保险标的具有的法律上承认的利益。
- 保险费:投保人为使保险人承担保险责任而向保险人支付的费用。
- 保险金额:保险合同约定的保险人承担保险责任的最高限额,也是投保人对保险标的的实际投保金额。

二、保险的要素

保险的要素是指进行保险经济活动所应具备的基本条件。现代商业保险包括五大要素,即可保风险的存在、大量同质风险的集合与分散、保险费率的厘定、保险基金的建立及保险合同的订立。

(一)可保风险的存在

可保风险是指可被保险人接受承保的风险。构成可保风险的条件如下:

(1)风险必须是纯粹风险。保险人承保的风险只能是纯粹风险,纯粹风险引起的事故构成保险的基础。

(2)风险的发生是不确定的。风险是未来事件发生的不确定性,是不能预料的。这就要求被保险人在投保时不知道风险将来是否一定会发生,更不知道风险发生后会造成多大的损失。如果投保人可以预见风险的发生,就形成了逆选择,这对保险人是不利的。

小知识……

逆选择是指投保人在明知道保险标的存在隐患、未来必定会发生某种损失的情况下,隐瞒保险人并向保险人投保的一种风险转移方式。

(3)存在大量同质风险的保险标的。只有保险标的的数量足够大,性质是相同或接近的,保险公司才可以根据保险统计数据,准确地预测风险,使遭受风险损失者能获得有力的保障。

(4)风险不能使大量同质标的同时遭受损失。虽然可保风险要求存在大量同质风险的保险标的,但是大量同质标的不能同时发生损失,否则损失幅度过大,保险人在财务上将无力承受。

(5)风险损失是可预测的。风险损失的可预测性是指损失发生的原因、时间、地点都可以被确定,损失金额也是可以衡量的。所以,保险合同对保险责任、保险期限等都做了明确规定,只有在保险期限内发生的、保险责任范围内的损失，保险人才负责赔偿，而且赔偿金额以实际损失为限。

（二）大量同质风险的集合与分散

保险既是风险的集合，也是风险的分散过程。众多投保人将其所面临的风险转嫁给保险人，保险人将众多投保人所面临的风险集合起来。当个别被保险人因为遭遇保险责任范围内的事故发生损失时，保险人会把损失分摊给全部投保人，也就是通过保险的补偿或给付行为将集合的风险予以分散。

（三）保险费率的厘定

保险在实质上是一种特殊商品的交换行为。制订保险商品的价格，即厘定保险费率，是保险的基本要素。厘定保险费率是保险产品定价的基础、保险人计算保险费的依据。保险费率过高，保险需求会受到限制；费率过低，保险供给得不到保障。所以，过高或过低的保险费率都不能称为合理的费率。为了保证保险双方当事人的利益，费率的厘定应依据概率论、大数法则等原理进行计算。

（四）保险基金的建立

保险基金就是保险公司用于赔偿或给付的专项基金，是保险分摊损失和补偿功能的物质基础，只有建立了雄厚的保险基金，保险才能发挥其损失补偿和经济给付的职能。保险基金主要来源于保险公司的开业资金和保险费收入，以保险费收入为主。

（五）保险合同的订立

保险是一种经济关系，是投保人与保险人之间的经济关系。这种经济关系是通过合同的订立来确定的。保险的特性要求保险人与投保人应在确定的法律或契约关系约束下履行各自的权利与义务。倘若不具备在法律或合同的基础上建立的各自的权利与义务，保险经济关系则难以成立。因此，保险合同的订立是保险得以成立的基本要素，它是保险成立的法律保证。

三、保险的特征

（一）经济性

保险是一种经济保障活动，是整个国民经济活动的一个有机组成部分。同时，保险是一种特殊的劳务商品，体现了一种特殊的商品等价交换关系。

（二）互助性

保险在一定条件下，分担了个别单位和个人所不能承担的风险，从而形成了一种经济互助关系。这种互助关系体现在保险人用多数投保人交纳的保险费建立的保险基金对少数遭受损失的被保险人提供补偿或给付。所以，保险具有“一人为众，众人为一”的互助特性。

（三）法律性

保险是一种合同行为，受到法律的保护，所以，从法律的角度看，保险又是一种法律行为。

（四）科学性

保险是一种科学处理风险的有效措施。保险费率的厘定、保险准备金的提存等都是以精密的数理计算为依据的。因此，保险是具有科学性的。

四、保险的职能

现代保险一般具有四个职能，即分散风险、经济补偿、投资融资和防灾防损。其中，分散风险和经济补偿是保险的两个基本职能，投资融资、防灾防损是保险的两个派生职能。

(一) 基本职能

1. 分散风险

保险的基本职能之一是分散风险，它是指分摊损失，把参加保险的少数成员因自然灾害或意外事故所造成的损失分摊给所有成员来承担，起到“一人为众，众人为一”的互助共济的作用。

2. 经济补偿

分散风险本身不是目的，保险用分摊损失的方法来实现其经济补偿的目的。按照保险合同，对遭受灾害事故而受损的单位或个人进行经济补偿，是保险的另一个重要职能。

(二) 派生职能

1. 投资融资

对保险人而言，保险基金可用来投资经营，保值增值，因为保险费的收取与保险金的给付或赔偿之间存在着一定的时间差；对投保人而言，投保人可以选择某些保险产品获取预期的保险金给付，从而将保险作为一种投资。

2. 防灾防损

一般来说，保险人可以通过提供损失管理服务来实现保险的防灾防损功能，即帮助被保险人对潜在的损失风险进行预测、分析与评估，提出合理的事前预防方案和损失管理措施。

五、保险的分类

保险的分类方法很多，根据不同的分类标准，保险可以分为不同的类别。

(一) 按照实施方式分类

按照实施方式分类，保险可分为强制保险和自愿保险。

1. 强制保险

强制保险又称法定保险，是由国家(政府)通过法律或行政手段强制实施的一种保险。投保人必须投保，否则属于违法行为，如机动车交通事故责任强制保险。

2. 自愿保险

自愿保险是在自愿原则下，投保人与保险人双方在平等的基础上，通过订立保险合同而建立的保险关系，如汽车商业保险。

(二) 按照保险标的分类

按照保险标的分类，保险可分为财产保险和人身保险。

1. 财产保险

财产保险是以财产及有关利益为保险标的的保险，它包括财产损失保险、责任保险、信用保险等保险业务。

1）财产损失保险

财产损失保险是以各类有形财产为保险标的的保险。其主要包括的种类有企业财产保险、家庭财产保险、运输工具保险、货物运输保险、工程保险、特殊风险保险和农业保险等。

2）责任保险

责任保险是指以被保险人对第三者的财产损失或人身伤害依照法律应负的赔偿责任为保险标的的保险。其主要种类有公众责任保险、产品责任保险、雇主责任保险和职业责任保险等。

3）信用保险

信用保险是以各种信用行为为保险标的的保险。其主要种类有一般商业信用保险、出口信用保险、合同保证保险、产品保证保险和忠诚保证保险等。

2. 人身保险

人身保险是以人的寿命和身体为保险标的的保险，包括人寿保险、健康保险、意外伤害保险等。

（三）按照风险转移层次分类

按照风险转移层次分类，保险可分为原保险和再保险。

1. 原保险

原保险是保险人与投保人之间直接签订保险合同而建立保险关系的一种保险。投保人将其风险转嫁给保险人，当保险标的遭受保险责任范围内的损失时，保险人直接承担赔偿或给付责任。

2. 再保险

再保险也称分保，是保险人将其所承保的风险和责任的一部分或全部转移给其他保险人的一种保险。再保险的投保人本身就是保险人，称为原保险人；再保险业务中接受投保的保险人称为再保险人。

再保险人承保的保险标的是原保险人的保险责任，原保险人通过将业务转让给再保险人，使危险损失在保险人之间又进行了一次转移。

（四）按照承保方式分类

按照承保方式分类，保险可分为共同保险、复合保险和重复保险。

1. 共同保险

共同保险也称共保，是由几个保险人联合直接承保同一保险标的、同一风险、同一保险利益的保险。

2. 复合保险

复合保险是指投保人以同一保险标的、同一保险利益、同一保险事故分别与两个或两个以上保险人订立保险合同，但保险金额总和不超过保险标的实际价值的保险。

3. 重复保险

重复保险是指投保人以同一保险标的、同一保险利益、同一保险事故分别与两个或两个以上保险人订立保险合同，且保险金额总和超过保险标的实际价值的保险。

1.3 汽车保险概述

【案例导入】

“一下就比去年优惠了一千多块……”2019 年 12 月 26 日，王先生拿着自己续保的保单高兴地说。王先生的私家车于 2016 年购买，是一辆北京现代品牌的车，2018 年保费为 4 557.65 元，投保险种包括交强险、车损险、三者险、车上人员责任险以及不计免赔特约险。2019 年王先生投保同样的险种，保费为 3 530.18 元。今年的保费之所以这么低，是因为他良好的驾驶习惯——三年未出险让他享受到了优惠。

【相关知识】

一、我国汽车保险的发展历史

（一）萌芽时期

我国的汽车保险业务发展经历了一个曲折的过程。汽车保险进入我国是在鸦片战争以后，但由于当时我国保险市场处于外国保险公司的垄断与控制之下，加之中华人民共和国成立以前工业不发达，我国的汽车保险实质上处于萌芽状态，其作用十分有限。

（二）试办时期

1950 年，创建不久的中国人民保险公司开办了汽车保险。但是，因宣传的不足和认识的偏颇，不久就出现对此项保险的争议。有人认为，汽车保险以及第三者责任保险对肇事者予以经济补偿会导致交通事故的增加，对社会产生负面影响。于是，中国人民保险公司于 1955 年停止了汽车保险业务，直到 20 世纪 70 年代中期，为了满足各国驻华使领馆的外国人拥有汽车保险的需要，才重新开始办理以涉外业务为主的汽车保险业务。

（三）发展时期

我国保险业恢复之初的 1980 年，中国人民保险公司逐步全面恢复中断了 25 年之久的汽车保险业务，以适应国内企业和单位对于汽车保险的需要，适应公路交通运输业迅速发展、事故日益频繁的客观事实的需要。但当时汽车保险仅占财产保险市场份额的 2%。

随着改革开放形势的发展，社会经济和人民生活也发生了巨大的变化，机动车辆迅速普及和发展，机动车辆保险业务也随之得到了迅速发展。1983 年，我国将汽车保险改为机动车辆保险使其具有更广泛的适应性。此后，机动车辆保险在我国保险市场，尤其在财产保险市场中，发挥着重要的作用。

到 1988 年，汽车保险的保费收入超过了 20 亿元，占财产保险份额的 37.6%，第一次超过了企业财产险（35.99%）。从此以后，汽车保险一直是财产保险的第一大险种，并保持高增长率，我国的汽车保险业务进入了高速发展的时期。2014 年，车险保费收入为 5 515.93 亿元，占整个财产保险保费收入的比重达到 73.11%，是绝大多数财险公司的主力险种。从服务对象看，2014 年汽车保有量为 1.54 亿辆，车险行业承保汽车 1.38 亿辆。

在保费收入增长的同时，机动车辆保险条款、费率以及管理也日趋完善，尤其是中国保险监督管理委员会的成立，进一步完善了机动车辆保险的条款，加大了对费率、保险单证以及保险人经营活动的监管力度，加速建设并完善了机动车辆保险中介市场，对全面规范市场、促进机动车辆保险业务的发展起到了积极的作用。

1985 年，我国首次制定车险条款；中国保险监督管理委员会 2000 年统一印发了《机动车辆保险条款》；2003 年，为适应保险市场化，要求保险公司自主制订车险条款费率，报中国保险监督管理委员会审批后执行；2006 年，推出交强险条款，同时推出商业车险的 A、B、C 三套主险条款。各保险公司在 A、B、C 三种商业车险产品中选择一款并向中国保险监督管理委员会报批使用，A、B、C 三套条款的费率基本一致，附加险的费率差别较大；2007 年，保险行业协会又重新对商业车险的 A、B、C 三套条款进行修正和补充，将主要的附加险也给予统一；2012 年，保险行业协会发布了《机动车辆商业保险示范条款》，这是我国商业车险产品发展进程中的一次重要创新。

二、汽车保险的含义

汽车保险，即机动车辆保险，是指对机动车辆由于自然灾害或意外事故所造成的人身伤亡或财产损失负赔偿责任的一种商业保险。这里的机动车辆是指各种汽车、电车、摩托车、拖拉机、各种专用机械车、特种车等。

三、汽车保险的特征

风险与汽车保险

1. 保险标的出险率较高

汽车是陆地上的主要交通工具。由于其经常处于运动状态，载着人或货物不断地从一个地方开往另一个地方，很容易发生碰撞及其他意外事故，造成人身伤亡或财产损失。由于车辆数量的迅速增加，一些国家交通设施及管理水平跟不上车辆的发展速度，再加上驾驶人的疏忽、过失等人为原因，交通事故发生频繁，汽车出险率较高。2007—2016 年我国道路交通事故数据统计如表 1-1 所示。

表 1-1　2007—2016 年我国道路交通事故数据统计

年份	2007	2008	2009	2010	2011	2012	2013	2014	2015	2016
事故数量/起	327 209	265 204	238 351	219 521	210 812	204 196	198 394	196 812	187 781	212 846

2. 业务量大，投保率高

由于汽车出险率较高，汽车的所有者需要以保险方式转嫁风险。许多国家在不断改善交通设施、严格制定交通规章的同时，为了保障受害人的利益，对第三者责任保险实施强制保险。

保险人为适应投保人转嫁风险的不同需要，为被保险人提供了更全面的保障，在开展车辆损失险和第三者责任险的基础上，推出了一系列附加险，使汽车保险成为财产保险中业务量较大、投保率较高的一个险种。

3. 扩大保险利益

针对汽车的所有者与使用者不同的特点，汽车保险条款一般规定，不仅被保险人本人使用车辆时发生保险事故保险人要承担赔偿责任，而且被保险人允许的其他驾驶人使用车辆时，也视为其对保险标的具有保险利益，如果发生保险单上约定的事故，保险人同样要承担事故造成的损失，也就是说，凡经被保险人允许的驾驶人驾驶被保险人的汽车造成保险事故的损失，保险人须对被保险人负赔偿责任。此规定是为了对被保险人提供更充分的保障。在保险合同有效期内，如果被保险人将保险车辆转卖、转让、赠送他人，被保险人应当书面通知保险人并申请办理批改，否则，保险事故发生时，保险人对被保险人不承担赔偿责任。

4. 被保险人自负责任与无赔款优待

保险合同上一般规定，驾驶人在交通事故中自负责任，车辆损失险和第三者责任险在符合赔偿规定的金额内实行绝对免赔率；保险车辆在保险期限内无赔款，续保时可以按保险费的一定比例享受无赔款优待。以上规定的目的是促使被保险人注意养护车辆，使其保持安全行驶技术状态，并督促驾驶人注意安全行车，减少交通事故。

四、汽车保险的作用

我国自1980年国内汽车保险业务恢复以来，汽车保险取得长足进步，逐步成为与人们生活密切相关的经济活动，其重要性和社会性也正逐步突现，其作用如下：

1. 促进了汽车工业的发展，扩大了对汽车的需求

从目前经济发展情况看，汽车工业已成为我国经济健康、稳定发展的重要动力之一，汽车产业政策在国家产业政策中的地位越来越重要。汽车产业政策要产生社会效益和经济效益，要成为中国经济发展的原动力，离不开汽车保险及其配套服务。汽车保险业务自身的发展对汽车工业的发展起到了有力的推动作用，汽车保险的出现，解除了企业与个人对使用汽车过程中可能出现的风险的担心，一定程度上提高了消费者购买汽车的欲望，即扩大了对汽车的需求。

2. 稳定了社会公共秩序

随着我国经济的发展和人们生活水平的提高，汽车作为重要的生产运输和代步的工具，成为社会经济及人们生活中不可缺少的一部分，其作用越来越重要。汽车作为一种保险标的，虽然单位保险金不是很高，但数量多而且分散。车辆所有者既有党政部门，也有工商企业和个人。车辆所有者为了转嫁使用汽车带来的风险，愿意支付一定的保险费投保，在汽车出险后，从保险公司获得经济补偿。由此可以看出，开展汽车保险既有利于社会稳定，又有利于保障保险合同当事人的合法权益。

3. 促进了汽车安全性能的提高

汽车保险业务的经营管理与汽车维修行业及其价格水平密切相关，原因是，在汽车保险的经营成本中，事故车辆的维修费用是其重要的组成部分，同时，车辆的维修质量在一定程度上体现了汽车保险产品的质量。保险公司出于有效控制经营成本和风险的需要，除了加强自身的经营业务管理外，必然会加大事故车辆修复工作的管理，这就在一定程度上提高了汽车维修质量管理的水平。同时，汽车保险的保险人从自身和社会效益的角度出发，联合汽车生产厂

家、汽车维修企业开展汽车事故原因的统计分析，研究汽车安全设计新技术，并为此投入大量的人力和财力，促进了汽车安全性能方面的提高。

4. 汽车保险业务在财产保险中占有重要的地位

目前，在大多数发达国家，汽车保险业务在整个财产保险业务中占有十分重要的地位。美国汽车保险保费收入，占财产保险总保费的45%左右，占全部保费的20%左右；日本汽车保险的保费占整个财产保险总保费的比例更是高达58%左右。

从我国情况来看，随着积极的财政政策的实施，道路交通建设的投入越来越多，汽车保有量逐年增加。在过去的20年，汽车保险业务保费收入每年都以较快的速度增长。在国内各保险公司中，汽车保险业务保费收入占其财产保险业务总保费收入的50%以上，部分公司的汽车保险业务保费收入占其财产保险业务总保费收入的60%以上。汽车保险业务已经成为财产保险公司的"吃饭险种"，其经营的盈亏直接关系到整个财产保险行业的经济效益。可以说，汽车保险业务的效益已成为财产保险公司效益的晴雨表。

五、汽车保险产品简介

目前，我国汽车保险产品主要分为机动车交通事故责任强制保险（以下简称交强险）和商业保险两部分。汽车保险产品的具体分类如图1-2所示。

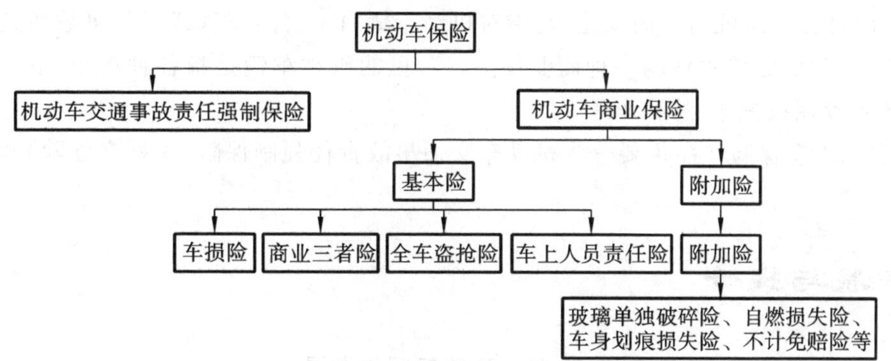

图1-2 汽车保险产品分类

1. 交强险

交强险是由保险公司对被保险机动车发生道路交通事故造成受害人（不包括本车人员和被保险人）的人身伤亡、财产损失在责任限额内予以赔偿的强制性责任保险。交强险是我国首个由国家法律规定实行的强制保险。

2. 商业保险

商业保险包括基本险和附加险。基本险包括车辆损失险（简称车损险）、商业第三者责任险（简称商业三者险）、全车盗抢险及车上人员责任险。附加险包括玻璃单独破碎险、自燃损失险、车身划痕损失险、不计免赔险等。与交强险不同的是，商业保险产品是在自愿、协商的基础上购买的，非强制购买。

任务小结

(1) 保险理论中的风险,通常是指引起损失的事件。风险由三要素构成,即风险因素、风险事故和风险损失。

(2) 风险管理的过程包括风险识别、风险估测、风险评价、选择风险管理技术和评估风险管理效果等环节。风险管理的基本方法包括控制风险法和财务处理法两类。控制风险法包括风险避免、风险预防、风险抑制等。财务处理法包括风险自留和风险转嫁。

(3) 保险是指投保人根据合同约定,向保险人支付保险费,保险人对于合同约定的可能发生的事故因其发生所造成的财产损失承担赔偿保险金责任,或者当被保险人死亡、伤残、疾病或者达到合同约定的年龄、期限等条件时承担给付保险金责任的商业保险行为。

(4) 现代商业保险包括五大要素,即可保风险的存在、大量同质风险的集合与分散、保险费率的厘定、保险基金的建立及保险合同的订立。

(5) 保险的职能有基本职能和派生职能之分。基本职能包括分散风险和经济补偿;派生职能包括投资融资和防灾防损。

(6) 保险按照实施方式分为强制保险和自愿保险;按照保险标的分为财产保险和人身保险;按照风险转移层次分为原保险和再保险;按照承保方式分为共同保险、复合保险和重复保险。

(7) 汽车保险,即机动车辆保险,是指对机动车辆由于自然灾害或意外事故所造成的人身伤亡或财产损失负赔偿责任的一种商业保险。这里的机动车辆是指各种汽车、电车、摩托车、拖拉机、各种专用机械车、特种车等。

(8) 我国汽车保险产品主要分为机动车交通事故责任强制保险(简称交强险)和商业保险两部分。

拓展与提升

汽车保险的起源和发展

一、汽车保险的起源

国外汽车保险起源于19世纪中后期。当时,汽车在欧洲一些国家出现并得到发展,因交通事故而导致的意外伤害和财产损失随之增加。尽管各国都采取了一些管制办法和措施,汽车的使用仍对人们的生命和财产安全构成了严重威胁,由此引起了一些精明的保险人对汽车保险的关注。

1896年11月,由英国的苏格兰雇主保险公司发行的一份保险情报单中刊载了为庆祝公路机动车辆法令的顺利通过而于11月14日举办伦敦至布莱顿的大规模汽车赛的消息。在这份保险情报中还刊登了汽车保险费年率的相关解说。

最早开发汽车保险业务的是英国的法律意外保险有限公司。1898年,该公司率先推出了汽车第三者责任保险,并可附加汽车火险。到1901年,保险公司提供的汽车保险单可证实其已初步具备承保现代综合责任险的条件，保险责任也扩大到了汽车的失窃。

二、汽车保险的发展

20世纪初期，汽车保险业在欧美得到了迅速发展。1903年，英国创立了汽车通用保险公司并逐步将其发展成为一家大型的专业化汽车保险公司。1906年，成立于1901年的汽车联盟也建立了自己的汽车联盟保险公司。到1913年，汽车保险已扩大到了20多个国家，汽车保险费率和承保办法也基本实现了标准化。

1927年是汽车保险发展史上的一个里程碑。美国马萨诸塞州制定并实施了举世闻名的汽车强制(责任)保险法，这表明了汽车第三者责任保险开始由自愿保险方式向法定强制保险方式转变。此后，汽车第三者责任法定保险很快推行到世界各地。第三者责任法定保险的广泛实施，极大地推动了汽车保险的普及和发展。车损险、盗抢险、货运险等业务也随之发展起来。自20世纪50年代以来，随着欧美等国家和地区汽车制造业的迅速扩张，机动车辆保险也得到了广泛的发展，并成为财产保险中最重要的业务险种。到20世纪70年代末期，汽车保险已占整个财产险的50%以上。

世界各国汽车保险的发展现状和特色如下：

1. 美国："从人主义"的汽车保险制度

美国被誉为"轮子上的国度"，汽车保有量极高。美国的汽车保险是随着汽车工业和保险业的发展而逐步发展起来的，美国的保险公司向汽车用户提供服务和收费时，在保险金额相同的条件下，确定保险费率的依据更多考虑的是人的因素，而不是车的因素。通常，保险费的多少根据投保人的年龄、性别、驾驶经验、违规记录、抽烟与否、婚姻状态、居住地点和汽车价值、种类等的不同有着很大差别。同一辆汽车由于投保人或被保险人不同，保险费率(直接影响所支付的保险费)可能会相差3倍。

2. 英国："完全市场细分"的汽车保险制度

英国汽车保险历史悠久，世界上第一张汽车保险单便在这里诞生。车险的保费收入多年来一直是财产保险业务的龙头险种，而每个家庭在这个项目上的支出约占家庭总开支的十分之一。英国机动车辆保险通过许多因素综合加权的方式确定保费，这种做法一方面更加真实地反映了投保车辆的风险状况，更加注重驾驶员的因素，将代表不同风险的投保对象进行区别对待，可以让消费者在很大程度上体验到缴费的公平；另一方面，对于驾驶记录差、屡次造成事故的司机，高额的保费附加是一种有效的经济惩罚手段，可以激励消费者养成遵守道路交通法规、安全驾驶的习惯。例如，英国居民生活常识中就包括要尽可能保持无赔案记录，若前一年有了无赔案记录，去保险公司续保时可以获得较大的折扣。驾车一年不出事故可以享受30%的折扣，连续三年安全驾驶将可以得到高达60%的折扣。如果长期保持无赔案记录，一年的保险花费只有不到200英镑。为此，被保险人在发生一些小事故时通常会仔细考虑是否向保险公司索赔，看选择获取理赔还是保持无赔案记录更为经济。这些承保制度客观上实现了防灾防损，降低了事故发生的频率和可能造成损失的严重程度，最大化地体现了保险的社会效益。

另外，费率制定的先进技术与信息技术相结合，推动了英国车险市场新的变革。由于采用多因素加权计算保费，很多公司都专门设计了计算机数据处理软件，以实现信息采集自动化。

3. 德国：汽车分级保险制度

德国的车险业务也是德国非寿险业务的核心。德国保险公司往往将汽车分为不同等级，作为核定保险赔偿率的依据,也就是说,汽车等级越高,说明这种车出问题的概率越低,保险赔偿率就越高;如果事故后保险赔偿金额一定,保险等级高的车事先交的保险费用就相对少。以大众 Polo 为例,根据德国汽车工业协会和保险公司的评价,这款车的保险等级定为 10 级,每年只要交 350 欧元保险费;而一般 13 级或 14 级的车,要交 650～700 欧元。当然,很多国家都有类似的做法。所以,据此而定的汽车品牌保险等级在国外已成为消费者选购汽车时的一个重要参考指标,而国外各大汽车厂商为了保证品牌的市场占有份额,也纷纷把影响等级评价的这些问题作为技术课题加以研究解决,以提高自己产品的保险等级。

4. 法国:社会管理功能突出的汽车保险制度

法国车险市场是个较为成熟和规范的市场,竞争充分,产品丰富,市场细分度高。法国汽车保险业的经营区域和范围已经大大超越传统保险的内涵,汽车保险业的社会管理功能愈加突出。比如,保险公司为减少酒后驾车事故发生率,允许客户在因饮酒而不能驾车时在保险公司报销一次交通费用;在重大节假日,保险公司会适时在大型娱乐场所进行查验,并对因饮酒不能驾车的客户提供交通服务;有的保险公司内部设立汽车修理研究中心,为客户提供修车价格指导或为汽车修理厂提供技术培训等。

5. 日本:有效保护交通事故受害者的汽车保险制度

日本是机动车保险大国,其将汽车保险分为两种,一种是自赔责保险,其性质是强制性保险,另外一种是商业保险公司所经营的保险,就是汽车综合保险,其性质为非强制性保险,投保与否由汽车所有者决定。日本汽车保险的宗旨是,采用行之有效的方法消除“穷肇事”和减少或消灭肇事逃逸事件的发生。日本政府推行实施强制性保险制度,也就是强制性要求所有拥有汽车的人必须参加自赔责保险。

总之,汽车保险是伴随着汽车的出现而产生的,在财产保险领域中属于一个相对年轻的险种。汽车保险的发展过程中先出现汽车责任保险,后出现车辆损失保险。汽车责任保险是先实行自愿方式,后实行强制方式。车辆损失保险一般是先负责保障碰撞危险,后扩大到非碰撞危险,如盗窃、火灾等。

任务工单 1

完成时间(分钟):

学习任务 1:汽车保险基础知识	班　　级			
	姓　　名		学　　号	
	日　　期		评　　分	

知 识 习 题

一、填空题

1. 风险的要素包括__________、__________和__________。

2. 风险因素分为__________、__________、__________三个方面。

3. 可保风险是指__________。

4. 保险的基本职能是__________和__________,派生职能是__________和__________。

5. 根据保险标的的不同,可把保险分为__________和__________。

6. 我国汽车保险产品主要分为__________和__________两部分。

二、选择题

1. 符合保险人承保条件的特定风险称为(　　)。

A. 可保风险　　B. 客观风险　　C. 特殊风险　　D. 政治风险

2. 投保人与两个以上保险人之间就同一保险利益、同一风险共同缔结保险合同的保险品种是(　　)。

A. 重复保险　　B. 共同保险　　C. 再保险　　D. 原保险

3. 风险是指(　　)。

A. 损失的不确定性

B. 盈利的不确定性

C. 既包括损失的不确定性,也包括盈利的不确定性

D. 损失的可能性

4. 只有损失机会而无获利可能的风险是(　　)。

A. 投机风险　　B. 纯粹风险　　C. 社会风险　　D. 政治风险

5. 风险管理的基本目标是(　　)。

A. 以最小的成本获得最小的安全保障　　B. 以最大的成本获得最大的安全保障

C. 以最小的成本获得最大的安全保障　　D. 以最大的成本获得最小的安全保障

6. 风险管理效益的大小取决于(　　)。

A. 是否能以最小风险成本取得最大安全保障

B. 是否能以最小风险成本取得最小安全保障

C. 是否能以最大风险成本取得最小安全保障

D. 是否能以最大风险成本取得最大安全保障

三、简答题

1. 风险有哪些特征?

2. 风险要素有哪些?它们之间是什么关系?

3. 风险管理的方法有哪些？
4. 保险的构成要素有哪些？
5. 原保险与再保险有哪些区别？
6. 什么是汽车保险？
7. 汽车保险有哪些特征？
8. 简述汽车保险的发展历史。

四、案例题

据报道，2017 年 8 月 8 日 17 时，包头市遭遇罕见的特大暴雨，伴随大风、冰雹，将近 20 分钟的强降雨导致部分区域积水严重，出现“看海”情况。暴雨发生后，中国人民财产保险股份有限公司包头市分公司立即启动应急预案应对灾害天气，一是所有查勘定损工作人员全部进入应急状态，延时下班至晚上 8 点，夜班查勘组增加 10 组；二是针对集中报案的水淹车案件引导客户立即排水，同时联系救援服务公司，协助客户进行车辆救援；三是利用微信理赔等服务方式，加快小额案件处理速度。

截至 8 月 9 日 8 时，该分公司已接到报案 136 件，其中水淹车事故 36 件，冰雹事故 5 件，各大超市以及购物广场财产险 8 件。所有案件都在有序处理中，如客户的爱车不慎受损，在该分公司合作的快赔厂维修则可以享受先赔付再修车的便利，索赔资料交由公司后，客户只需等待理赔即可。

在暴雨灾害中，保险业以快速、优质的理赔服务，帮助受灾客户尽快恢复正常的生产、生活秩序，在维护社会稳定、保障经济运行、减少和化解各种社会矛盾和纠纷方面做出了积极贡献，在灾害救助体系中发挥了重要的作用，在抗灾救灾中树立了保险业的良好形象。

思考：

(1) 本报道中涉及哪些风险种类？
(2) 按保险标的分类，本报道中共涉及哪些保险种类？
(3) 本报道体现了保险的什么职能？

学习任务 2
汽车保险合同

多数保险理赔纠纷源于保险合同主体对保险合同条款内容理解不准确。本任务主要介绍保险合同的定义、种类及相关保险合同的内容和法律规定等。通过本次学习，读者要能运用保险合同的相关规定，处理汽车保险理赔纠纷。

知识目标

- 掌握汽车保险合同的概念及法律特征；
- 掌握汽车保险合同的基本内容；
- 熟练掌握汽车保险合同的组成部分及填写步骤；
- 了解汽车保险合同争议处理方式。

能力目标

- 能够全面理解汽车保险合同内容，并对其做出正确解释；
- 能够指导投保人正确填写投保单；
- 能够恰当处理保险合同争议，并对客户做出合理解释。

2.1 保险合同概述

【案例导入】

某企业一辆货车因年久老化，经批准应予以报废，但该企业并未按规定将车作为报废车处理，而是以数千元的价格卖给王某。王某将该车加以拼装整修，并设法办理了车辆年审合格的假证，后以1.5万元的价格卖给了赵某。赵某明知该车“有问题”，但抵不住低价的诱惑，将车买下，并向保险公司投保了机动车辆损失险，保险金额为6万元。几个月后，该车翻在路沟，损毁较重。查勘员在仔细检查车辆相关证件时，发现证件有问题，拒绝赔偿，但赵某不同意，双方产生纠纷。

【相关知识】

一、保险合同的定义

《保险法》第十条规定：“保险合同是投保人与保险人约定保险权利义务关系的协议。”

二、保险合同的种类

从不同的出发点，可以将保险合同进行不同的划分。保险合同常用的分类有以下几种。

(一) 定值保险合同和不定值保险合同

根据保险价值是否在订立的保险合同中预先确定，可将保险合同分为定值保险合同和不定值保险合同。由于人身保险中的保险标的(人的寿命、身体)无法估价，不存在所谓的保险价值，因此，只有财产保险合同才能划分为定值保险合同和不定值保险合同。

1. 定值保险合同

定值保险合同又称定价保险合同，是指当事人双方事先确定保险标的价值并载明于合同的保险合同。这种保险合同成立后，在有效的期限内发生保险事故并造成财产全部损失时，无论保险标的实际价值是多少，保险人都应当按约定的保险价值赔偿；如果是部分损失，则按照损失比例进行赔偿。某些价值难以确定的财产，如字画、古玩、海上保险合同等，往往采用定值保险合同。

2. 不定值保险合同

不定值保险合同是指在保险合同中当事人事先不确定保险标的的保险价值，而在合同中载明，发生保险事故后以保险标的的实际价值确定损失额进行赔偿的保险合同。在保险实践中，不定值保险合同为大多数的财产保险所采用，如机动车辆保险合同多为不定值保险合同。

(二) 补偿性保险合同和给付性保险合同

根据保险人支付保险金的行为性质不同，可将保险合同分为补偿性保险合同和给付性保险合同。

1. 补偿性保险合同

补偿性保险合同又称评价保险合同，其设立目的在于补偿被保险人因保险事故所遭受的经济损失，即保险事故发生时，由保险人对被保险人所受损失进行评定，并在保险合同确定的保险金额范围内予以补偿。大多数财产保险合同都属于补偿性保险合同。

2. 给付性保险合同

给付性保险合同属于非补偿性保险合同，绝大多数人身保险合同为给付性保险合同。因为人身保险是以人的寿命和身体为保险标的的，这些标的无法用货币价值来加以衡量，故当保险事故发生时，被保险人所遭受的人身伤害客观上是不能获得真正补偿的。

三、保险合同的法律特征

（一）保险合同是有偿合同

保险合同的有偿性主要体现在，投保人要取得保险的风险保障必须支付相应的代价（即保险费），保险人要收取保险费，必须承诺承担保险保障责任。

（二）保险合同是保障合同

保险合同的保障主要表现在，保险合同双方当事人一经达成协议，保险合同从约定生效时起到终止的整个期间，投保人的经济利益受到保险人的保障。

（三）保险合同是有条件的双务合同

保险合同的双务性与一般双务合同并不完全相同，保险人的赔付只有在约定的事故发生时才履行，因此保险合同是有条件的双务合同。

（四）保险合同是附和合同

附和合同是指合同内容一般不是由当事人双方共同协商拟定，而是由一方当事人先拟定，印好格式条款供另一方当事人选择的合同，另一方当事人只能做取与舍的决定，无权拟定合同的条文。

（五）保险合同是射幸合同

射幸合同是合同的效果在订约时不能确定的合同，即合同当事人一方不必履行给付义务，而只有当合同中约定的条件具备或合同约定的事件发生时才履行。

（六）保险合同是最大诚信合同

任何合同的订立，都应以合同当事人的诚信为基础。作为投保人，应当将汽车本身的情况，如是否是营运车、是否重复保险等，如实告知保险人，或者如实回答保险公司提出的问题，不得隐瞒；保险人也应将保险合同的内容及特别约定事项、免赔责任如实向投保人进行解释，不得误导或引诱投保人参加汽车保险。最大诚信原则对投保人和保险人同样适用。

四、保险合同的主体与客体

（一）保险合同主体

保险合同主体是指在保险合同订立、履行过程中享有合同赋予的权利和承担相应义务的人。根据在合同订立、履行过程中发挥作用的不同，保险合同的主体分为当事人、关系人和辅助人。

1. 保险合同的当事人

保险合同的当事人是指参加保险法律关系，享受权利、承担义务的人，包括保险人和投保人。保险人和投保人通过订立保险合同，依法设定双方的权利义务关系，从而成为保险合同的主体。

1）保险人

根据我国《保险法》第十条第三款的规定，保险人是指与投保人订立保险合同，并按照合同约定承担赔偿或者给付保险金责任的保险公司。

保险人具有以下特征：

(1) 必须是依法成立的经营保险事业的组织。在我国，保险人只能是而且必须是具有法人资格的保险公司。由于保险业涉及社会公共利益，设立保险公司应当经国务院保险监督管理机构批准，取得经营许可证，并向工商行政管理部门办理登记，领取营业执照，方能营业。

(2) 在保险合同成立时，有权收取保险费。

(3) 在保险事故发生时，承担赔偿责任。保险人的这种义务不是因侵权或违约行为而产生的，而是依照法律规定或保险合同的约定确定的。

2）投保人

投保人又称要保人，是指与保险人订立保险合同，并按照保险合同约定负有支付保险费义务的人。投保人可以是自然人、法人、其他组织等。

投保人具有以下法律特征：

(1) 投保人须具有相应的民事权利能力与民事行为能力。保险合同与一般合同一样，要求当事人具有完全的民事权利能力和民事行为能力。对法人和自然人均有此要求。通常无民事行为能力的人或限制民事行为能力的未成年人所订立的保险合同无效。

(2) 投保人依合同负有交付保险费的义务，这是投保人最主要的合同义务。

重要提示

投保汽车保险应具有下列三个条件：

- 投保人是具有权利能力和行为能力的自然人或法人，反之，不能作为投保人。
- 投保人对汽车具有利害关系，存在可保利益。
- 投保人负有交纳保险费的义务。

2. 保险合同的关系人

保险合同的关系人主要包括被保险人和受益人。

1）被保险人

被保险人是指财产或人身受保险合同保障，享有保险金请求权利的人。

被保险人有以下特点：

(1) 被保险人是保险事故发生时遭受损害的人。在财产保险中，被保险人对于保险财产具有保险利益，即该财产一旦遭受损失，被保险人的利益就会受到损害。公民和法人都可以成为财产保险合同的被保险人。

(2) 被保险人是根据保险合同享有权利的人。无论被保险人与投保人是否为同一人，即无论被保险人是否参加了保险合同的订立，依保险合同的规定，其均享有一定的权利。被保险人享有的权利主要有保险金请求权和同意权。

2）受益人

受益人是指人身保险合同中由被保险人或者投保人指定的享有保险金请求权的人。受益人没有资格限制，自然人、法人、无行为能力人、胎儿以及投保人和被保险人近亲属以外的第三人，均可作为受益人。受益人可以为一人也可为数人。

3. 保险合同的辅助人

保险合同的辅助人是指在当事人订立或履行保险合同的过程中对当事人提供某些协助或服务的人，主要包括保险代理人、保险经纪人及保险公估人等。

（二）保险合同客体

保险合同客体是投保人对保险标的的保险利益，表现为因保险标的的完好无损而使其受益，因保险标的遭受损坏而使其蒙受经济损失。

2.2 保险合同的内容与形式

【案例导入】

2019 年 6 月 29 日 8 时，徐某为其摩托车在保险公司投保交强险，保险公司于当日 8 时 6 分向他签发了交强险保险单正本一份，保险期限自 2019 年 6 月 30 日零时至 2020 年 6 月 29 日 24 时。当天买完保险后，徐某骑车外出，发生交通事故致对方伤残。经双方调解及交管部门认定，徐某在交强险赔偿限额范围内赔偿伤者 12 万元。随后，徐某来到保险公司理赔，但保险公司以合同的生效时间为 2019 年 6 月 30 日零时，事故发生时合同还未生效为由拒绝理赔。无奈之下，徐某将保险公司诉至法院。

讨论：保险公司能否拒赔？

【相关知识】

一、保险合同的内容

保险合同的内容是用条款的形式写明投保人和保险人之间的权利与义务，保险合同生效后，双方都必须遵守保险合同中的内容。

小知识……

《保险法》第十八条规定，保险合同应当包括下列事项：①保险人名称和住所；②投保人、被保险人的姓名或者名称、住所，以及人身保险的受益人的姓名或者名称、住所；③保险标的；④保险责任和责任免除；⑤保险期间和保险责任开始时间；⑥保险金额；⑦保险费以及支付办法；⑧保险金赔偿或者给付办法；⑨违约责任和争议处理；⑩订立合同的年、月、日。因此，有关这些内容的条款属于法定条款。

汽车保险合同的内容主要用来规定保险当事人双方所享有的权利和应承担的义务，它通过保险条款的形式使权利和义务具体化，包括基本条款和特约条款。

(一) 基本条款

基本条款包括以下内容：

1. 当事人的姓名(或名称)和住所

该内容包括当事人(保险人和投保人)、关系人(被保险人)的姓名或者名称和住址。当事人是保险合同权利和义务的直接享有者和承担者，他们的行为使保险合同得以生效，所以保险合同应该首先载明当事人(保险人和投保人)的姓名或名称、住所；被保险人是保险合同保障的对象，无论与投保人是否为同一人，都应该在合同中载明其姓名或者名称、住所。投保人如果是单位，则须载明单位全称(与公章名称一致)；如果是个人，则须载明姓名。

2. 保险标的

保险标的是作为保险对象的财产及其有关的利益，是保险利益的载体。汽车保险合同承保的标的一般包括汽车、电车、电动车、各种专用机械车、特种车等。

3. 保险责任

保险责任是保险人所承担的具体风险项目，也就是保险人承担经济赔偿责任的风险事故范围。机动车保险合同中的保险责任采用列明方式，具体列明保险人承担哪些保险(责任)事故引起的损失赔偿(或责任赔偿)，以及施救、诉讼等费用负担的规定。

4. 责任免除

责任免除也称为除外责任，是指根据法律规定或合同约定，保险人对某些风险造成的损失不承担赔偿保险金的责任。责任免除条款适当限制了保险人承担的保险责任范围，意味着被保险人也要对某些风险自行承担责任。在保险合同中明确列出责任免除条款，对保险人和被保险人都十分重要。保险人在与投保人订立保险合同时，应当以十分明确的语言向投保人指明和解释责任免除条款，不得隐瞒或含糊其词。

机动车保险合同中的责任免除一般包括以下情况：

(1) 不可保风险，如世界大战、地震等。

(2) 道德风险。《保险法》规定，投保人、被保险人故意制造保险事故的，保险人有权解除合同，不承担赔偿或者给付保险金的责任。

(3) 由专门的特别附加保险承保的风险，如玻璃单独破碎等往往是一般险种的除外责任。

免责条款必须是明示的，不允许采用默示方式。

重要提示

《保险法》第十七条明确规定，对保险合同中免除保险人责任的条款，保险人在订立保险合同时应当向投保人明确说明；未做提示或明确说明的，该条款不产生效力。

5. 保险期间和保险责任开始的时间

保险合同的保险责任开始时间和终止时间是保险合同的起讫期限，保险责任开始到保险责任终止期间称为保险期间。保险人对保险期限内发生的保险事故承担责任。

保险责任开始时间也称保险合同生效时间，即保险人开始负责对被保险人发生的保险事故引起的损失进行赔偿的时间。例如,2019 年 3 月 18 日签订的保险合同,生效时间定于 2019 年 3 月 19 日 0 时 0 分,保险人从 2019 年 3 月 19 日 0 时 0 分开始承担保险责任,在保险责任终止前发生的保险事故引起的损失,保险公司负责赔偿;如果没有发生保险事故,则保险公司不必赔偿,然而也承担保险责任。

机动车保险的保险期间一般是一年,如 2019 年 3 月 19 日 0 时 0 分生效的保险合同,终止时间一般为 2020 年 3 月 18 日 24 时。如果另有约定,则保险期间也可以长于一年或短于一年。

小知识 ……

零时起保:保险合同的生效时间在保险合同成立后的次日或未来某日的零时。

6. 保险价值

保险价值是财产保险范畴内的概念,指保险标的以货币表示的估算金额。发生保险事故引起保险标的损失时,保险人向被保险人赔偿的最高限额为保险价值。

机动车损失保险有其特殊性,它为不定值保险,因此不能在订立保险合同时确定保险价值,而只能在发生保险事故时以当时的实际价值作为保险价值。

7. 保险金额

保险金额是保险合同中确定保险保障的货币额度,是计算保险费的依据,也是保险人履行赔偿责任的最高限额。

一般的财产保险中,保险金额由投保人与保险人协商,以保险价值为基础确定。因为机动车损失保险是不定值保险,所以机动车损失保险金额可以由投保人和保险人协商确定,但不能超过机动车的实际价值。

8. 保险费以及支付办法

保险费是投保人为了请求保险人对于投保标的及其利益承担风险而支付的与所需要保障的保险责任相适应的价金。支付保险费是保险合同生效的一个基本条件。

投保人向保险人支付保险费,是投保人与保险人订立保险合同应尽的首要义务,在保险合同中要明确规定保险费的数目,并明确投保人支付保险费的方式。

9. 损失赔偿的办法

保险金赔偿办法是指在保险合同中约定的、发生保险事故时由保险人向被保险人赔付保险金的计算方法。

赔偿处理方式一般有三种,即货币方式、修复方式和置换方式。

10. 违约责任和争议处理

违约责任,也称违反合同的责任,是指合同当事人一方不履行合同义务或者不按照合同约定的条件履行合同义务应当承担的法律责任。保险合同应对违约责任做出明确规定,以防范违约行为的发生。

争议处理是指保险合同发生争议后的解决方式,包括协商、仲裁和诉讼等。具体使用何种方式可由当事人双方在合同中事先约定或在争议发生后协商确定,如事先无任何约定,一方当事人可在争议发生后直接向人民法院提起诉讼。

11. 订立合同的年、月、日

订立合同的日期对于认定保险合同的成立时间、判定保险利益的存在和保险危险是否在保险合同成立后发生都有积极的意义,因此这项内容必须在保险合同中载明。

(二) 特约条款

特约条款是指投保人和保险人在保险合同的法定条款之外,就保险有关的其他事项做出约定的条款。特约条款主要有附加条款和保证条款两种。

二、汽车保险合同的形式

汽车保险合同是一种非要式合同,只要保险人和投保人就保险条款达成一致,合同就生效,保险人就应该按照约定承担保险责任,而不以保险人是否签发了保险单或其他保险凭证作为合同生效的前提。汽车保险合同的凭证除了保险单外,还包括正式订立合同前的辅助性文件,如投保单、暂保单、批单等。

在汽车保险的具体实务工作中,汽车保险合同主要有以下六种形式。

(一) 投保单

汽车保险投保单又称要保单或者投保申请书,是投保人申请保险的一种书面形式。通常,投保单由保险人事先设计并印就,上面列明了保险合同的具体内容,投保人只需在投保单上按列明的项目逐项填写即可。投保人填写好投保单后,保险人审核同意并签章承保,这就意味着保险人接受了投保人的书面要约,说明汽车保险合同已告成立。

汽车投保单的主要内容包括被保险人及投保人的名称、保险车辆的名称、投保的险别、保险金额、保险期间等。

(二) 暂保单

暂保单也称临时保险条款,是保险人在签发正式保险单之前为了满足投保人的保险需要而临时出具的保险证明文件。暂保单只注明基本保险条件,其有效期限相对较短,通常以30天为限。投保人所支付的保险费并不一定必须按照暂保单的有效期限来确定,仍可以按照投保单所注明的保险期间计算保险费。保险人对暂保单上注明的保险标的在规定的暂保单有限期间承担保险责任。

小知识……

一般下列情况下使用暂保单:

(1) 当保险人的分支机构受经营权限和经营程序的限制,需要上级公司的批准才能签发保险单时,一般在接受投保人的申请后,签发暂保单。

(2) 保险代理人或保险经纪人争取到保险业务后,在未向保险人办妥保险单之前,要向投保人签发暂保单。

(3) 在保险人原则上已经承保,但由于保险当事人双方对保险单尚未记载的事项没有达成一致时,保险人需要向投保人签发暂保单。

(4) 对于需要再保险的场合,尚未安排好再保险时,需要签发暂保单。

(三) 保险单

保险单也称保单，是保险人与投保人之间订立保险合同的正式法律文件，也是正式的保险合同文书。

机动车辆保险单属于综合险性质。因为机动车辆保险的保险标的不仅包括了基本险项下的作为狭义财产保险范畴的车辆和作为责任保险范畴的第三者责任，同时还包括了附加险项下的作为责任保险范畴的车上人员责任以及作为间接财务损失的车辆停驶损失，所以机动车辆保险不是一种纯粹的狭义的财产保险。

机动车保险单如图 2-1 所示，一般一式三联，分为正本和副本。正本一张，为白色；副本两张，一张为粉红色，另一张为浅蓝色。有的保险公司只发给投保人一张机动车保险凭证，包含的项目有保险证号、被保险人、车辆厂牌型号、牌照号码等以及续保记录、赔款记录、变更记录、备注等，该凭证效力等同于保险单。

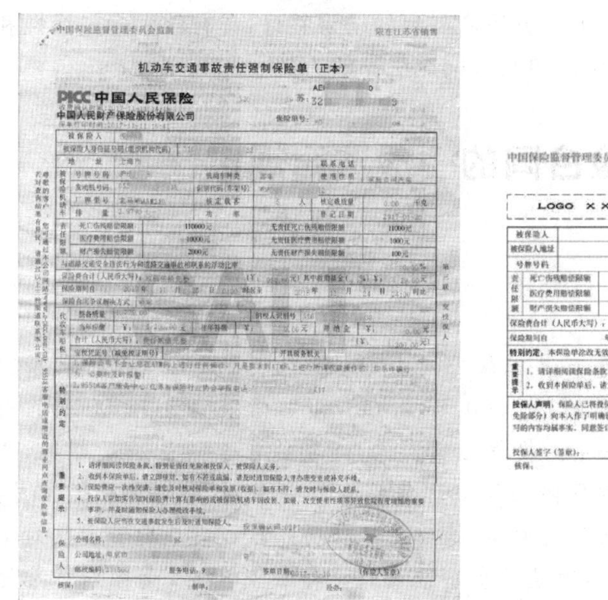
中国保险监督管理委员会监制　　限在江苏省销售

机动车交通事故责任强制保险单（正本）

PICC 中国人民保险
中国人民财产保险股份有限公司

保险单号：

被保险人					
被保险人身份证号码(组织机构代码)					
地址	上海市			联系电话	
号牌号码		机动车种类		使用性质	
发动机号码		识别代码(车架号)			
厂牌型号		核定载客	人	核定载质量	0.00 千克
排量		功率		登记日期	
死亡伤残赔偿限额	110000元		无责任死亡伤残赔偿限额	11000元	
医疗费用赔偿限额	10000元		无责任医疗费用赔偿限额	1000元	
财产损失赔偿限额	2000元		无责任财产损失赔偿限额	100元	

中国保险监督管理委员会监制　　限在XX省（市、自治区）销售

机动车交通事故责任强制保险兼用型拖拉机定额保险单(正本)

LOGO ×× 保险公司　　功率14.7KW及以下　　(地区简称)：

保险单号：

被保险人		被保险人身份证号码（组织机构代码）			
被保险人地址				被保险人电话	
号牌号码		厂牌型号		发动机号码	
责任限额	死亡伤残赔偿限额	50000元		无责任死亡伤残赔偿限额	10000元
	医疗费用赔偿限额	8000元		无责任医疗费用赔偿限额	1600元
	财产损失赔偿限额	2000元		无责任财产损失赔偿限额	400元
保险费合计（人民币大写）：		（¥： ）		其中救助基金（ %）¥：	元
保险期间自 年 月 日零时起至 年 月 日二十四时止					
特别约定：本保险单涂改无效。					
重要提示	1. 请详细阅读保险条款，特别是责任免除和投保人、被保险人义务。 2. 收到本保险单后，请立即核对，如有不符或疏漏，请及时通知保险人并办理变更或补充手续。				
投保人声明：保险人已将投保险种对应的保险条款（包括责任免除部分）向本人作了明确说明，本人已充分理解，上述所填写的内容均属事实，同意签订本保险合同。 投保人签字（签章）： 年 月 日			公司名称： 公司地址： 邮政编码： 服务电话： 签单日期： 年 月 日 (保险人签章)		

核保：　　经办：

第四联 交投保人

图 2-1　保险单

保险单上列明了全部的保险条件和与该项保险业务有关的全部内容，保险单由保险公司出具，主要载明保险人与被保险人之间的权利义务关系，它是被保险人向保险人进行索赔的凭证。

(四) 保险凭证

保险凭证是被保险人所持有的已经获得某项保险保障的证明文件，是一种简化了的保险单，具有与保险单相同的作用和效力。在使用时，如果保险凭证上所列项目过于简单，不能全面反映保险条件，要以原始保险单为准；如果保险凭证上已经有保险人的特别说明，该保险凭证就具有了批单的意义，在与原始保险单的保险条件发生矛盾时，以保险凭证为准。

(五) 批单

批单具有批改的性质。保险单批改在一定意义上等同于保险合同的变更，尤其是对保险单重要内容的批改。所以，应当对批单予以充分的重视和严格的管理。

批单是保险合同当事人双方对于保险合同内容进行变更的证明文件，批单通常在以下两种情况下使用：

(1) 对于已经印制好的标准保险单做部分修正。该修正并不改变保险单的基本保险条件，仅缩小保险责任范围或是扩大保险责任范围。

(2) 在保险单已经生效后对某些保险项目进行调整。该调整一般是在不改变保险单所规定的保险责任和免除责任项目的前提下，对其他保险项目进行修正和更改。

批单一旦签发，就自动成为保险单的一个重要组成部分，而且当批单的内容与保险单所涉及的内容相矛盾时，以批单的内容为准。

(六) 书面协议

保险人与投保人协商，经投保人同意后，可将双方约定的承保内容及彼此的权利义务关系以书面协议形式明确。这种书面协议也是保险合同的一种形式。同正式保单相比，书面协议的内容不事先拟就，而是根据保险当事人双方协商一致的结果签订，具有较大的灵活性和针对性，是一种不固定格式的保险单，它与保险单具有同等法律效力。

2.3 保险合同的一般法律规定

【案例导入】

2019 年 1 月，李某为其购买的新车在某保险公司参加了一份保险，险种为机动车交通事故强制责任险，其中死亡伤残保险限额为 110 000 元，医疗费用赔偿限额为 10 000 元，财产损失赔偿限额为 2 000 元，保险期间为一年。投保后第二天，李某将该车转让给了刘某，并于当日办理了车辆过户手续，但二人均未到保险公司办理保险合同变更手续。2019 年 4 月某日，刘某在驾驶该车时发生交通事故，撞到路人黄某，导致黄某当场死亡。当地交警大队对事故进行调查，认定刘某承担事故的全部责任，黄某不负事故责任。事故发生后，受害人黄某的家属将李某和刘某共同起诉至人民法院，要求赔偿其各项损失 248 000 元。

讨论：本案人民法院将如何裁决？

【相关知识】

一、保险合同的订立

保险合同的订立是指投保人与保险人就保险合同的内容进行协商后达成一致的过程。保险合同的订立包括要约和承诺两个阶段。

(一) 要约

要约也称提议，它是指当事人双方以订立合同为目的，面向对方做出意思表示。一个有效的要约应具备三个条件：①要约需明确表示订约愿望；②要约需具备合同的主要内容；③要约在其有效期内对要约人具有约束力。

(二) 承诺

承诺又称接受订约提议，是承诺人向要约人做出同意与其缔结合同的意思表示。做出承诺的人称为承诺人或受约人。

承诺满足下列条件有效：

(1) 承诺不能附带任何条件，是无条件的；

(2) 承诺由受约人本人或其合法代理人做出；

(3) 承诺须在要约的有效期内做出。

保险合同的承诺也称承保，通常由保险人或其代理人做出。若保险人提出反要约的，投保人无条件接受后，投保人即为承诺人，保险合同也随之成立。

二、保险合同的效力

保险合同对当事人双方发生约束力，即合同条款产生法律效力。

(一) 保险合同的有效

保险合同的有效是指保险合同是由当事人双方依法订立，并受国家法律保护的。

(二) 保险合同的无效

1. 无效保险合同的概念

无效保险合同是指虽由当事人订立，但不发生法律效力、国家不予保护的保险合同。保险合同被确认无效后，始终无效。

2. 无效保险合同的种类

(1) 按照无效的程度，无效保险合同可分为全部无效和部分无效两类。

全部无效指有违反国家禁止性规定而被确认无效后，不得继续履行的保险合同。

部分无效指有些合同条款虽然违反法律规定，但并不影响其他条款效力的合同。合同的部分无效可以是量上的部分无效，也可以是质上的部分无效。所谓量上的部分无效，是指合同有一部分是在法律许可的范围之内的，可以将范围之外的部分确认为无效；所谓质上的部分无效，是指合同的内容是由各种不同的条款组成的，可以将其中的一个条款或者数个条款确认为无效。

(2) 按照无效的性质，无效保险合同可分为绝对无效和相对无效两类。

三、保险合同的变更

(一) 概念

保险合同的变更是指在保险合同的有效期内，投保人和保险人通过协商变更合同内容的行为。变更保险合同的，应当由保险人在保险单或其他保险凭证上实行批注，或附贴批单，或由投保人和保险人订立变更的书面协议。

(二) 变更的内容

保险合同的变更包括保险人、投保人或被保险人、标的内容及保险责任条款内容的交更。

(三) 变更程序

变更保险合同应先由投保人或被保险人提出变更合同的书面申请，然后保险人审核变更要求，做出相应决定。

四、保险合同的解除

(一) 概念

保险合同解除是指在保险合同有效期限内,当事人双方协议或者依法解除保险合同的行为。

(二) 解除条件

(1) 投保人解除保险合同的条件:①保险合同中约定的保险事故肯定不会发生;②保险标的的危险程度明显减少或消失;③保险标的的价值明显减少。

(2) 保险人解除保险合同的条件:①投保人违反如实告知义务;②投保人故意或者因重大过失未履行规定的如实告知义务,足以影响保险人决定是否同意承保或者提高保险费率的。

(3) 在合同订立时保险人已经知道投保人未如实告知的,保险人不得解除合同;发生保险事故的,保险人应当承担赔偿或者给付保险金的责任。

(4) 被保险人或受益人在未发生保险事故的情况下,谎称发生了保险事故,向保险人提出赔偿或给付保险金请求,保险人有权要求增加保险费或者解除合同。

(5) 投保人、被保险人未按照合同约定履行其对保险标的的安全应尽责任,保险人有权要求增加保险费或者解除合同。

(6) 因保险标的转让导致危险程度增加的,保险人自收到规定的通知起 30 日内,可以按照合同约定增加保险费或者解除合同。保险人解除合同的,应当将已收取的保险费按照合同约定扣除自保险责任开始之日起至合同解除之日止应收的部分后退还投保人。

(7) 投保人、被保险人故意制造保险事故的,保险人有权解除合同,不承担赔偿或者给付保险金的责任,不退还保险费。

五、保险合同的终止

保险合同的终止是指保险合同双方当事人消灭合同确定的权利义务的行为。保险合同一旦终止就失去法律效力,但是原合同中争议处理条款的效力和当事人要求赔偿的权利不受影响。

保险合同的终止可以分为以下三种情况:

(1) 自然终止。自然终止指保险合同因合同期限届满而终止的情况。

(2) 义务履行而终止。保险事故发生后,由于保险人履行了赔付保险金的全部责任,导致合同终止。这里的全部责任是指发生了保险人应当按约定的保额全部赔偿或给付的保险事故,保险人赔付后即承担了全部责任。如果保险标的只是部分受损,保险人履行部分赔付保险责任后,保险合同继续有效。

(3) 当事人行使终止权而终止。在符合法律规定或合同约定的一定条件下,当事人具有终止权,在履行适当的义务后即可行使终止权而使合同终止,包括解除合同而终止。

六、保险合同的争议处理

1. 协商

协商是指合同当事人双方在自愿、互谅、实事求是的基础上,对出现的争议直接沟通,友好磋商，以消除纠纷，求大同、存小异，对所争议问题达成一致意见，自行解决争议的办法。协商解决争议不仅可以节约时间、节约费用，更重要的是可以在协商过程中，增进彼此了解，强化互相信任，有利于圆满解决纠纷，并继续执行合同。

2. 调解

在第三方主持下，合同当事人双方依据自愿、合法的原则，在明确是非、分清责任的基础上达成协议，从而解决纠纷的方法。

3. 仲裁

仲裁是双方当事人在发生争议之前或者发生争议之后，把争议事项交给仲裁机构进行裁决，从而解决争议的法律制度。

4. 诉讼

如果当事人双方对保险合同有争议，也可以直接通过诉讼的方式，请求法院做出判决。

任务小结

(1) 保险合同的法律特征是指保险合同是有偿合同、保障合同、有条件的双务合同、附和合同、射幸合同及最大诚信合同。

(2) 保险合同的主体包括当事人、关系人和辅助人。当事人包括保险人和投保人；关系人包括被保险人和受益人；辅助人包括保险代理人、保险经纪人及保险公估人。保险合同的客体是投保人对保险标的的保险利益。

(3) 保险合同的内容分为基本条款和特约条款；保险合同的形式主要有投保单、暂保单、保险单、保险凭证、批单及书面协议。

(4) 保险合同的订立是指投保人和保险人在意见一致时双方订立保险合同的行为。保险合同的生效是指合同对当事人双方发生约束力。

(5) 保险合同的变更主要包括保险人、投保人或被保险人、标的内容及保险责任条款内容的变更。

(6) 保险合同的解除是指在保险合同有效期限内，当事人双方协议或者依法解除保险合同的行为。

(7) 保险合同终止的原因包括自然终止、义务履行终止及当事人行使终止权而终止。

拓展与提升

零时起保制的相关规定

所谓零时起保制，是指保险合同的生效时间为保险合同成立后的次日或未来某日的零时。2009 年 3 月，中国保险监督管理委员会（简称保监会）专门发出通知，要求各保险公司通过两种方式确定保险期间：一是在保险单“特别约定”栏中，就保险期限做特别说明，写明或加盖“即时生效”等字样印章，使保险单自出单时立即生效；二是出单时在保险单中打印“保险期间自×年×月×日×时起”字样，覆盖原“保险期间自×年×月×日零时起”字样，明确写明保险期限起止的具体时间。但目前保险合同中关于保险生效时间，大都采用的仍是零时起保制的格式条款。这一行业惯例使保险人在保险合同依法成立后的一段时间内规避了保险责任，不利于被保险人的保险初衷。此外，保险人无权将行业的某些惯例沿用于高风险的机动车保险活动中，从而加重投保人的责任。

一般保险公司签订保险合同时直接将保险期间打印在保单上，不与投保人协商确定，仅是保险公司的单方行为，故不属于附条件或附期限的条款，而属于典型的格式条款。《保险法》第十七条规定，对保险合同中免除保险人责任的条款，保险人在订立合同时应当在投保单、保险单或者其他保险凭证上做出足以引起投保人注意的提示，并对该条款的内容以书面或者口头的形式向投保人做出明确说明；未做提示或者明确说明的，该条款不产生效力。

那么，"零时生效"条款是否违背相关法律法规的立法宗旨？根据《中华人民共和国道路交通安全法》第八条及《机动车交通事故责任强制保险条例》第四条第二款规定，参加交强险是机动车所有者、管理者的法定义务，未参加交强险的车辆不得上路行驶。"零时生效"条款将导致一段保险"真空期"，在这一"真空期"，一旦发生交通事故，即便该条款有效，也不利于保护交强险投保人的合法权益，使投保人、事故受害人及保险人三者利益不能兼顾，明显与相关法律法规的立法宗旨相悖。

任务工单 2

完成时间(分钟):

<table>
<tr><td rowspan="3">学习任务 2:汽车保险合同</td><td>班　　级</td><td colspan="3"></td></tr>
<tr><td>姓　　名</td><td></td><td>学　　号</td><td></td></tr>
<tr><td>日　　期</td><td></td><td>评　　分</td><td></td></tr>
</table>

知识习题

一、填空题

1. 汽车保险合同的法律特征是指保险合同是____________、____________、____________、____________、____________及____________。

2. 汽车保险合同的主体有____________、____________和辅助人。

3. 汽车保险合同客体是____________。

二、选择题

1. 对汽车保险标的具有可保利益,并且与汽车保险人订立保险合同的人是(　　)。

A. 汽车保险人　　B. 汽车投保人　　C. 汽车被保险人　　D. 汽车代理人

2. 保险合同有效期内,经合同当事人双方协商一致,终止合同,此终止合同的形式属于(　　)。

A. 法定终止　　B. 履约终止　　C. 自然终止　　D. 协议终止

3. 下列保险单证中属于机动车保险正式单证的是(　　)。

A. 投保单　　B. 保险单　　C. 批单　　D. 担保急救卡

三、简答题

1. 汽车保险合同的法律特征是什么?
2. 汽车保险合同的客体是什么?其内涵是什么?
3. 参加汽车保险时投保人需要具备哪些条件?
4. 汽车保险合同的形式有哪些?
5. 在哪些情况下会使用暂保单?

四、案例题

赵某为其奥迪车在某财产保险公司参加了车辆保险,保险金额为 34 万元。因为是新车,投保单上没有填写牌照号码,保险公司在保险单正本“特别约定”一栏中盖上了红色长方形图章,其内容是“领取牌照三日内通知保险公司,过期不负保险责任”,但赵某从交管部门领取牌照后一直没有通知保险公司。后来,该车在保险期限内发生保险事故,损失金额为 20 万元。赵某依保险单向保险公司索赔,保险公司认为赵某违反了“特别约定”中的义务,做出了拒绝赔偿的决定。赵某不服,遂向法院起诉。

(1) 什么是“特别约定”?其作用是什么?

(2) 此案例中,投保人能否得到赔偿?请阐述原因。

学习任务 3
汽车保险基本原则

随着汽车工业的发展，汽车进入了千家万户，汽车保险在人们的日常生活中起到了非常重要的作用。作为一种经济补偿手段，汽车保险为车主提供了经济保障，在发生交通事故和意外事件的时候，被保险人能够将损失降到最低。那么，是否所有的意外事件保险公司都会给予赔偿呢？保险公司在进行赔偿处理的过程中有没有什么依据呢？根据保险事件的不同，事故发生的原因不同，被保险人的用车情况不同，每一起交通事故的保险处理都不相同。

汽车保险作为一种经济补偿手段，它的目的在于保障社会稳定，在最大程度上减少被保险人的经济损失，但是保险事故的处理过程也必须遵守一定的原则，而且每一个投保人在与保险公司订立保险合同的同时必须了解并严格遵守对自己的权利和义务的相关规定，这样汽车保险事业才能健康、长久地发展。本任务将详细介绍汽车保险在实施过程中的各项原则。

知识目标

- 熟悉汽车保险的基本原则；
- 掌握最大诚信原则的内容及实施方式；
- 掌握汽车保险中可保利益原则的含义及确立情况；
- 掌握近因原则的几种情况及判断方式；
- 掌握损失补偿原则的含义及形式。

能力目标

- 能够在处理与汽车保险相关的事件中遵守汽车保险合同的基本原则；
- 学会合理使用汽车保险的基本原则。

3.1 最大诚信原则

【案例导入】

2012年某公司投保人为其卡车投保了卡车的火险和第三者责任险。投保申请书中有一项"写明卡车通常停放的地点"，投保人无意识地填为公司所在地(市中心)，而实际上该车常停在郊区。保单上列有保证条款，声明"保证填报各项属实，申请书作为合同基础"。某日，卡车在郊区停车场失火受损，被保险人提出索赔请求后，保险人因其之前填报错误而拒赔，被保险人则称之前是错填，将保险人告到法院。

讨论：你认为发生这起事故的主要原因是什么？车主具有的权利义务关系有哪些？法院会如何判决呢？

【相关知识】

汽车保险合同

一、最大诚信原则的含义

诚信就是诚实和守信用，诚实是指一方当事人对另一方当事人不得隐瞒、欺骗；守信用是指任何一方当事人必须善意地、全面地履行自己的应尽义务。因此，最大诚信原则可表述为，保险合同当事人订立合同及在合同有效期内，应向对方提供影响对方做出订约与履约决定的全部实质性重要事实，同时绝对信守合同订立的约定与承诺，否则，受到损害的一方，可以此为由宣布合同无效或不履行合同的约定义务或责任，甚至对因此而受到的损害可要求对方予以赔偿。

思考

为什么要规定最大诚信原则？

二、最大诚信原则的内容

最大诚信原则的内容包括告知、保证及弃权和禁止反言。告知是对保险当事人双方的约束；保证主要是对被保险人的约束；弃权和禁止反言的规定主要是对保险人的约束。

(一) 告知——投保人和保险人

1. 告知的含义

告知也称披露或陈述，是指保险合同订立前、订立时及在合同有效期内，要求当事人按照法律实事求是，尽自己所知、毫无保留地向对方做出口头或书面陈述。具体而言，投保人应将已知或应知的与保险标的有关的实质性重要事实向保险人做口头或书面的申报；保险人也应将与投保人利害相关的实质性重要事实据实通告投保方。所谓重要事实，是指会影响谨慎的保险人决定是否承保、确定保险费以及确定承保条件的每一项事实。

2. 告知的内容

(1) 投保人应告知的内容：①在保险合同订立时，根据保险人的询问，对已知或应知的与保险标的及其危险有关的重要事实做如实回答；②保险合同订立后，保险标的危险增加应及时通知保险人；③保险标的转移时或保险合同有关事项有变动时，投保人或被保险人应通知保险人，经保险人确认后，方可变更合同并保证合同的效力；④保险事故发生后，投保人应及时通知保险人；⑤有重复保险的投保人应将重复保险的有关情况通知保险人。

(2) 保险人应告知的内容主要是保险合同条款的内容，尤其是免责条款。

3. 告知的形式

1) 投保人的告知形式

投保人的告知形式有无限告知和询问回答告知两种。

无限告知又称客观告知，是指法律或保险人对告知的内容没有明确的规定时，投保人应将与保险标的相关的危险状况及有关重要事实如实告知保险人。

询问回答告知又称主观告知，是指投保人对保险人所询问的问题必须如实回答，而对询问以外的问题投保人无须告知。我国《保险法》规定，投保人采取询问回答的主观告知方式。

2) 保险人的告知形式

保险人的告知形式有明确列明和明确说明两种。

明确列明是指保险人只需将保险的主要内容明确列明在保险合同之中，即视为已告知投保人。

明确说明是指保险人不仅应将保险的主要内容明确列明在保险合同之中，还必须对投保人进行正确解释。我国要求保险人采取明确列明和明确说明相结合的方式，对保险合同的主要条款，尤其是责任免除条款，不仅要明确列明，还要明确说明。

(二) 保证——被保险人

1. 保证的含义

保证是指投保人或被保险人向保险人做出承诺，保证在保险期间遵守作为或不作为的某些规定，或保证某一事项的真实性。例如，按规定被保险人不得在驾驶车辆内携带易爆物品，如果携带易爆物品就违反了不作为保证。

2. 保证的形式

保证通常分为明示保证和默示保证。

1) 明示保证

明示保证是在保险单中订明的保证。明示保证作为保证条款必须写入保险合同或写入与保险合同一起的其他文件。例如，我国许多保险公司发布的机动车辆保险条款中包含“被保险人必须对保险车辆妥善使用及保养，使之处于正常技术状态”，这就是明示保证。

明示保证又可以分为确认保证和承诺保证。

(1) 确认保证事项涉及过去与现在，它是投保人对过去或现在某一特定事实存在或不存在的保证。例如，参加人身保险时，投保人保证被保险人在过去和投保当时健康状况良好，但不保证今后也一定如此。

(2) 承诺保证是指投保人对将来某一特定事项的作为或不作为做出保证，其保证事项涉及现在与将来，但不包括过去。例如，在参加家庭财产盗窃险时，保证家中无人时门窗一定关好、上锁，这种保证即为承诺保证。

2）默示保证

默示保证是指一些重要保证并未在保单中列明，但却为订约双方在订约时都清楚的保证。默示保证一般不通过文字来说明，而是根据有关的法律、惯例及行业习惯来决定。默示保证在海上保险中运用比较多，一般有三项，即船舶的适航性、不改变航程的保证及航行合法的保证。

小案例 ……

某宾馆参加火险附加盗窃险，在投保单上写明能做到全天有警卫值班，保险公司予以承保并以此作为减费的条件。后宾馆于某日被盗，经调查，该日值班警卫因正当理由离开岗位10分钟。保险公司能否拒赔？为什么？

(三) 弃权和禁止反言——保险人

1. 弃权

弃权是指保险合同一方当事人放弃其在保险合同中可以主张的某种权利，通常是指保险人放弃合同解除权与抗辩权。构成弃权必须具备两个条件：首先，保险人须有弃权的意思表示；其次，保险人必须知道有权利存在。除非保险人知道被保险人存在违背约定义务的情况及因此而享有的抗辩权或解约权外，其作为或不作为均不得视为弃权。

2. 禁止反言

禁止反言也称禁止抗辩，是指保险合同一方既然已放弃其在合同中的某种权利，将来就不得再向对方主张这种权利。

例如，美国汽车保险中规定，限制行驶区域为美国和加拿大。当投保人告诉保险公司的代理人，被保险人将在投保后驾车到南美洲时，该代理人为了招揽业务，认为这个告知不影响合同的签订和费率，仍继续订立合同，那么如果被保险人驾车到南美洲并发生了意外，根据弃权和禁止反言原则，保险人当初放弃了对行驶区域的规定，不能反言以被保险人违反合同中关于行驶区域的规定而行使保险合同解除权，保险人必须偿付保险金。

弃权和禁止反言的其他例子：投保人逾期交纳保险费，保险人应该催收而未催收；保险人知道投保人提供了虚假的或有瑕疵的损失证明，却无条件地接受；保险人或其代理人对投保单和保险单上的条款做了错误解释，使投保人和被保险人信以为真；保险人的代理人代投保人填写投保单，为使投保申请被保险人接受，故意隐瞒被保险人的风险事实，或者填写歪曲了的事实，等等。

三、违反最大诚信原则的法律后果

(一) 违反告知原则的法律后果

1. 投保人违反告知原则的法律后果

(1) 投保人故意不履行如实告知义务的后果：保险人有权解除保险合同；若在保险人解约之前发生保险事故造成保险标的损失，保险人可不承担赔偿或给付责任，同时也不退还保险费。

(2) 投保人过失不履行如实告知义务的后果：如果投保人违反告知义务的行为是因过失、

疏忽而致，保险人可以解除保险合同；对在合同解除之前发生保险事故所致损失，不承担赔偿或给付责任，但可以退还保险费。

(3) 投保人未将保险标的危险程度增加的情况通知保险人的后果：保险人有增加保费或解除保险合同的权利，并对由此而致的保险事故，保险人可以不承担赔偿责任。

(4) 投保人谎称发生了保险事故的后果：保险人有权解除保险合同，并不退还保险费。

2. 保险人未尽告知义务的法律后果

在保险经营活动中，保险人未尽告知义务的情况主要是未对责任免除条款予以明确说明。《保险法》第十七条规定，对保险合同中规定的有关保险人责任免除的条款，保险人在订立保险合同时应当向投保人做出提示或明确说明，未做提示或明确说明的，该条款不产生效力。

（二）违反保证原则的法律后果

任何不遵守保证条款或保证约定、不信守合同约定的承诺或担保的行为，均属于破坏保证或违反保证原则。其后果一般有两种情况：一是保险人不承担赔偿或给付保险金的保险责任；二是保险人解除保险合同。

若保险人以被保险人破坏保证为由而解除合同，是无须退还保费的。但在下列情况下，保险人不得以被保险人破坏保证为由使合同无效或解除合同：

(1) 因环境变化，被保险人无法履行保证事项；

(2) 因国家法律、法令、行政规定等变更，被保险人不能履行保证事项；

(3) 被保险人破坏保证由保险人事先弃权所致，或保险人发现破坏保证仍保持沉默（亦视为弃权）。

（三）弃权与禁止反言原则在传统保险合同中的适用情况

就传统保险合同订立而言，保险人会就保险标的或者被保险人的有关情况进行询问，并书面记载投保人的回答内容。如投保人不如实回答（或填写）询问内容，且该内容足以影响保险人决定是否承保或者提高保险费率的，可认定投保人违反了告知原则。但有些情况下，保险业务员为了扩大业务量或获得更多的佣金收入等，明知投保人未履行如实告知义务，仍然同意承保，则可适用弃权与禁止反言原则，发生保险事故的，保险人应承担保险责任。

3.2 保险利益原则

【案例导入】

30岁的王先生有一辆营运的出租车，2017年他将该车租给了李女士，李女士在营运期间发生了交通事故，保险公司同意赔偿2万元的损失，王先生认为赔偿中的财产损失部分赔偿款应该赔偿给自己，可是李女士不这样认为，双方产生纠纷。

讨论：王先生的想法是否正确？王先生和李女士对这辆车分别有什么样的权利义务关系？保险公司应该把部分赔偿款给王先生吗？

【相关知识】

一、保险利益及其确立条件

（一）保险利益的含义

保险利益是指投保人对保险标的所具有的法律上承认的利益，也可称为可保利益。它体现了投保人或被保险人与保险标的之间存在的利害关系：倘若保险标的安全，投保人可以获益；倘若保险标的受损，被保险人必然会蒙受经济损失。

思考

小明出于爱护国家财产的原因，想为博物馆的青花瓷瓶投保，试问，小明对青花瓷瓶是否具有保险利益？

（二）保险利益的条件

具有保险利益是保险合同有效的必要条件。确认某一项利益是否构成保险利益，必须具备三个条件：

（1）必须是合法的利益。保险利益必须是被法律认可并受到法律保护的利益，它必须符合法律规定，与社会公共利益相一致。

（2）必须是客观的利益。保险利益必须是客观上或事实上的利益，包括现有利益和期待利益。现有利益是指在客观上或事实上已经存在的利益；期待利益是指在客观上或事实上尚不存在，但据有关法律或有效合同的约定可以确定在今后一段时间内将会产生的经济利益，如预期的营业利润、预期的租金等。

（3）必须是可确定的经济利益。保险利益必须是经济上已经确定的利益或能够确定的利益，即必须是能够以货币来计算、衡量和估价的利益。某些古董、名人字画等虽为无价之宝，但可以通过所约定的货币数额来确定其保险利益，故可作为保险利益；精神伤害等却是无法用货币来衡量的，所以通常不作为保险利益。

二、保险利益原则的含义

保险利益原则是保险的基本原则，它的本质内容是，投保人以不具有保险利益的标的投保，保险人可单方面宣布合同无效；保险标的发生保险责任事故，被保险人不得因保险而获得不属于保险利益限度的额外利益。

按照保险利益原则的要求，投保人只有凭借保险利益才可进行投保，保险人凭借保险利益才可承保；当保险标的发生保险责任事故时，只有对该保险标的具有保险利益的人才具有索赔资格，而且所得到的赔偿或给付的保险金不得超过其保险利益额度。

三、保险利益原则存在的意义

1. 防止道德风险的发生

在保险利益原则的规定下，由于投保人与保险标的之间存在利害关系制约，投保的目的是获得一种经济保障，一般不会诱发道德风险。

思考

假如保险公司允许以别人的车作为保险标的投保，会发生什么后果？

2. 避免赌博行为的发生

保险与赌博的最大区别就是，保险有保险利益的要求，赌博没有保险利益。保险利益原则规定，投保人的投保行为必须以保险利益为前提，一旦保险事故发生，投保人获得的就是对其实际损失的补偿或给付，这就把保险与赌博从本质上区分开来了。

小知识……

在保险业刚刚兴起的时候，有人以与自己毫无利害关系的远洋船舶与货物的安危为赌注，向保险人投保，约定若船舶与货物安全抵达目的地，则投保人丧失少量已付保险费；若船舶与货物在航行途中灭失，投保人便可获得高于所交保险费（几百倍甚至上千倍）的收益。于是，人们就像在赛马场上下赌注一样买保险，这严重影响了社会的安定。后来，许多国家通过立法禁止了这种行为，维护了正常的社会秩序，保证了保险事业的健康发展。

3. 限制保险赔偿的最高限度

为了使被保险人既能够得到足够的、充分的补偿，又不会由于保险而获得额外的利益，必须以保险利益作为保险保障的最高限额。

思考

某人以价值30万元的房屋作为抵押向银行贷款15万元，银行为此抵押房屋投保，后房屋因保险事故全损，保险人应如何赔付？

3.3 近因原则

【案例导入】

某女士作为被保险人向某保险公司申请参加汽车保险。保险公司在签发给她的保险单上约定:"保险人对被保险人在驾驶保险车辆时,因暴力的、意外的、外在的行为造成身体伤害而导致的死亡承担赔偿责任。"在保险期内的某一天,该女士在驾驶汽车时遭遇了车祸,车祸的发生使她的精神受到严重刺激,不幸跌入小河中淹死,她的丈夫要求保险公司按照保险单的约定给予赔偿,不料被保险公司以被保险人死亡的近因是坠入河中,不属于保险事故为由拒绝。该女士的丈夫把保险公司告上了法庭。

讨论:你觉得导致该女士死亡的直接原因是什么?法院会如何判决呢?

【相关知识】

近因原则

一、近因的定义

近因是指造成保险损失的最直接、最有效、起主导作用或支配性作用的原因。近因并不一定是时间上或空间上与损失最接近的原因。

思考

(1) 一艘船遭受鱼雷袭击,进水,最终沉没。船沉没的近因是什么?

(2) 天降暴雨,电线杆被刮倒,供电局未及时抢修,徐某路过电线杆触电身亡。徐某死亡的近因是什么?

(3) 某轮船在航行途中,由于船员疏忽,舱盖关闭不严,此时遇上天降大雨,雨水浸入舱内造成货物受损。货物受损的近因是什么?

二、近因原则

近因原则是判明风险事故与保险标的损失之间因果关系,以确定保险责任的一项基本原则。按照这一原则,当被保险人的损失直接由保险事故造成时,保险人才予以赔付,即风险事故的发生与造成损失结果之间具有必然的因果关系时才构成保险人的赔付责任。

三、认定近因的基本方法

如何认定近因,在理论与实践中都属于难题。常用的两种方法为顺序法和倒推法。

1. 顺序法

顺序法是根据逻辑推理的思路,从第一个事件出发,分析判断下一个事件可能是什么,然后再从下一个事件出发，分析判断再下一个事件可能是什么，如此进行下去，直至分析到损失为止。如果推理判断与实际发生的事实相符，那么，最初事件就是最后事件的近因。

2．倒推法

倒推法是从最后的保险事件出发，按照逻辑顺序倒推前一个事件，也就是说，从损失分析开始，分析导致损失发生的原因是否为前一事件，如果是，则再继续分析导致前一事件发生的原因，直至倒推到最初事件为止。如果能追溯到最初事件且没有中断，那么，最初事件即为最后事件的近因。

四、近因原则在保险实践中的运用

近因原则在保险理赔实践中的运用可以归纳为四大类，即单一原因、多种原因同时发生、多种原因连续发生和多种原因间接发生。

1．单一原因

如果事故发生所致损失的原因只有一个，显然该原因即为损失的近因。这个近因如果属于保险风险，保险人应对损失负责赔偿；如果属于除外责任，则保险人不予以赔付。例如，参加了车辆损失险的车辆，若因雹灾导致车辆受损，则雹灾为近因，且雹灾属于车辆损失险的保险范围，所以保险公司负责赔偿；若因地震导致车辆受损，则地震为近因，而地震不属于车辆损失险的保险范围，所以保险公司不负责赔偿。

2．多种原因同时发生

造成保险事故的风险原因，有时为多种并同时出现，而且这些原因对保险标的的损失均有直接的、实质的影响。如果这些原因全部属于保险责任范围，保险人全部承担赔偿责任。但是，如果多种原因中有的原因在保险责任范围内，而有的又属于除外责任，此时，保险人是否承担赔偿责任要根据损失是否可以进行划分来确定。能划分开的，保险人仅仅承担所保风险导致的损失；无法划分的，保险人可与投保人协商赔付。

3．多种原因连续发生

如果损失的发生是由具有因果关系的连续事故所致，保险人是否承担赔付责任，要区分两种情况：

第一，如果这些原因中没有除外风险，则这些保险风险即为损失的近因，保险人应负赔付责任。

第二，如果这些原因中既有保险风险，又有除外风险，则要看损失的前因是保险风险还是除外风险。如果前因是保险风险，后因是除外风险，且后因是前因的必然结果，则保险人应承担赔付责任；相反，如果前因是除外风险，后因是保险风险，且后因是前因的必然结果，保险人则不承担赔付责任。

4．多种原因间接发生

造成损失的风险事故先后出现，但前因与后因之间不相关联，即后来发生的风险是由另一个新爆发且完全独立的原因造成的，而不是前因造成的直接或自然的结果，这种情况的处理与单一原因的处理原则相同，保险人的赔偿责任仅取决于各个保险事故是否属于保险人的责任范围。

思考

战争中飞机轰炸引起火灾，导致财产损失，财产损失的近因是什么？

3.4 损失补偿原则及代位原则

【案例导入】

王先生按投保时汽车的实际价值60万元为自己的私家车投保，在保险合同有效期内遭受火灾而全损，事故发生时该汽车价值已降至50万元。

讨论：王先生的车在发生意外后，保险公司应该如何赔付？能够赔偿60万元或者更多吗？

【相关知识】

一、损失补偿原则的含义

损失补偿原则的基本含义：当保险事故发生并导致被保险人遭受经济损失时，保险人给予被保险人的经济赔偿数额恰好弥补被保险人因保险事故造成的经济损失。它包括两层意思：一是质的规定，即只有保险事故发生导致被保险人遭受经济损失时，保险人才承担损失补偿的责任；二是量的规定，即被保险人可获得的赔偿数额，仅以其保险标的遭受的实际损失为限，即赔偿恰好可以使保险标的在经济上恢复到受损以前的状态。

二、保险补偿的范围与方式

1. 保险补偿的范围

保险补偿以保险事故为前提，以标的损失为结果。其具体内容如下：

(1) 对被保险人因自然灾害或意外事故造成的经济损失的补偿；

(2) 对被保险人依法应对第三者承担的经济赔偿责任的经济损失的补偿；

(3) 对商业信用中违约行为造成的经济损失的补偿；

(4) 对被保险人支付的必要且合理的费用的补偿，包括损失施救费用、查勘检验鉴定费用及诉讼仲裁费用。

2. 保险补偿的实现方式

选择保险补偿方式的主要依据是受损标的性质以及受损状况。保险补偿通常采用的方式如下：

(1) 现金赔付。这是最常用的一种方式，尤其在责任保险、信用保证保险、医疗费用保险、财产损失保险等中最常用。

（2）修理。在汽车保险及机器损坏险中多用此赔偿方式。

（3）更换。当受损标的物的零部件因保险事故灭失而无法修复时，保险人通常采用替代、更换的方式进行补偿。

（4）重置。当保险标的损毁或灭失时，保险人负责重新购置与原被保险标的等价的标的，以恢复被保险人财产的原来面目。此种赔偿是恢复标的原来面目，风险较大，除有特殊规定外，保险人一般不采用这种补偿方式。

3. 保险人履行损失赔偿的限度

保险人履行损失赔偿责任时，必须把握以下三个限度，以保证被保险人既能恢复失去的经济利益，又不会由于保险赔款而额外受益。

（1）以实际损失为限，即保险赔偿金额不能超过保险标的损失时的市价。

（2）以保险金额为限，即保险赔偿金额不能高于保险金额。

（3）以保险利益为限，即被保险人获得的赔款，不得超过对被损财产所具有的保险利益。

【例 3-1】 某房屋按投保时的实际价值 60 万元投保，在保险合同有效期内遭受火灾而全损，事故发生时该房屋价值已升至 80 万元，保险人应向房主赔多少万元？

【解】 赔偿以保险金额为限，即 60 万元。

【例 3-2】 在例 3-1 中，若事故发生时该房屋价格下跌至 55 万元，保险人又应该向房主赔多少万元呢？

【解】 赔偿以实际损失额为限，即 55 万元。

【例 3-3】 在例 3-2 中，若银行以此房屋为抵押，向房主发放贷款 30 万元，银行以受押人名义对该房屋投保，保险金额为 40 万元，发生保险事故则保险人应向银行赔付多少万元？

【解】 赔偿以不超过保险利益（可保利益）为限，即 30 万元。

三、代位原则的含义

代位原则是损失补偿原则的派生原则，是指保险人依照法律或保险合同约定，对被保险人所遭受的损失进行赔偿后，依法取得向对财产损失负有责任的第三者进行求偿的权利或取得被保险人对保险标的的所有权，即代位求偿权（权利代位）或物上代位权。

1. 代位求偿权

代位求偿权是指，当保险标的因遭受保险责任事故而造成损失，依法应当由第三者承担赔偿责任时，保险人自支付保险赔偿金之日起，在赔偿金额的限度内，相应取得向对此损失负有责任的第三者请求赔偿的权利。

前提条件：第一，保险标的损失的原因是保险责任事故，同时，又是由于第三者的行为所致，被保险人可以依据保险合同向保险人要求赔偿，也可以依据民法向第三者要求赔偿；第二，保险人取得代位求偿权是在履行了赔偿责任之后。

行使代位求偿权是对保险双方的要求。

就保险人而言，首先，其行使代位求偿权的权限只能限制在其赔偿金额范围以内，即如果保险人向第三者追偿的款额超过其赔偿金额，那么超过部分归被保险人所有；其次，保险人不得干预被保险人就未取得保险赔偿的部分向第三者请求赔偿。

就投保人而言，投保人不能损害保险人的代位求偿权并要协助保险人行使代位求偿权。

首先，如果被保险人在获得保险人赔偿之前放弃了向第三者请求赔偿的权利，那么，就意味着被保险人也放弃了向保险人索赔的权利；其次，被保险人在获得保险人赔偿之后未经保险人同意而放弃对第三者请求赔偿的权利的，该行为无效；再次，如果发生保险事故，被保险人已经从第三者处取得赔偿或由于过错致使保险人不能行使代位求偿权的，保险人可以相应扣减保险赔偿金；最后，在保险人向第三者行使代位求偿权时，被保险人应当向保险人提供必要的文件和其所知道的有关情况。

2. 物上代位权

物上代位权是指保险标的因遭受保险事故而发生全损或推定全损，保险人在全额支付保险赔偿金之后，即拥有对该保险标的物的所有权，即代位取得对受损保险标的的权利与义务。

委付是海上保险的一种赔偿制度，是被保险人在保险标的处于推定全损状态时，用口头或书面形式提出申请，愿意将保险标的的所有权转移给保险人，并请求保险人全部赔偿的行为。

物上代位是一种所有权的代位。与代位求偿权不同，保险人一旦取得物上代位权，就拥有了该受损标的的所有权。处理该受损标的所得的一切收益，归保险人所有，即使该利益超过保险赔款仍归保险人所有。

任务小结

(1) 汽车保险的基本原则有最大诚信原则、保险利益原则、近因原则、损失补偿原则和代位原则。

(2) 最大诚信原则可表述为，保险合同当事人订立合同及在合同有效期内，应向对方提供影响对方做出订约与履约决定的全部实质性重要事实，同时绝对信守合同订立的约定与承诺，否则，受到损害的一方，可以此为由宣布合同无效或不履行合同的约定义务或责任，甚至对因此而受到的损害可要求对方予以赔偿。

(3) 最大诚信原则的内容包括告知、保证及弃权和禁止反言。

(4) 保险利益是指投保人对保险标的所具有的法律上承认的利益。它体现了投保人或被保险人与保险标的之间存在的利害关系：倘若保险标的安全，投保人可以获益；倘若保险标的受损，被保险人必然会蒙受经济损失。

(5) 近因是指造成保险损失的最直接、最有效、起主导作用或支配性作用的原因。近因并不一定是时间上或空间上与损失最接近的原因。

(6) 损失补偿原则的基本含义：当保险事故发生并导致被保险人遭受经济损失时，保险人给予被保险人的经济赔偿数额恰好弥补被保险人因保险事故造成的经济损失。它包括两层意思：一是质的规定，即只有保险事故发生导致被保险人遭受经济损失时，保险人才承担损失补偿的责任；二是量的规定，即被保险人可获得的赔偿数额，仅以其保险标的遭受的实际损失为限，即赔偿恰好可以使保险标的在经济上恢复到受损以前的状态。

(7) 代位原则是指保险人依照法律或保险合同约定，对被保险人所遭受的损失进行赔偿后，依法取得向对财产损失负有责任的第三者进行求偿的权利或取得被保险人对保险标的的所有权，即代位求偿权或物上代位权。

拓展与提升

损失补偿原则的派生原则——损失分摊原则

损失分摊原则是在被保险人参加重复保险的情况下产生的损失补偿原则的一个派生原则，即在重复保险情况下被保险人所能得到的赔偿金由各保险人采用适当的方法进行分摊，被保险人所得的总赔偿金额不得超过实际损失额。

汽车保险损失补偿原则在实施过程中进行赔偿处理时的分摊方式主要有比例责任分摊方式、限额责任分摊方式和顺序责任分摊方式。

1. 比例责任分摊方式

各保险人承担的赔款＝损失金额×该保险人的保险金额/各保险人保险金额的总和

2. 限额责任分摊方式

各保险人承担的赔款＝损失金额×该保险人的赔偿限额/各保险人赔偿限额的总和

3. 顺序责任分摊方式

按照投保人在保险公司投保的先后顺序进行赔偿。

例如，某车主为价值120万元的汽车同时在甲、乙两家保险公司参加财产保险综合险，甲公司保险金额为50万元，乙公司保险金额为100万元。保险有效期内汽车发生火灾，损失60万元。用损失分摊的三种方法，分别计算甲、乙两家公司应分摊的赔款如下：

(1) 比例责任分摊方式：

甲公司应承担的赔款＝[60×50÷(50＋100)]万元＝20万元。

乙公司应承担的赔款＝[60×100÷(50＋100)]万元＝40万元。

(2) 限额责任分摊方式：

甲公司应承担的赔款＝[60×50÷(50＋60)]万元≈27.27万元。

乙公司应承担的赔款＝[60×60÷(50＋60)]万元≈32.73万元。

(3) 顺序责任分摊方式：

甲公司应赔偿50万元，乙公司应赔偿10万元。

任务工单 3

完成时间(分钟):

<table>
<tr><td rowspan="3">学习任务 3:汽车保险基本原则</td><td>班　　级</td><td colspan="3"></td></tr>
<tr><td>姓　　名</td><td></td><td>学　　号</td><td></td></tr>
<tr><td>日　　期</td><td></td><td>评　　分</td><td></td></tr>
</table>

知 识 习 题

一、填空题

1. 汽车保险的基本原则包括__________、__________、__________、__________和__________。

2. 最大诚信原则分为__________、__________、__________和__________。

3. 可保风险是指__________。

4. 近因原则的四种情况是__________、__________、__________和__________。

5. 代位原则包括__________和__________。

二、选择题

1. 近因原则是指造成保险损失的(　　)、起主导作用或支配性作用的原因。

A. 最直接、最有效　　B. 最简单、最直接

C. 最有效、最简单　　D. 最重要

2. 最大诚信原则包括告知、(　　)及弃权和禁止反言。

A. 承诺　　B. 保证　　C. 许诺　　D. 合同

3. 物上代位是一种(　　)的代位。

A. 不确定性　　B. 确定性　　C. 所有权　　D. 部分权利

4. 损失补偿原则的派生原则是(　　)。

A. 代位原则　　B. 最大诚信原则　　C. 保险利益原则　　D. 近因原则

5. 下面哪一个不是确认某一项利益是否构成保险利益必须具备的条件?(　　)

A. 合法的　　B. 确定的　　C. 不确定的　　D. 客观的

三、简答题

1. 最大诚信原则的权利义务关系有哪些?
2. 什么是近因原则?
3. 损失补偿原则包括哪些内容?
4. 汽车保险中哪些关系属于可保利益关系中的内容?

四、案例题

1. 2018 年 9 月,李先生为自己的汽车在某保险公司参加了机动车损失保险。某天傍晚开始下大雨,道路积水较多,李先生开车回家,车辆受水淹后熄火,再点火启动,发动机发出发动声后熄火,而后无法再启动。经检查发现,该车被雨水浸泡,进气管空气滤清器进水,李先生启动汽车时,未先检查空气滤清器有无进水,使水吸进发动机气缸,造成连杆折断,缸体破损。

保险公司认为，造成被保险机动车发动机缸体损坏的原因是进气管空气滤清器进水，李先生启动发动机导致连杆折断，从而使缸体破损，进气管空气滤清器进水则是由暴雨所造成，暴雨和启动发动机这两个危险事故先后出现，根据近因原则，启动发动机是直接导致被保险机动车发动机缸体损坏的原因，暴雨不是发动机缸体损坏的近因，而启动发动机属除外责任，保险人不负赔偿责任。

保险公司应该赔偿李先生的损失吗？

2. 2018 年 6 月 15 日，个体运输户王某为自己载重量为 5 吨的货车参加了机动车损失保险和机动车第三者责任保险，保险期间为 1 年。2018 年 7 月 20 日，王某运货时在高速公路上被一辆强行超车的大货车撞击，车损，王某受伤且货物被损，大货车驾驶人开车逃逸。交通管理部门认定，此起交通事故由大货车驾驶人负全责。事后，王某向保险公司报案并请求赔偿。经鉴定，车损为 15 万元，保险公司按照损失金额的 80%赔付 12 万元，同时保险公司还给付王某第三者责任保险金 2 400 元及施救费 1 500 元，扣除损余（损余是指保险标的遭受保险事故后，尚存的具有经济价值的部分或可以使用的受损财产）200 元，实际赔付 12.37万元。后来，肇事大货车驾驶人被交通警察抓获，交通管理部门通知王某。王某与肇事驾驶人会面达成协议，商定对方只需支付王某货物损失 7 000 元及施救费 1 500 元。保险公司得知后，要求王某退回赔偿的保险金，王某拒绝，双方遂引起争议。

王某应该向保险公司退回赔偿的保险金吗？

3. 2018 年 7 月，王某购买了一辆轿车，参加了机动车损失保险。2018 年 10 月 16 日，王某在驾车途中不慎与迎面开来的一辆货车相撞。轿车与货车各有损失（王某损失约 800 元）。经交通管理部门裁定，货车车主对此次事故负有主要责任，而王某认为自己的车买了保险，便与货车车主约定双方责任自负。随后，王某向保险公司提出索赔。保险公司了解实情后以王某未经保险人同意，擅自放弃向第三者的追偿权为由，拒绝赔偿。王某对此感到不能理解，遂引起争议。

保险公司应该赔偿王某的损失吗？

五、思考题

下列情况是否属于重复保险？为什么？

（1）对同一批货物，货主及承运人都投保了货物运输保险；

（2）某商场在某保险公司参加了财产保险综合险，随后又在另一家保险公司参加了公众责任保险；

（3）某公司一幢价值 520 万美元的办公楼同时向两家保险公司投保，保险金额均为 300 万美元；

（4）王先生于 2002 年 8 月在某保险公司参加了家庭财产保险，2003 年 5 月其所在单位又在另一家保险公司为每个职工（包括王先生）参加了家庭财产保险（团体）。

学习任务4

机动车交通事故责任强制保险

近年来，随着国内私家车越来越多，交通事故频繁发生，国家基于维护社会大众利益考虑，为使交通事故受害者能获得基本的赔偿，实施了机动车交通事故责任强制保险制度。

本任务重点介绍机动车交通事故责任强制保险（简称交强险）的概念、承担的责任、免赔情况及赔偿处理等基本知识，旨在让读者掌握交强险相关知识，为后续汽车商业保险的学习奠定基础。

知识目标

- 了解机动车交通事故责任强制保险的发展历程；
- 掌握我国机动车交通事故责任强制保险的含义；
- 熟悉机动车交通事故责任强制保险的保险条款；
- 熟悉机动车交通事故责任强制保险接报案和理赔受理流程；
- 掌握机动车交通事故责任强制保险赔款计算的方法。

能力目标

- 能够正确指导客户报案和理赔，并能回答或解决客户提出的疑难问题；
- 能运用所学知识，处理交通事故中涉及交强险的赔付问题。

4.1 机动车交通事故责任强制保险概述

【案例导入】

张先生在4S店买了一辆新车，想要给自己的爱车投保，但张先生对汽车保险不了解。假如你是保险销售人员，你会如何给张先生介绍交强险？如何解释为什么要买交强险？

【相关知识】

机动车交通事故责任强制保险也称法定汽车责任保险、交强险，是在机动车保有量增加、交通事故矛盾日益突出的情况下，国家或地区基于维护社会大众利益考虑，为使交通事故受害者能获得基本的赔偿，以颁布法律或行政法规的形式实施的机动车责任保险。建立机动车交通事故责任强制保险制度，是我国经济社会发展的必然要求，体现了以人为本、关爱生命、关注安全、保畅交通的人文关怀精神。

第一次世界大战以后，汽车产量激增，汽车销售成了难题。为了促进销售，销售者们发明了分期付款的方式，于是汽车迅速普及。由于汽车仍比较昂贵，购车首付几乎花光了车主所有的积蓄，而日后的分期付款和使用费也使得车主收入基本没有剩余，于是出现了许多无力购买汽车保险或无相应财产作为担保的驾驶人，当事故发生时，不但他们自己的损失无法弥补，而且受害人的损失也无法得到及时有效的赔偿。为了确保受害人能得到及时补偿，许多国家和地区制定了有关法令，强制实行汽车责任保险制度。

最初将车辆损害视为社会问题的是美国的马萨诸塞州政府，该州政府认为，公路是为全体行人修建的，驾驶人在使用汽车时对其他行人会构成威胁，万一发生事故，必须具有赔偿能力，因此要求驾驶人预先投保汽车责任保险或者提供保证金以证明自己具有赔偿能力。1925年，马萨诸塞州通过了保险史上闻名的《强制汽车保险法》，并于1927年实施。

在此之后，英国于1931年施行了强制汽车责任保险制度；日本于1956年施行了强制汽车责任保险制度；法国于1959年施行了强制汽车责任保险制度；德国于1965年制定了《汽车所有人强制责任保险法》，强制汽车所有人投保。

我国在2004年5月1日起实施的《中华人民共和国道路交通安全法》中首次提出建立机动车第三者责任强制保险制度、设立道路交通事故社会救助基金的规划。2006年3月28日，国务院颁布《机动车交通事故责任强制保险条例》(以下简称《交强险条例》)，机动车第三者责任强制保险从此被交强险代替，该条例规定自2006年7月1日起实施。2007年7月1日，交强险正式普遍推行。2008年2月1日起，全国实行新的交强险责任限额和费率方案。

目前，世界上绝大多数国家和地区都施行了强制汽车责任保险制度。

一、交强险定义

机动车交通事故责任强制保险是指由保险公司对被保险机动车发生道路交通事故造成受害人(不包括本车人员和被保险人)的人身伤亡、财产损失，在责任限额内予以赔偿的强制性责任保险，属于责任保险的一种。

思考

张某为自己的车参加了交强险后开车发生事故，受伤，并且车辆损失严重，保险公司会进行赔偿吗？

二、交强险特点

认识交强险

与机动车商业保险相比，交强险具有以下四个特点。

1．强制性

交强险具有一般责任保险所没有的强制性，国家用法律法规强制被保险人参加保险。只要是在中国境内道路上行驶的机动车的所有人或者管理人都应当参加交强险，未投保的机动车不得上路行驶。这种强制性不仅体现在强制投保上，也体现在强制承保上。具有经营机动车交通事故责任强制保险资格的保险公司不能拒绝承保。参加商业保险则属于订立民事合同，机动车主或管理人拥有选择是否购买的权利，保险公司也享有拒绝承保的权利。

2．法定性

交强险实行统一条款和基础费率，并且费率与违章情况挂钩，体现奖优罚劣的费率浮动机制，即安全驾驶者将享有优惠的费率，经常肇事者将负担高额保险费。

3．公益性

交强险的经营遵循不盈利不亏损的原则，也就是说，保险公司经营交强险不以营利为目的，在费率测算时是不考虑保险公司的利润因素的。商业保险在定价时要考虑利润因素。

4．实行"无过错责任"原则

机动车商业保险采取的是"过错责任"原则，即保险公司根据被保险人在交通事故中所承担的事故责任来确定保险公司的赔偿责任。交强险实行的是"无过错责任"原则，无论被保险人是否在交通事故中负有责任，保险公司均在责任限额内予以赔偿。

小案例 ……

张某开车经过一路口，正常行驶，王某骑电动车过路口时闯红灯被张某撞伤，张某参加了交强险。张某的保险公司是否赔偿？

三、交强险投保要求

《交强险条例》第二条规定，在中华人民共和国境内道路上行驶的机动车的所有人或者管理人，应当依照《中华人民共和国道路交通安全法》(简称《道路交通安全法》)的规定投保交强险；《交强险条例》还规定，未参加交强险的机动车不得登记，不予以检验，不得上牌、年审、上路；机动车所有人、管理人未按照规定投保交强险的，由公安机关交通管理部门扣留机动车，通知机动车所有人、管理人依照规定投保，处依照规定投保最低责任限额应交纳的保险费的两倍罚款。

根据《道路交通安全法》和《交强险条例》的规定，公安机关交通管理部门、管理拖拉机的农业机械管理部门对交强险实施监督制度，在受理机动车注册登记、变更登记、改装和安全技术检验时，要求符合条件的机动车辆具备有效的交强险保险，否则不能办理相关登记。

保险公司经国务院保险监督管理机构批准，可以从事机动车交通事故责任强制保险业务。《交强险条例》规定，投保人在投保时可以选择具备经营交强险业务资格的保险公司，被选择的保险公司不得拒绝或者拖延承保。保险公司不得解除交强险合同，但投保人对重要事项未履行如实告知义务的除外。《交强险条例》同时规定，保险公司违反规定，有拒绝或者拖延承保交强险行为的以及解除交强险合同行为的，由国务院保险监督管理机构责令改正，并处 5 万元以上 30 万元以下罚款，情节严重的，可以限制业务范围，责令停止接受新业务或者吊销经营保险业务许可证。

每辆机动车只需投保一份交强险。除保单以外，保险公司还会出具交强险标志，如图 4-1 所示。交强险标志必须粘贴在车辆前风挡玻璃的右上角，以便交警检查。购买了交强险没有贴交强险标志的车辆，公安机关交通管理部门应当扣留机动车，通知当事人提供保险标志或者补办相应手续，可以处警告或者 20 元以上 200 元以下罚款。

图 4-1　交强险标志

四、交强险的作用

交强险有以下作用：

（1）有利于道路交通事故受害人获得及时有效的经济保障和医疗救治。

（2）有利于减轻交通事故肇事方的经济负担。

（3）有利于促进道路交通安全，通过奖优罚劣的费率经济杠杆手段，促进驾驶人增强安全意识。

（4）有利于充分发挥保险的社会保障功能，维护社会稳定。

4.2 机动车交通事故责任强制保险合同条款解释

【案例导入】

2012年3月的一天，张某的捷达汽车在后，李某的奔驰汽车在前，突然前面有交通事故发生，李某急刹车，张某没刹住，将李某奔驰汽车的保险杠撞坏。两车均参加了交强险。张某与李某协商解决理赔问题。李某给4S店工作人员打电话询问修车费用，4S店工作人员回复李某，配件需4万元。张某觉得4万元不多，遂向保险公司索赔，结果却让他傻眼了……

讨论：索赔结果最有可能是怎样的？

【相关知识】

交强险合同条款内容共分为十部分，分别为总则、定义、保险责任、垫付与追偿、责任免除、保险期间、投保人与被保险人义务、赔偿处理、合同变更与终止及附则。

一、总则

总则主要是对条款制订的法律依据、合同的组成与形式、费率的影响因素、交费情况等内容进行阐述。其主要内容如下：

(1) 根据《中华人民共和国道路交通安全法》《中华人民共和国保险法》《机动车交通事故责任强制保险条例》等法律、行政法规，制定总则条款。

(2) 交强险合同由总则条款与投保单、保险单、批单和"特别约定"共同组成。凡与交强险合同有关的约定，都应当采用书面形式。

(3) 交强险费率实行与被保险机动车道路交通安全违法行为、交通事故记录相联系的浮动机制。

(4) 签订交强险合同时，投保人应当一次支付全部保险费。保险费按照国务院保险监督管理机构批准的交强险费率计算。

二、定义

这一部分主要对合同中的被保险人及投保人、受害人、责任限额、抢救费用等术语做出解释。

(1) 交强险合同中的被保险人是指投保人及其允许的合法驾驶人。投保人是指与保险人订立交强险合同，并按照合同负有支付保险费义务的机动车的所有人、管理人。

(2) 交强险合同中的受害人是指因被保险机动车发生交通事故而遭受人身伤亡或者财产损失的人，但不包括被保险机动车本车车上人员、被保险人。

小案例 ……

颜某乘坐公交车，下车时一只脚着地，另一只脚还在车上，司机启动车辆致颜某摔伤，交警认定司机负全责，颜某要求公交公司和承保该公交车交强险的保险公司赔偿。保险公司是否承担交强险赔偿责任？

(3) 交强险合同中的责任限额是指被保险机动车发生交通事故，保险人对每次保险事故所有受害人的人身伤亡和财产损失所承担的最高赔偿金额。责任限额分为死亡伤残赔偿限额、医疗费用赔偿限额、财产损失赔偿限额以及被保险人在道路交通事故中无责任的赔偿限额。其中，被保险人在道路交通事故中无责任的赔偿限额分为无责任死亡伤残赔偿限额、无责任医疗费用赔偿限额以及无责任财产损失赔偿限额。

小知识 ……

交强险责任限额是指每次保险事故的最高赔偿金额，也就是说，在一个保险年度里，不管发生多少次事故，只要本次事故的赔偿不超过限额，保险公司都可以赔付，每次事故的赔偿是不累加的。例如，某车辆在一个保险年度里发生两次交通事故，第一次赔偿第三方修车费2 000元，第二次事故又要赔偿 2 000 元修车费给第三方，保险公司都会全额赔付。

(4) 交强险合同中的抢救费用是指被保险机动车发生交通事故导致人员受伤时，医疗机构参照国务院卫生主管部门组织制定的有关临床诊疗指南，对生命体征不平稳和虽然生命体征平稳但如果不采取处理措施会产生生命危险，或者导致残疾、器官功能障碍，或者导致病程明显延长的受伤人员，采取必要的处理措施所发生的医疗费用。

三、保险责任

这一部分规定了交强险保险责任的具体内容和责任限额的具体数额。

在中华人民共和国境内(不含港、澳、台地区)，被保险人在使用被保险机动车过程中发生交通事故，致使受害人遭受人身伤亡或者财产损失，依法应当由被保险人承担的损害赔偿责任，保险人按照交强险合同的约定对每次事故在下列赔偿限额内负责赔偿：①死亡伤残赔偿限额为 110 000 元；②医疗费用赔偿限额为 10 000 元；③财产损失赔偿限额为 2 000 元。

被保险人无责任时，无责任死亡伤残赔偿限额为 11 000 元；无责任医疗费用赔偿限额为 1 000元；无责任财产损失赔偿限额为 100 元。

责任限额中死亡伤残赔偿限额和医疗费用赔偿限额负责赔偿的具体项目如下：

(1) 死亡伤残赔偿限额和无责任死亡伤残赔偿限额中负责赔偿的项目：丧葬费、死亡补偿费、受害人亲属办理丧葬事宜支出的交通费用、残疾赔偿金、残疾辅助器具费、护理费、康复费、交通费、被扶养人生活费、住宿费、误工费以及被保险人依照法院判决或者调解承担的精神损害抚慰金。

(2) 医疗费用赔偿限额和无责任医疗费用赔偿限额中负责赔偿的项目：医药费、诊疗费、住院费、住院伙食补助费，以及必要的、合理的后续治疗费、整容费、营养费。

小案例……

张某夜间开车撞到骑自行车横穿马路的王某，造成王某受伤，送医院救治，发生医疗费用 5 000 元，误工费 2 000 元，交通费 1 000 元，营养费 1 000 元，自行车损失 500 元。张某无违章行为，并且已参加交强险和第三者商业险。保险公司会赔吗？赔多少？为什么？

四、垫付与追偿

被保险机动车在以下四种情形下发生交通事故，造成受害人受伤需要抢救的，保险人在接到公安机关交通管理部门的书面通知和医疗机构出具的抢救费用清单后，按照国务院卫生主管部门组织制定的交通事故人员创伤临床诊疗指南和国家基本医疗保险标准进行核实：

(1) 驾驶人未取得驾驶资格的；

(2) 驾驶人醉酒的；

(3) 被保险机动车被盗抢期间肇事的；

(4) 被保险人故意制造交通事故的。

对于符合规定的抢救费用，保险人在医疗费用赔偿限额内垫付。被保险人在交通事故中无责任的，保险人在无责任医疗费用赔偿限额内垫付。对于其他损失和费用，保险人不负责垫付和赔偿。对于垫付的抢救费用，保险人有权向致害人追偿。

五、责任免除

下列损失和费用，承保交强险的保险人不负责赔偿和垫付：

(1) 因受害人故意造成的交通事故的损失；

(2) 被保险人所有的财产及被保险机动车上的财产遭受的损失；

(3) 被保险机动车发生交通事故，致使受害人停业、停驶、停电、停水、停气、停产、通信或者网络中断、数据丢失、电压变化等造成的损失以及受害人财产因市场价格变动造成的贬值、修理后因价值降低造成的损失等其他各种间接损失；

(4) 因交通事故产生的仲裁或者诉讼费用以及其他相关费用。

六、保险期间

除国家法律、行政法规另有规定外，交强险合同的保险期间为一年，以保险单载明的起止时间为准。但有下列情形之一的，保险期间可少于一年：

(1) 境外机动车临时入境的；

(2) 机动车临时上道路行驶的;

(3) 机动车距规定的报废期限不足一年的;

(4) 国务院保险监督管理机构规定的其他情形。

七、投保人与被保险人义务

投保人与被保险人在履行了相应义务后,才能获得保险的保障。投保人与被保险人应履行的义务如下:

(1) 投保人投保时,应当如实填写投保单,向保险人如实告知重要事项,并提供被保险机动车的行驶证和驾驶证复印件。重要事项包括机动车的种类、厂牌型号、识别代码、牌照号码、使用性质和机动车所有人或者管理人的姓名(名称)、性别、年龄、住所、身份证或者驾驶证号码(组织机构代码)、续保前该机动车发生事故的情况以及国务院保险监督管理机构规定的其他事项。投保人未如实告知重要事项,对保险费计算有影响的,保险人按照保单年度重新核定保险费计收。

(2) 签订交强险合同时,投保人不得在保险条款和保险费率之外,向保险人提出附加其他条件的要求。

(3) 投保人续保时,应提供被保险机动车上一年度交强险的保险单。

(4) 在保险合同有效期内,被保险机动车因改装、加装、使用性质改变等导致危险程度增加,被保险人应及时通知保险人办理批改手续。

(5) 被保险机动车发生交通事故时,被保险人应及时采取合理、必要的施救和保护措施。

(6) 发生保险事故后,被保险人应积极协助保险人进行现场查勘和事故调查。

(7) 发生与保险赔偿有关的仲裁或者诉讼时,被保险人应当及时书面通知保险人。

八、赔偿处理

这一部分主要规定了被保险人索赔时应提供的材料、人身伤亡和财产损失赔偿方面的注意事项。

(1) 被保险机动车发生交通事故的,由被保险人向保险人申请赔偿保险金。被保险人索赔时,应当向保险人提供以下材料:①交强险的保险单;②被保险人出具的索赔申请书;③被保险人和受害人的有效身份证明、被保险机动车行驶证和驾驶人的驾驶证;④公安机关交通管理部门出具的事故证明,或者人民法院等机构出具的有关法律文书及其他证明;⑤被保险人根据有关法律法规的规定选择自行协商方式处理交通事故的,应当提供符合《道路交通事故处理程序规定》规定的记录交通事故情况的协议书;⑥受害人财产损失程度证明、人身伤残程度证明、相关医疗证明以及有关损失清单和费用单据;⑦其他与确认保险事故的性质、原因、损失程度等有关的证明和资料。

(2) 保险事故发生后,保险人按照国家有关法律法规规定的赔偿范围、项目和标准以及交强险合同的约定,并根据国务院卫生主管部门组织制定的交通事故人员创伤临床诊疗指南和国家基本医疗保险标准,在交强险的责任限额内核定人身伤亡的赔偿金额。

(3) 因保险事故造成受害人人身伤亡的,未经保险人书面同意,被保险人自行承诺或支付的赔偿金额,保险人在交强险责任限额内有权重新核定。因保险事故损坏的受害人财产需要修理的,被保险人应当在修理前会同保险人检验,协商确定修理或者更换项目、方式和费用。

否则,保险人在交强险责任限额内有权重新核定。

(4) 被保险机动车发生涉及受害人受伤的交通事故,因抢救受害人需要保险人支付抢救费用的,保险人在接到公安机关交通管理部门的书面通知和医疗机构出具的抢救费用清单后,按照国务院卫生主管部门组织制定的交通事故人员创伤临床诊疗指南和国家基本医疗保险标准进行核实。对于符合规定的抢救费用,保险人在医疗费用赔偿限额内支付。被保险人在交通事故中无责任的,保险人在无责任医疗费用赔偿限额内支付。

九、合同变更与终止

这一部分主要规定了合同变更和解除的条件以及合同终止后保费的退还办法。

(1) 在交强险合同有效期内,被保险机动车所有权发生转移的,投保人应当及时通知保险人,并办理交强险合同变更手续。

(2) 在下列三种情况下,投保人可以要求解除交强险合同:①被保险机动车被依法注销登记的;②被保险机动车办理停驶的;③被保险机动车经公安机关证实丢失的。交强险合同解除后,投保人应当及时将保险单、保险标志交还保险人;无法交回保险标志的,应当向保险人说明情况,征得保险人同意。

(3) 发生《交强险条例》所列明的投保人、保险人解除交强险合同的情况时,保险人按照日费率收取自保险责任开始之日起至合同解除之日止期间的保险费。

十、附则

附则主要规定了合同争议的处理方式、适用法律和条款未尽事宜的处理等。

(1) 因履行交强险合同发生争议的,由合同当事人协商解决。协商不成的,提交保险单载明的仲裁委员会仲裁。保险单未载明仲裁机构或者争议发生后未达成仲裁协议的,可以向人民法院起诉。

(2) 交强险合同争议处理适用中华人民共和国法律。

(3) 条款未尽事宜,按照《交强险条例》执行。

4.3 机动车交通事故责任强制保险费率

【案例导入】

“交强险保费怎么涨了?不是950元吗?”2017年5月25日,张先生郁闷地拿着自己续保的保单询问保险公司业务员小刘,小刘该如何解释?

【相关知识】

费率是交纳费用的比率。保险业的费率指投保人向保险人交纳费用的金额与保险人承担赔偿金额的比率。交强险费率和交强险交费金额密切相关。我国交强险费率厘定坚持不盈利不亏损原则,也就是说,在厘定交强险费率时只考虑成本因素,不设定预期利润率。另外,保险监管部门要求,保险公司将交强险业务与其他保险业务分开管理,单独核算;每年对保险公司交强险业务情况进行核查，并向社会公布，以便监督。国务院保险监督管理机构根据保险公司交强险的总体盈亏情况，要求或允许保险公司调整费率。

一、交强险的基础费率

交强险基础费率表(2008 版)如表 4-1 所示。我国现行交强险基础费率表中将所有机动车分为 8 大类 42 小类。8 大类分别为家庭自用车、非营业客车、营业客车、非营业货车、营业货车、特种车、摩托车和拖拉机。这些车型保险费率各不相同，但对同一车型全国执行统一价格。

表 4-1　交强险基础费率表(2008 版)

车辆大类	序号	车辆明细分类	保险费/元
一、家庭自用车	1	家庭自用汽车 6 座以下	950
	2	家庭自用汽车 6 座及以上	1 100
二、非营业客车	3	企业非营业汽车 6 座以下	1 000
	4	企业非营业汽车 6～10 座	1 130
	5	企业非营业汽车 10～20 座	1 220
	6	企业非营业汽车 20 座以上	1 270
	7	机关非营业汽车 6 座以下	950
	8	机关非营业汽车 6～10 座	1 070
	9	机关非营业汽车 10～20 座	1 140
	10	机关非营业汽车 20 座以上	1 320
三、营业客车	11	营业出租租赁 6 座以下	1 800
	12	营业出租租赁 6～10 座	2 360
	13	营业出租租赁 10～20 座	2 400
	14	营业出租租赁 20～36 座	2 560
	15	营业出租租赁 36 座以上	3 530
	16	营业城市公交 6～10 座	2 250
	17	营业城市公交 10～20 座	2 520
	18	营业城市公交 20～36 座	3 020
	19	营业城市公交 36 座以上	3 140
	20	营业公路客运 6～10 座	2 350
	21	营业公路客运 10～20 座	2 620
	22	营业公路客运 20～36 座	3 420
	23	营业公路客运 36 座以上	4 690
四、非营业货车	24	非营业货车 2 吨以下	1 200
	25	非营业货车 2～5 吨	1 470
	26	非营业货车 5～10 吨	1 650
	27	非营业货车 10 吨以上	2 220

续表

车辆大类	序号	车辆明细分类	保险费/元
五、营业货车	28	营业货车2吨以下	1 850
	29	营业货车2～5吨	3 070
	30	营业货车5～10吨	3 450
	31	营业货车10吨以上	4 480
六、特种车	32	特种车一	3 710
	33	特种车二	2 430
	34	特种车三	1 080
	35	特种车四	3 980
七、摩托车	36	摩托车50CC及以下	80
	37	摩托车50CC～250CC(含)	120
	38	摩托车250CC以上及侧三轮	400
八、拖拉机	39	兼用型拖拉机14.7 kW及以下	按保监产险〔2007〕53号文件实行地区差别费率
	40	兼用型拖拉机14.7 kW以上	
	41	运输型拖拉机14.7 kW及以下	
	42	运输型拖拉机14.7 kW以上	

注:座位和吨位的分类都按照含起点不含终点的原则来解释。

小知识

交强险基础费率表中的车型含义如下:

(1)家庭自用汽车。家庭自用汽车是指家庭或个人所有,且用途为非营业性的客车。

(2)非营业客车。非营业客车是指党政机关、企事业单位、社会团体、使领馆等机构从事公务或在生产经营活动中不以直接或间接方式收取运费或租金的客车,包括党政机关、企事业单位、社会团体、使领馆等机构为从事公务或在生产经营活动中承租且租赁期限为1年或1年以上的客车。非营业客车分为党政机关、事业团体客车,以及企业客车。用于驾驶教练、邮政公司用于邮递业务、快递公司用于快递业务的客车、警车、普通囚车、医院的普通救护车、殡葬车按照其行驶证上载明的核定载客数,适用对应的企业非营业客车的费率。

(3)营业客车。营业客车是指用于旅客运输或租赁,并以直接或间接方式收取运费或租金的客车。营业客车分为城市公交客车,公路客运客车,以及出租、租赁客车。旅游客运车按照其行驶证上载明的核定载客数,适用对应的公路客运车费率。

(4)非营业货车。非营业货车是指党政机关、企事业单位、社会团体自用或仅用于个人及家庭生活,不以直接或间接方式收取运费或租金的货车(包括客货两用车)。

货车是指载货机动车、厢式货车、半挂牵引车、自卸车、电瓶运输车、装有起重机械但以载重为主的起重运输车。用于驾驶教练、邮政公司用于邮递业务、快递公司用于快递业务的货车按照其行驶证上载明的核定载质量，适用对应的非营业货车的费率。

(5) 营业货车。营业货车是指用于货物运输或租赁，并以直接或间接方式收取运费或租金的货车(包括客货两用车)。

(6) 特种车。特种车是指用于装载油料、气体、液体等的各类专用罐车，或用于清障、清扫、清洁、起重、装卸(不含自卸车)、升降、搅拌、挖掘、推土、压路等的各种专用机动车，或用于装有冷冻或加温设备的厢式机动车，或车内装有固定专用仪器设备，从事专业工作的监测、消防、运钞、医疗、电视转播、雷达、X光检查等机动车，或专门用于牵引集装箱箱体(货柜)的集装箱拖头。特种车按其用途共分成四类，不同类型特种车采用不同收费标准：①特种车一——油罐车、汽罐车、液罐车；②特种车二——专用净水车、特种车一以外的罐式货车，以及用于清障、清扫、清洁、起重、装卸(不含自卸车)、升降、搅拌、挖掘、推土、冷藏、保温等的各种专用机动车；③特种车三——装有固定专用仪器设备，从事专业工作的监测、消防、运钞、医疗、电视转播等的各种专用机动车；④特种车四——集装箱拖头。

(7) 摩托车。摩托车是指以燃料或电瓶为动力的各种两轮、三轮摩托车。摩托车分成三类：①50CC及以下；②50～250CC(含250CC，不含50CC)；③250CC以上及侧三轮。正三轮摩托车按照排气量分类执行相应的费率。

(8) 拖拉机。拖拉机按其使用性质分为兼用型拖拉机和运输型拖拉机。兼用型拖拉机是指以田间作业为主，通过铰接连接牵引挂车可进行运输作业的拖拉机。兼用型拖拉机分为14.7 kW及以下和14.7 kW以上两种。运输型拖拉机是指货箱与底盘一体，不通过牵引挂车可运输作业的拖拉机。运输型拖拉机也分为14.7 kW及以下和14.7 kW以上两种。低速载货汽车参照运输型拖拉机14.7 kW以上的费率执行。

挂车是指就其设计和技术特征需机动车牵引才能正常使用的一种无动力的道路机动车。挂车根据实际的使用性质并按照对应吨位货车的30%计算。装置有油罐、汽罐、液罐的挂车按特种车一的30%计算。

二、交强险基础保险费的计算

1. 一年期基础保险费的计算

投保一年期机动车交通事故责任强制保险的，根据交强险基础费率表(2008版)中相对应的金额确定基础保险费。

2. 短期基础保险费的计算

参加保险期间不足一年的机动车交通事故责任强制保险的，按短期费率系数计收保险费，不足一个月的按一个月计算。具体计算方法:先按交强险基础费率表(2008 版)中相对应的金额确定基础保险费,再根据投保期间选择相对应的短期月费率系数(见表 4-2),两者相乘即为短期基础保险费金额,即

短期基础保险费=年基础保险费×短期月费率系数

表 4-2 交强险短期月费率系数

保险期间/月	1	2	3	4	5	6	7	8	9	10	11	12
短期月费率系数/(%)	10	20	30	40	50	60	70	80	85	90	95	100

三、交强险费率浮动的暂行办法

交强险费率在投保第一年实行全国统一保险价格,之后通过实行奖优罚劣费率浮动机制,并根据各地区经营情况,逐步在费率中加入地区差异化因素等,实行差异化费率。实行奖优罚劣费率浮动机制的目的是利用费率杠杆的经济调节手段来提高驾驶人的道路交通安全法律意识,督促车辆安全行驶,以便有效预防和减少道路交通事故的发生。

2007 年 6 月 27 日,中国保险监督管理委员会公布了《机动车交通事故责任强制保险费率浮动暂行办法》(简称《费率浮动暂行办法》),规定在全国范围内统一实行交强险费率浮动与道路交通事故相联系,暂不与道路交通安全违法行为相联系的费率浮动机制。《费率浮动暂行办法》适用于从 2007 年 7 月 1 日起签发的交强险保单。交强险费率浮动因素及比率如表 4-3 所示。

表 4-3 交强险费率浮动因素及比率

浮动因素			浮动比率
与道路交通事故相联系的浮动 A	$A1$	上一个年度未发生有责任道路交通事故	−10%
	$A2$	上两个年度未发生有责任道路交通事故	−20%
	$A3$	上三个及以上年度未发生有责任道路交通事故	−30%
	$A4$	上一个年度发生一次有责任不涉及死亡的道路交通事故	0
	$A5$	上一个年度发生两次及两次以上有责任道路交通事故	10%
	$A6$	上一个年度发生有责任道路交通死亡事故	30%

交强险最终保险费计算方法:

交强险最终保险费=交强险基础保险费×(1+与道路交通事故相联系的浮动比率 A)

关于交强险费率浮动,有以下几点说明:

(1) 交强险费率浮动标准根据被保险机动车所发生的道路交通事故计算。摩托车和拖拉机暂不浮动。

(2) 与道路交通事故相联系的浮动比率 A 为 $A1$ 至 $A6$ 其中之一,不累加。同时满足多个浮动因素的,按照向上浮动或者向下浮动比率的高者计算。

(3) 仅发生无责任道路交通事故的,交强险费率仍可享受向下浮动。

(4) 浮动因素计算区间为上期保单出单日至本期保单出单日之间。

(5) 与道路交通事故相联系浮动时,应根据上年度交强险已赔付的赔案浮动。上年度发生赔案但还未赔付的,本期交强险费率不浮动,直至赔付后的下一年度交强险费率向上浮动。

(6) 几种特殊情况的交强险费率浮动方法:①首次投保交强险的机动车费率不浮动;②在保险期限内,被保险机动车所有权转移,应当办理交强险合同变更手续,且交强险费率不浮动;③机动车临时上道路行驶或境外机动车临时入境投保短期交强险的,交强险费率不浮动,其他投保短期交强险的情况下,根据交强险短期基准保险费并按照上述标准浮动;④被保险机动车经公安机关证实为丢失后追回的,根据投保人提供的公安机关证明,在丢失期间发生道路交通事故的,交强险费率不向上浮动;⑤机动车上一期交强险保单满期后未及时续保的,浮动因素计算区间仍为上期保单出单日至本期保单出单日之间;⑥在全国车险信息平台联网或全国信息交换前,机动车跨省变更投保地时,如投保人能提供相关证明文件的,可享受交强险费率向下浮动,不能提供的,交强险费率不浮动。

(7) 交强险保单出单日距离保单起期最长不能超过三个月。

(8) 除投保人明确表示不需要的,保险公司应在完成保险费计算后、出具保险单前,向投保人出具机动车交通事故责任强制保险费率浮动告知书,经投保人签章确认后,再出具交强险保单及保险标志。投保人有异议的,保险公司应告知其有关道路交通事故的查询方式。

(9) 已经建立车险联合信息平台的地区,通过车险联合信息平台实现交强险费率浮动。除当地保险监管部门认可的特殊情形以外,机动车交通事故责任强制保险费率浮动告知书和交强险保单必须通过车险信息平台出具。未建立车险信息平台的地区,通过保险公司之间相互报盘、简易理赔共享查询系统或者手工方式等,实现交强险费率浮动。

四、交强险解除保险合同时保费的计算办法

根据《交强险条例》规定,解除保险合同时,保险人应按如下标准计算退还投保人保险费:

(1) 投保人已交纳保险费,但保险责任尚未开始的,全额退还保险费。

(2) 投保人已交纳保险费,且保险责任已开始的,退回未到期责任部分保险费。

4.4 机动车交通事故责任强制保险赔款计算

【案例导入】

甲于2017年2月为爱车在保险公司参加了交强险及机动车第三者责任保险,在保险期间甲驾车与另一车辆发生双方碰撞事故,交警认定,甲负主要责任,对方负次要责任,后保险公司核定对方修理费用为3 000元,施救费用为100元,对方车上一人受伤,医药费为7 000元,诊疗费为2 000元,误工费为4 000元,后续治疗费为3 000元,保险公司交强险会如何赔偿?

【相关知识】

一、交强险的赔偿处理

1. 赔偿原则

保险人在交强险责任范围内负责赔偿被保险机动车因交通事故造成的对受害人的损害。在赔偿顺序上,相对于商业机动车保险而言,交强险是第一赔偿顺序。也就是说,对于保险事

故造成的损失，应先通过交强险进行赔偿处理；超过交强险责任限额的部分，再通过商业保险中的机动车第三者责任保险（简称商业三者险）进行赔偿处理。如果交强险和商业三者险不在同一家保险公司购买，应先向承保交强险的保险公司索赔，同时向承保商业三者险的保险公司报案。

2. 赔偿时限

被保险机动车发生交通事故的，应由被保险人向保险人申请保险金赔偿。保险人应当自收到赔偿申请之日起1个工作日内，以索赔须知的方式书面告知被保险人需要向保险公司提供的与赔偿有关的证明和资料。保险人应当自收到被保险人提供的证明和资料之日起5个工作日内，对是否属于其保险责任做出核定，并将结果通知被保险人；对不属于保险人保险责任的，应当书面说明理由；对属于保险人保险责任的，在与被保险人达成赔偿协议后10个工作日内赔付保险金。

3. 抢救费用支付

因抢救受害人需要保险人支付抢救费用的，保险人在接到公安机关交通管理部门的书面通知和医疗机构出具的抢救费用清单后，先行支付受害人的抢救费用。交通事故不属于保险责任或者应由道路交通事故社会救助基金垫付的抢救费用，保险人不予以支付。

二、交强险的互碰自赔

为进一步简化交强险理赔手续、提高客户满意度，2009年2月1日，由中国保险行业协会下发《交强险财产损失“互碰自赔”处理办法》，规定了互碰自赔的条件。

互碰自赔处理机制，如图4-2所示，就是对事故各方均有责任，各方车辆损失均在交强险有责任财产损失赔偿限额（2 000元）以内，不涉及人员伤亡和车外财产损失的交通事故，由各保险公司在本方机动车交强险有责任财产损失赔偿限额内对本车损失进行赔付。

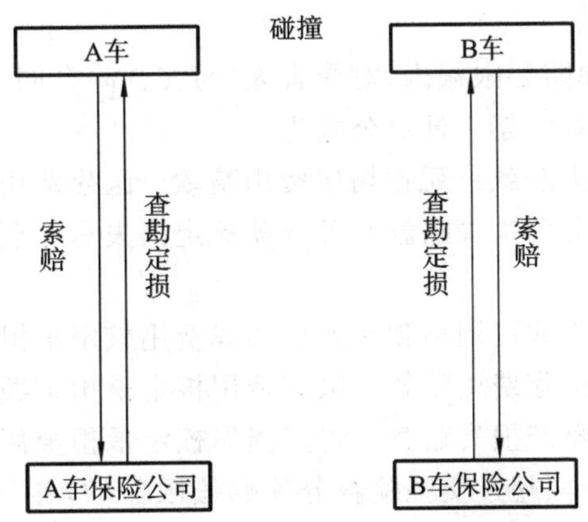

图4-2 交强险互碰自赔处理机制

互碰自赔的适用条件如下：

（1）两车或多车互碰，各方均投保交强险。《交强险条例》第二条规定，在中华人民共和国境内道路上行驶的机动车的所有人或者管理人，应当依照《道路交通安全法》的规定投保交强险。理论上，我国所有道路上行驶的机动车之间互碰都满足这个条件。

（2）仅涉及车辆损失（包括车上财产和车上货物），不涉及人员伤亡和车外财产损失，各方车损金额均在交强险有责任财产损失赔偿限额(2 000元)以内。在交通事故中,事故各方车辆损失维修费用、车上财产和车上货物三项损失的总和分别不超过2 000元即满足此条件;如果事故中有任何一方的损失超过2 000元就不能使用互碰自赔处理办法。事故中若有人员伤亡或非事故车辆的损失,便不满足此条件。

(3) 由交通警察认定或当事人根据出险地关于交通事故快速处理的有关规定自行协商确定双方均有责任(包括同等责任、主次责任)。正常的交通事故的认定方法就是交通警察认定,而当事故中损失金额小且双方没有争议时,我国有些地方则不需要交通警察认定,只需根据当地的交通事故快速处理办法自行协商处理。交强险采用的是无过错赔偿方式,互碰自赔是在交强险的基础上研发的,也继承了无过错赔偿方式,所以赔偿时只分有责和无责,不考虑具体责任比例,只要事故双方都对本起事故有责,即满足此条件。

(4) 当事人同意采用互碰自赔方式处理。

三、交强险的赔款计算

机动车交通事故责任强制保险已于2006年7月1日正式实施。交强险的运行,采用的是统一条款、统一费率、统一实务操作,投保第一年统一价格的模式,对于承保环节而言,各保险公司的操作会相对比较一致,但是对于理赔环节而言,交强险赔款计算较复杂,因为交强险既分三类损失赔偿限额,又设定了无责任损失赔偿限额,无责任赔偿限额中再分三类损失赔偿限额。发生交通事故的车辆可能投保了交强险,也可能未投保交强险;投保交强险的车辆还有可能投保了商业机动车险。事故参与方既可能是机动车,还有可能是非机动车和行人;参与方的多样性也决定了计算的复杂性。财产损失赔偿限额内没有赔偿顺序,死亡伤残赔偿限额内存在赔偿顺序。为保障受害人的权益,应该准确无误地计算出交强险对交通事故所有受害人的赔偿金额。

1. 基本计算公式

保险人在交强险各分项赔偿限额内,对受害人(与交强险合同中定义相同)死亡伤残费用、医疗费用、财产损失分别计算赔偿。计算公式为

总赔款=∑各分项损失赔款=死亡伤残费用赔款+医疗费用赔款+财产损失赔款

各分项损失赔款=各分项核定损失承担金额

即

死亡伤残费用赔款=死亡伤残费用核定承担金额

医疗费用赔款=医疗费用核定承担金额

财产损失赔款=财产损失核定承担金额

各分项核定损失承担金额超过交强险各分项赔偿限额的,各分项损失赔款等于交强险各分项赔偿限额。

2. 当保险事故涉及多个受害人时的赔款计算

保险事故涉及多个受害人的,在所有受害人均提出索赔申请,且受害人所有材料全部提交后,保险人方可计算赔款。

(1) 基本计算公式中的相应项目表示为

各分项损失赔款=∑各受害人各分项核定损失承担金额

即

$$死亡伤残费用赔款=\sum 各受害人死亡伤残费用核定承担金额$$

$$医疗费用赔款=\sum 各受害人医疗费用核定承担金额$$

$$财产损失赔款=\sum 各受害人财产损失核定承担金额$$

(2) 事故中所有受害人的分项核定损失承担金额之和在被保险机动车交强险分项赔偿限额之内的,按实际损失计算赔偿。

(3) 各受害人各分项核定损失承担金额之和超过被保险机动车交强险相应分项赔偿限额的,各分项损失赔款等于交强险各分项赔偿限额。

(4) 各受害人各分项核定损失承担金额之和超过被保险机动车交强险相应分项赔偿限额的,各受害人在被保险机动车交强险分项赔偿限额内应得到的赔偿为

$$\begin{matrix}被保险机动车交强险对某一\\受害人分项损失的赔偿金额\end{matrix}=\begin{matrix}交强险分项\\赔偿限额\end{matrix}\times\begin{matrix}事故中该受害人分项\\核定损失承担金额\end{matrix}/\sum\begin{matrix}各受害人分项核\\定损失承担金额\end{matrix}$$

【例 4-1】 A 车肇事造成两行人甲、乙受伤,甲医疗费用为 7 500 元,乙医疗费用为 5 000 元。设 A 车适用的交强险医疗费用赔偿限额为 10 000 元,则 A 车交强险对甲、乙的赔款如何计算?

【解】 A 车交强险赔偿金额=甲医疗费用+乙医疗费用=[7 500+5 000]元=12 500 元,大于适用的交强险医疗费用赔偿限额 10 000 元,所以 A 车应赔付医疗费用损失 10 000 元。

甲获得的交强险赔款:[10 000×7 500÷(7 500+5 000)]元=6 000 元。

乙获得交强险赔款:[10 000×5 000÷(7 500+5 000)]元=4 000 元。

3. 当保险事故涉及多辆肇事机动车时的赔款计算

(1) 各被保险机动车的保险人分别在各自的交强险各分项赔偿限额内,对受害人的分项损失计算赔偿。

(2) 各方机动车按其适用的交强险分项赔偿限额占总分项赔偿限额的比例,对受害人的各分项损失进行分摊。

计算公式为

$$某分项核定损失承担金额=该分项损失金额\times适用的交强险该分项赔偿限额/\sum 各致害方交强险该分项赔偿限额$$

注:①肇事机动车中的无责方车辆,不参与对其他无责方车辆和车外财产损失的赔偿计算,仅参与对有责方车辆损失或车外人员伤亡损失的赔偿计算。②无责方车辆对有责方车辆损失应承担的赔偿金额,由有责方在本方交强险无责任财产损失赔偿限额项下代赔。一方全责、一方无责的,无责方对全责方车辆损失应承担的赔偿金额为全责方车辆损失,以交强险无责任财产损失赔偿限额为限。一方全责、多方无责的,无责方对全责方车辆损失应承担的赔偿金额为全责方车辆损失,以各无责方交强险无责任财产损失赔偿限额之和为限。多方有责、一方无责的,无责方对各有责方车辆损失应承担的赔偿金额以交强险无责任财产损失赔偿限额为限,在各有责方车辆之间平均分配。多方有责、多方无责的,无责方对各有责方车辆损失应承担的赔偿金额以各无责方交强险无责任财产损失赔偿限额之和为限,在各有责方车辆之间平均分配。③肇事机动车中应投保而未投保交强险的车辆,视同投保机动车参与计算。④对于相关部门最终未进行责任认定的事故,统一适用有责任限额计算。

(3) 肇事机动车均有责任且适用同一限额的,简化为各方机动车对受害人的各分项损失

进行平均分摊。

对于受害人的机动车、机动车上人员、机动车上财产损失：

某分项核定损失承担金额＝受害人的该分项损失金额÷($N-1$)

对于受害人的非机动车、非机动车上人员、行人、机动车外财产损失：

某分项核定损失承担金额＝受害人的该分项损失金额÷N

注：①N 为事故中所有肇事机动车的辆数；②肇事机动车中应投保而未投保交强险的车辆，视同投保机动车参与计算。

(4) 初次计算后，如果致害方交强险限额未赔足，同时受害方损失没有得到充分补偿，则对受害方的损失在交强险剩余限额内再次进行分配，在交强险限额内补足，直至受损各方均得到足额赔偿或应赔付方交强险无剩余限额。对于待分配的各项损失合计没有超过剩余赔偿限额的，按分配结果赔付各方；超过剩余赔偿限额的，则按每项分配金额占各项分配金额总和的比例乘以剩余赔偿限额分摊。

【例 4-2】 A、B 两机动车发生交通事故，两车均有责任。A、B 两车车损分别为 2 000 元、5 000元，B 车车上人员医疗费用为 7 000 元，死亡伤残费用为 5 万元，另造成路产损失 1 000 元。设两车适用的交强险财产损失赔偿限额为 2 000 元，医疗费用赔偿限额为 1 万元，死亡伤残赔偿限额为 11 万元，A、B 两车交强险赔偿金额各为多少？

【解】 (1) A 车交强险赔偿计算：

B 车车上人员死亡伤残费用核定承担金额＝50 000 元÷(2－1)＝50 000 元。

B 车车上人员医疗费用核定承担金额＝7 000 元÷(2－1)＝7 000 元。

财产损失核定承担金额＝路产损失核定承担金额＋B 车车损核定承担金额＝1 000 元÷2＋5 000 元÷(2－1)＝5 500 元，超过财产损失赔偿限额 2 000 元，按限额赔偿，赔偿金额为2 000 元。其中，A 车交强险对 B 车车损的赔款＝财产损失赔偿限额×B 车车损核定承担金额÷(路产损失核定承担金额＋B 车车损核定承担金额)＝2 000 元×[5 000 元÷(1 000 元÷2＋5 000 元)]≈1 818.18 元；A 车交强险对路产损失的赔款＝财产损失赔偿限额×路产损失核定承担金额÷(路产损失核定承担金额＋B 车车损核定承担金额)＝2 000 元×[(1 000 元÷2)÷(1 000 元÷2＋5 000 元)]≈181.82 元。

A 车交强险赔偿金额＝受害人死亡伤残费用赔款＋受害人医疗费用赔款＋受害人财产损失赔款＝B 车车上人员死亡伤残费用核定承担金额＋B 车车上人员医疗费用核定承担金额＋财产损失核定承担金额＝50 000 元＋7 000 元＋2 000 元＝59 000 元。

(2) B 车交强险赔偿计算：

B 车交强险赔偿金额＝路产损失核定承担金额＋A 车车损核定承担金额＝1 000 元÷2＋2 000 69元÷(2－1)＝2 500 元，超过财产损失赔偿限额 2 000 元，按限额赔偿，赔偿金额为 2 000 元。

【例 4-3】 A、B 两机动车发生交通事故，A 车全责，B 车无责，A、B 两车车损分别为 2 000 元、5 000 元，另造成路产损失 1 000 元。设 A 车适用的交强险财产损失赔偿限额为 2 000 元，B 车适用的交强险无责任财产损失限额为 100 元，则 A、B 两车交强险赔偿金额各为多少？

【解】 (1) A 车交强险赔偿计算：

A 车交强险赔偿金额＝B 车车损失核定承担金额＋路产损失核定承担金额＝5 000 元＋1 000 元＝6 000 元，超过财产损失赔偿限额 2 000 元，按限额赔偿，赔偿金额为 2 000 元。

(2) B 车交强险赔偿计算：

B 车交强险赔偿金额＝A 车车损核定承担金额＝2 000 元，超过无责任财产损失赔偿限额 100 元，按限额赔偿，赔偿金额为 100 元。

B 车对 A 车损失应承担的 100 元赔偿金额，由 A 车保险人在交强险无责任财产损失赔偿限额项下代赔。

【例 4-4】 甲、乙两车发生交通事故，甲车在事故中负主要责任，乙车负次要责任。甲、乙两车车损分别为 3 000 元和 7 000 元，乙车车上人员医疗费用为 7 000 元，死亡伤残费用为 110 000元，另造成路产损失 2 000 元，甲、乙两车获得的交强险赔款分别为多少？

【解】 (1) 甲车交强险赔款的计算：

乙车车上人员死亡伤残费用 110 000 元＝交强险有责任死亡伤残费用限额 110 000 元，所以赔付 110 000 元。

乙车车上人员受伤医疗费用 7 000 元＜交强险有责任医疗费用限额 10 000 元，所以赔付 7 000 元。

乙车车损＋路产损失＝7 000 元＋2 000 元÷2＝8 000 元＞交强险有责任财产损失赔偿限额2 000元，所以赔付 2 000 元。

乙车获得的财产损失赔偿＝2 000 元×7 000 元÷(7 000 元＋2 000 元÷2)＝1 750 元。

路产损失赔偿＝2 000 元×2 000 元÷2÷(7 000 元＋2 000 元÷2)＝250 元。

(2) 乙车交强险赔款的计算：

甲车车损＋路产损失＝3 000 元＋2 000 元÷2＝4 000 元＞交强险有责任财产损失赔偿限额 2 000 元，所以赔付 2 000 元。

甲车获得的财产损失赔偿＝2 000 元×3 000 元÷(3 000 元＋2 000 元÷2)＝1 500 元。

路产损失赔偿＝2 000 元×2 000 元÷2÷(3 000 元＋2 000 元÷2)＝500 元。

4. 施救费用

受害人财产损失需要施救的，财产损失赔款与施救费用累计不超过财产损失赔偿限额。

5. 多保交强险的赔偿

被保险机动车投保一份以上交强险的，保险期间起期在前的保险合同承担赔偿责任，起期在后的不承担赔偿责任。

6. 精神损失费赔偿

对被保险人依照法院判决或者调解承担的精神损害抚慰金，原则上在其他赔偿项目足额赔偿后，在死亡伤残赔偿限额内赔偿。

7. 死亡伤残费用和医疗费用的核定标准

按照《最高人民法院关于审理人身损害赔偿案件适用法律若干问题的解释》规定的赔偿范围、项目和标准，2017 年正式实施的《人体损伤致残程度分级》，以及交通事故人员创伤临床诊疗指南和交通事故发生地的基本医疗标准，核定人身伤亡的赔偿金额。

任务小结

（1）交强险是我国第一个法定强制保险，于 2006 年 7 月 1 日正式施行。

（2）交强险合同条款内容分为总则、定义、保险责任、垫付与追偿、责任免除、保险期间、投保人与被保险人义务、赔偿处理、合同变更与终止及附则。

（3）交强险的责任限额为 12.2 万元。其中，死亡伤残赔偿限额为 110 000 元，医疗费用赔偿限额为 10 000 元，财产损失赔偿限额为 2 000 元。无责任死亡伤残赔偿限额为 11 000 元，无责任医疗费用赔偿限额为 1 000 元，无责任财产损失赔偿限额为 100 元。

（4）现行交强险基础费率表中将所有机动车分为 8 大类 42 小类。8 大类分别为家庭自用车、非营业客车、营业客车、非营业货车、营业货车、特种车、摩托车和拖拉机。

（5）《费率浮动暂行办法》规定，目前在全国范围统一实行交强险费率浮动与道路交通事故相联系，暂不与道路交通安全违法行为相联系的费率浮动机制。

（6）交强险最终保险费＝交强险基础保险费×(1＋与道路交通事故相联系的浮动比率 A)。

（7）交强险赔款基本计算公式为

$$总赔款=\sum 各分项损失赔款=死亡伤残费用赔款+医疗费用赔款+财产损失赔款$$

$$各分项损失赔款=各分项核定损失承担金额$$

即

$$死亡伤残费用赔款=死亡伤残费用核定承担金额$$

$$医疗费用赔款=医疗费用核定承担金额$$

$$财产损失赔款=财产损失核定承担金额$$

各分项核定损失承担金额超过交强险各分项赔偿限额的，各分项损失赔款等于交强险各分项赔偿限额。

拓展与提升

车　船　税

随着生活水平的提高，很多家庭都有能力购买私家车，可是购买了汽车，家庭的开支无疑又将增加，如要缴纳汽车的车船税、车辆购置税等。那么，车船税是多少钱？如何缴纳车船税更方便呢？

车船税是指对在我国境内应依法到公安、交通、农业、渔业、军事等管理部门办理登记的车辆、船舶，根据其种类，按照规定的计税依据和年税额标准计算征收的一种财产税。从 2007 年 7 月 1 日开始，有车族需要在投保交强险时缴纳车船税，没有缴纳车船税的，将受到惩罚。

根据车船税征收方案的规定，有车辆或船舶的个人或单位都是纳税人，都要缴纳车船税，依法纳税是我们应尽的义务。从 2013 年 1 月 1 日起，车船税统一按照新的税率表进行征收。以前是按照固定的税率来缴纳车船税的，所以很多车主对车船税的规定不是很满意。2013 年开始，车船税按照排量来进行征收，这也引导很多车主按照排量购买汽车，以节省车船税的费用。

现行车船税依据排气量按七个档次征收：①1.0升(含)以下，60元至360元；②1.0升以上至1.6升(含)，300元至540元；③1.6升以上至2.0升(含)，360元至660元；④2.0升以上至2.5升(含)，660元至1 200元；⑤2.5升以上至3.0升(含)，1 200元至2 400元；⑥3.0升以上至4.0升(含)，2 400元至3 600元；⑦4.0升以上，3 600元至5 400元。这样的征收方式，不管是对大排量汽车使用者还是对小排量汽车使用者来说都很公平。

按照现行车船税征收的相关规定，出售交强险的保险公司可以帮车主缴纳车船税，所以车主只要选择一家好的保险公司，在参加机动车保险的同时，也能便利地缴纳车船税。很多保险公司网上车险平台可以提供多种商业车险险种，保障的范围全面，服务态度也很好，车主通过网上车险平台，可以购买交强险、合适的商业车险，还可以直接缴纳车船税，方便快速，省去了车主的不少麻烦。

任务工单 4

完成时间(分钟):

<table>
<tr><td rowspan="3">学习任务 4:机动车交通事故责任强制保险</td><td>班　级</td><td colspan="3"></td></tr>
<tr><td>姓　名</td><td></td><td>学　号</td><td></td></tr>
<tr><td>日　期</td><td></td><td>评　分</td><td></td></tr>
</table>

知 识 习 题

一、填空题

1. 交强险责任限额为__________万元。

2. 交强险基础费率表中将所有机动车分为__________大类__________小类。

3. 36 座公交车交强险基础保险费是__________元;安全行驶一年的 55 座长途客车第二年的交强险保险费是__________元。

二、选择题

1. 在中华人民共和国境内道路上行驶的机动车的所有人或者管理人,应当依照《道路交通安全法》的规定投保(　　)。

A. 机动车交通事故责任强制保险　　B. 车上人员与货物责任强制保险

C. 机动车辆损失强制保险　　D. 无过错损失强制保险

2. 机动车交通事故责任强制保险是指由保险公司对被保险机动车发生道路交通事故造成(　　)。

A. 被保险人以外的受害人的人身伤亡、财产损失

B. 被保险人以外的本车人员的人身伤亡、财产损失

C. 本车人员、被保险人以外的受害人的人身伤亡、财产损失

D. 本车人员以外的受害人和被保险人的人身伤亡、财产损失

3. 我国机动车交通事故责任强制保险不实行统一的(　　)。

A. 保险条款　　B. 基础保险费率　　C. 责任限额　　D. 保险赔偿金

4. 我国国务院保险监督管理机构按照机动车交通事故责任强制保险业务总体上(　　)的原则审批保险费率。

A. 不盈利可亏损　　B. 可盈利不亏损　　C. 不盈利不亏损　　D. 可盈利可亏损

5. 若被保险机动车没有发生道路交通安全违法行为和道路交通事故,则保险公司下列做法正确的是(　　)。

A. 提高其下一年度的保险费率

B. 降低其下一年度的保险费率直至最低标准

C. 降低其下一年度的保险费率直至保险豁免

D. 维持其下一年度的保险费率不变

6. 投保人投保机动车交通事故责任强制保险时,应当向保险公司如实告知(　　)。

A. 客观事项　　B. 主观事项　　C. 相关事项　　D. 重要事项

7. 关于机动车交通事故责任强制保险的投保，下列说法正确的是（　　）。

A. 投保人在投保时无权选择所要投保的保险公司，由当地保监局指定唯一保险公司，被指定的保险公司不得拒绝或者拖延承保

B. 投保人在投保时无权选择所要投保的保险公司，由当地保监局指定唯一保险公司，但被保险公司有权提出异议

C. 投保人在投保时有权选择所要投保的保险公司，被选择的保险公司不得拒绝或者拖延承保

D. 投保人在投保时有权选择所要投保的保险公司，被选择的保险公司有权拒绝

8. 签订机动车交通事故责任强制保险合同时，其保险费实行（　　）的交纳方式。

A. 一次性付清　　B. 分期等额支付　　C. 分期变额支付　　D. 协商约定

9. 下列情况中，保险公司可以解除机动车交通事故责任强制保险合同的是（　　）。

A. 投保人与其签订了商业保险合同

B. 投保人隐瞒该机动车历史事故

C. 投保人在保险期间身患绝症

D. 保险公司支付一次保险赔偿金之后

10. 保险公司解除机动车交通事故责任强制保险合同的，应该收回保险单和（　　）。

A. 保险合同　　B. 保险回执　　C. 保险赔款　　D. 保险标志

11. 下列情况中，投保人不得解除机动车交通事故责任强制保险合同的是（　　）。

A. 被保险机动车被严重损坏的　　B. 被保险机动车被依法注销登记的

C. 被保险机动车办理停驶的　　D. 被保险机动车经公安机关证实丢失的

12. 机动车交通事故责任强制保险的保险期间一般为（　　）。

A. 6 个月　　B. 1 年　　C. 3 年　　D. 5 年

13. 机动车交通事故责任强制保险的保险期间为 1 年，但（　　）可以投保短期机动车交通事故责任强制保险。

A. 驾驶新手上道路行驶的

B. 投保人驾龄超过 10 年的

C. 机动车临时上道路行驶的

D. 同时投保机动车第三者责任保险附加险的

14. 下列情况中，保险公司不用垫付抢救费用的是（　　）。

A. 驾驶人未取得驾驶资格或者醉酒的　　B. 被保险机动车被盗抢期间肇事的

C. 被保险人故意制造道路交通事故的　　D. 机动车肇事逃逸的

15. （　　）不属于机动车交通事故责任强制保险赔偿责任限额。

A. 机动车交通事故罚款赔偿限额

B. 死亡伤残费用赔偿限额、医疗费用赔偿限额

C. 财产损失赔偿限额

D. 被保险人在道路交通事故中无责任的赔偿限额

16. 被保险机动车发生道路交通事故的，由被保险人向保险公司申请赔偿保险金。保险公司应当自(　　)，书面告知被保险人需要向保险公司提供的与赔偿有关的证明和资料。

A. 知悉赔偿申请之日起 3 日内

B. 收到赔偿申请之日起 3 日内

C. 知悉赔偿申请之日起 1 日内

D. 收到赔偿申请之日起 1 日内

17. 对于机动车交通事故属于交强险保险责任的，保险公司应当在(　　)赔偿保险金。

A. 与被保险人达成赔偿保险金的协议后 5 日内

B. 与被保险人达成赔偿保险金的协议后 10 日内

C. 收到被保险人提供的证明和资料之日起 5 日内

D. 收到被保险人提供的证明和资料之日起 10 日内

18. 交强险最高赔偿(　　)万元。

A. 12.2　　B. 12　　C. 6　　D. 88

19. 机动车发生道路交通事故导致人员受伤时，医疗机构参照国务院卫生主管部门组织制定的有关临床诊疗指南，对生命体征不稳定和虽然生命体征稳定但如果不采取处理措施会产生生命危险，或者导致残疾、器官功能障碍，或者导致病程明显延长的受伤人员，采取必要的处理措施所发生的医疗费用，称为(　　)。

A. 急救医疗费用　　B. 抢救医疗费用

C. 急救费用　　D. 抢救费用

20. 被保险机动车上年有 4 次交强险理赔记录，该车于保险期限到期前一个星期进行所有权转移并办理相关手续，新车主续保交强险费率(　　)。

A. 上浮 20%　　B. 上浮 10%　　C. 不浮动　　D. 下浮 10%

三、简答题

1. 什么是机动车交通事故强制责任保险？

2. 我国交强险合同条款制订的法律依据有哪些？

3. 交强险的责任限额分哪几类？数额分别为多少？

4. 交强险垫付的条件有哪些？垫付时需要哪些条件？

5. 交强险第一年实行什么费率？第二年如何？依据是什么？

6. 从影响交强险费率浮动的项目看，驾驶人在使用车辆的过程中，应注意哪些事项？

7. 我国交强险基础费率表中对机动车辆种类如何进行划分？

四、案例题

2013 年 10 月 30 日，陈女士溜完狗开车载狗回家，把车停在了小区对面马路边的停车道上。在她打开后车门的时候，小狗从后车座跑下车，横穿马路，被一辆经过的机动车当场撞死。随后，陈女士将开车司机和车主告上法庭，要求赔偿爱犬的饲料费、人工费、精神损失费等共计 95 000 元，其中包括买狗的费用5 000元、喂养费 3 万元、人工费 2 万元及精神损失费 4 万元。已知该机动车已参加交强险。

(1) 撞狗算不算交通事故？应不应该赔偿精神损失费？

（2）被告有没有赔偿责任？交强险应不应该赔偿？

五、计算题

1. 甲、乙两车互碰，甲车承担70%责任，车损为3 000元，乙车承担30%责任，车损为1 000元。试计算，甲、乙两车获得的交强险赔偿分别为多少？

2. A、B两车在某路段发生正面碰撞，不仅两车受损，还致使行人C受伤致死，B车造成道路护栏D受损。经裁定，A车负主要责任，承担70%责任，B车负次要责任，承担30%的责任。交通事故各方的损失分别为，A车车损为400元，B车车损为10 000元，B车车上人员重伤一名，造成残疾，花费医药费10 000元，残疾赔偿金50 000元，道路护栏D损失2 000元。A、B两车均参加了交强险。试计算，A、B两车的交强险赔款各为多少？双方交强险赔款应赔给相应受害人的赔偿金额各为多少？

3. A、B、C三车互碰造成三方车损，A车负主要责任，车损为600元；B车无责任，车损为500元；C车负次要责任，车损为300元；车外财产损失为400元。试计算，A车、B车、C车的交强险赔偿金额为多少？

4. A、B两车发生交通事故，A车全责（已参加交强险）。本次事故造成B车的费用为，车上人员医疗费用6 000元，误工费2 500元，护理费400元和住院伙食补助费150元。试计算A车可获得的交强险赔偿金额。

学习任务5
机动车商业保险

近年来，随着机动车保有量的增长，交通事故频繁发生，汽车保险的赔付额也不断上升。为车辆投保是每一位车主都必须面对的问题。由于保险公司经营险种众多，条款复杂，投保人对全部保险内容了解有困难，难以科学合理地购买汽车保险，尤其是对许多新车主来说，繁多的险种令他们一头雾水。掌握汽车保险的相关知识，对于汽车车主及保险与理赔工作者都具有重要意义。

本任务介绍各类汽车保险险种的概念、承担的责任、免赔情况及赔偿处理等基本知识，旨在让读者掌握各类汽车保险险种，从而为汽车承保和理赔实务的学习奠定基础。

知识目标

- 了解机动车商业保险的内容；
- 熟悉机动车商业保险附加险产品中的常见险种的保险责任及责任免除情况；
- 掌握机动车损失保险的保险责任和责任免除相关知识；
- 掌握商业三者险的保险责任和责任免除相关知识；
- 掌握机动车车上人员责任保险的保险责任和责任免除相关知识；
- 掌握机动车全车盗抢保险的保险责任和责任免除相关知识。

能力目标

- 能够正确解读机动车保险条款；
- 能够准确分析和判断适用条款；
- 能够向客户做出合理的解释。

5.1 机动车商业保险简介

【案例导入】

2010 年 5 月，张某在某保险公司为爱车参加了车辆损失险、不计免赔险等。2010 年 11 月 22 日，张某驾车在某路口被一辆摩托车撞上，张某的车遭受严重损坏，摩托车车主也倒地受伤。经交管部门调查认定，摩托车车主承担事故的全部责任，张某无责任。

摩托车车主是一名外来务工人员，在事故中，他本人也骨折受伤，根本无力支付赔偿。无奈之下，张某只得自行联系，将受损的轿车拖至 4S 店维修，并自行支付了维修费 33 万余元。之后，张某多次通过电话要求保险公司核定自己的车辆损失，但却被告知"无责不赔"，保险公司拒绝承担保险赔偿责任。2011 年 1 月，张某将保险公司告上了法庭。法院会如何审理？

【相关知识】

商业车险改革

一、机动车商业保险改革历程

随着汽车保险业的发展，汽车保险的险种不断补充丰富或改革创新，险种数量和保障范围都明显变大。2003 年以前，我国采用严格的机动车辆保险条款管理制度，各保险公司统一实行 2000 年由中国保险监督管理委员会颁布的条款，其险种非常有限。

2002 年，中国保险监督管理委员会发布《关于改革机动车辆保险条款费率管理制度的通知》，规定条款费率不再由中国保险监督管理委员会统一制定，而是由各公司自主制订、修改和调整，经中国保险监督管理委员会备案后，向社会公布使用。保险公司个性化条款自 2003 年 1 月 1 日起在全国范围内实施。

经过几年实践，为规范机动车辆保险行业，促进有序竞争和良性发展，2006 年 7 月 1 日，中国保险行业协会制定机动车商业保险 A、B、C 三种费率条款，供各保险公司选择使用。除安盛天平财产保险股份有限公司之外，其他保险公司均在 A、B、C 三种商业车险产品中选择一款并向中国保险监督管理委员会报批使用。各保险公司使用的商业车险条款费率基本上是全行业统一的。

2007 年 4 月 1 日起，由中国保险行业协会牵头开发的 2007 版 A、B、C 三种费率条款正式启用，国内经营车险的保险公司都必须从这三种条款中选择一种经营（安盛天平财产保险股份有限公司除外）。与 2006 版相比，2007 版条款涵盖险种增多，包含车辆损失险、第三者责任保险、车上人员责任保险、全车盗抢险、不计免赔率特约险、玻璃单独破碎险、车身划痕损失险和可选免赔额特约险八个险种。

为更好地维护保险消费者的合法权益，切实提升车险承保、理赔工作质量，促进保险业持续健康发展，中国保险行业协会于 2012 年 3 月 14 日发布了《中国保险行业协会机动车辆商业保险示范条款》（以下简称《示范条款》），这是我国商业车险产品发展进程中的一次重要创新，对我国车险市场的持续、健康发展意义重大。《示范条款》的拟订，为保险公司提供了商业车险条款行业范本，各保险公司可以参考或使用《示范条款》拟订本公司的商业车险条款。

2015年6月至2016年6月，机动车商业保险改革分三个批次在全国陆续实施。这次改革修订了商业车险示范条款。新条款简化了理赔流程，强化了保险公司的说明义务，完善了商业车险定价方式，对减少后期理赔争议与诉讼纠纷、鼓励保险公司创新条款有积极作用。商业车险改革后的示范条款包括机动车综合商业保险条款，摩托车、拖拉机综合商业保险条款，特种车综合商业保险条款及机动车单程提车保险条款。

《示范条款》包含机动车损失保险、机动车第三者责任保险、机动车车上人员责任保险和机动车全车盗抢保险四个独立主险。同时，《示范条款》还对现有商业车险的附加险条款进行了大幅简化，把部分附加险纳入主险保障范围，保留玻璃单独破碎险、自燃损失险、车身划痕损失险等十个附加险，并新增了无法找到第三方特约险。

二、行业示范条款修订的主要内容

（1）扩大了保险责任，提升保障，本次条款修订共减少了15个责任免除事项。

（2）解决社会关注热点，如车损险保险金额确定方式，代位求偿机制的实施等。

（3）明确概念，减少纠纷，明确了如车上人员、第三者等概念。

（4）险种整合体系清晰，原有38个附加险及特约条款保留了10个，新增了1个。

三、商业车险改革的意义

长期以来，车险在财产保险行业占有举足轻重的地位。随着汽车保有量和投保率的快速提升，车险的覆盖面、影响力都在不断扩大，车险的价格和服务与我们每个人密切相关，所以，车险既是财产保险行业的重大问题，也是民生问题、公共热点问题。

改革前的商业车险条款费率主要基于2006年中国保险行业协会制定的三套标准，责任范围和费率水平基本一致。随着经济社会的发展、法律的调整及行业本身的变化，现行制度下存在的一些不适应外部环境变化的问题逐步显现，主要表现为条款不适应司法实践的变化、监管定位不够清晰、行业转型缺乏动力、消费者保护不到位等。

商业车险的改革立足于解决社会公众关心的重要问题，切实维护社会公众利益，对原有商业车险条款进行全面梳理，认真筛查不利于保护被保险人权益、表述不清和容易产生歧义之处并进行合理修订。改革后商业车险特点如下：

1. 促进费率公平

改革后费率与风险更加匹配，众多驾驶习惯好、出险频率低的低风险车主将享受更低的车险费率。

2. 拓宽保障范围

新的示范条款扩大了保险责任范围，提高了保障服务能力，条款修订后共减少了15条责任免除事项，有利于更好地保障消费者权益。

3. 扩大消费者选择权

行业示范条款和保险公司创新型条款并存，可以丰富商业车险产品供给，满足多层次、多样化的保险需求。

4. 提升消费者满意度

保险公司以优质、优价为目标良性竞争，可以在商业车险价格、服务等方面提高消费者的满意度。

四、相关概念

1. 碰撞

碰撞指被保险机动车或其符合装载规定的货物与外界固态物体之间发生的、产生撞击痕迹的意外撞击。(见图 5-1)

图 5-1 碰撞事故

2. 倾覆

倾覆指被保险机动车由于自然灾害或意外事故,造成本被保险机动车翻倒,车体触地,失去正常状态和行驶能力,不经施救不能恢复行驶。(见图 5-2)

图 5-2 倾覆事故

3. 坠落

坠落指被保险机动车在行驶中发生意外事故,整车腾空后下落,造成本车损失的情况。非整车腾空,仅由于颠簸造成被保险机动车损失的,不属于坠落。(见图 5-3)

图 5-3　坠落事故

4. 外界物体倒塌

外界物体倒塌指被保险机动车自身以外的物体倒下或陷下。(见图 5-4)

图 5-4　外界物体倒塌造成的事故

5. 自燃

自燃指在没有外界火源的情况下,由于本车电器、线路、供油系统、供气系统故障等被保险机动车自身原因或所载货物自身原因起火燃烧。(见图 5-5)

图 5-5　自燃事故

6. 火灾

火灾指被保险机动车本身以外的火源引起的、在时间或空间上失去控制的燃烧(即有热、有光、有火焰的剧烈氧化反应)所造成的灾害。(见图 5-6)

图 5-6　火灾造成的事故

7. 次生灾害

次生灾害指地震造成工程结构、设施和自然环境破坏而引发的失火、爆炸、瘟疫、有毒有害物质污染、海啸、水灾、泥石流、滑坡等灾害。(见图 5-7)

图 5-7　次生灾害造成的事故

8. 暴风

暴风指风速在 28.5 米/秒(相当于 11 级大风风力)以上的大风。风速以气象部门公布的数据为准。(见图 5-8)

9. 暴雨

暴雨指每小时降雨量达 16 毫米以上,或连续 12 小时降雨量达 30 毫米以上,或连续 24 小时降雨量达 50 毫米以上。(见图 5-9)

图 5-8　暴风造成的事故

图 5-9　暴雨造成的事故

10. 洪水

洪水指山洪暴发、江河泛滥、潮水上岸及倒灌。规律性的涨潮、自动灭火设施漏水以及在常年水位以下或地下渗水、水管爆裂不属于洪水责任。(见图 5-10)

图 5-10　洪水造成的事故

11. 玻璃单独破碎

玻璃单独破碎指未发生被保险机动车其他部位的损坏，仅发生被保险机动车前后风挡玻璃和左右车窗玻璃的损坏，如图 5-11 所示。

图 5-11 玻璃单独破碎

12. 车轮单独损坏

车轮单独损坏指未发生被保险机动车其他部位的损坏，仅发生轮胎、轮辋、轮毂罩的分别单独损坏，或上述三者之中任意二者的共同损坏，或三者的共同损坏。

13. 车身划痕损失

车身划痕损失指仅发生被保险机动车车身表面油漆的损坏，且无明显碰撞痕迹，如图 5-12 所示。

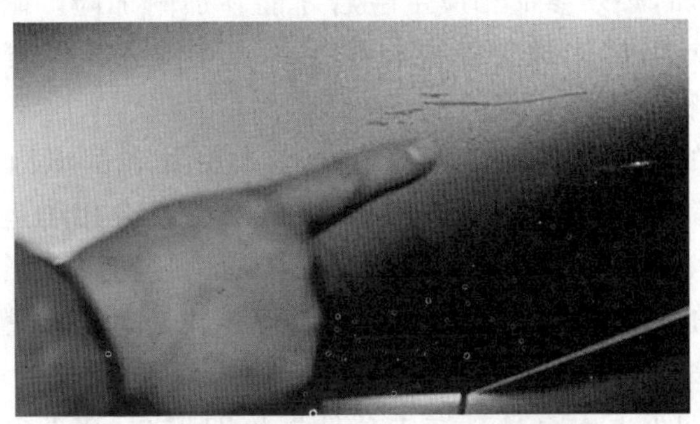

图 5-12 无明显碰撞痕迹的车身划痕

14. 新增设备

新增设备指被保险机动车出厂时原有设备以外的、另外加装的设备和设施。

15. 新车购置价

新车购置价指保险合同签订地购置与被保险机动车同类型新车的价格，无同类型新车市场销售价格的，由投保人与保险人协商确定新车购置价格。

16. 单方肇事事故

单方肇事事故指不涉及与第三者有关的损害赔偿的事故，但不包括自然灾害引起的事故。

17. 家庭成员

家庭成员指配偶、子女及父母。

18. 市场公允价值

市场公允价值指熟悉市场情况的买卖双方在公平交易的条件下和自愿的情况下所确定的

价格，或无关联的双方在公平交易的条件下一项资产可以被买卖或者一项负债可以被清偿的成交价格。

19. 饮酒

饮酒指驾驶人饮用含有酒精的饮料，驾驶机动车时每100毫升血液中的酒精含量大于等于20毫克的。

20. 全部损失

全部损失包括实际全损和推定全损。被保险机动车发生事故后灭失，或者受到严重损坏完全失去原有形体、效用，或者不能再归被保险人所拥有的，为实际全损；被保险机动车发生事故后，认为实际全损已经不可避免，或者为避免发生实际全损所需支付的费用超过实际价值的，为推定全损。

五、《示范条款》总则部分规定

现行《示范条款》包括总则、主险条款、通用条款、附加险条款、释义等部分。其中，总则部分包括以下规定。

(1) 本保险条款分为主险、附加险。

机动车商业保险分主险(基本险)和附加险两部分。主险是对车辆使用过程中大多数车辆使用者经常面临的风险给予保障，投保人可以选择投保全部主险险种，也可以选择投保部分险种。附加险是对主险保险责任的补充，它承保的一般是主险不予承保的自然灾害或意外事故。

附加险不能独立参加，必须参加相应主险后才能参加附加险。附加险条款与主险条款相抵触之处，以附加险条款为准，附加险条款未尽之处，以主险条款为准。

保险人按照承保险种分别承担保险责任。

(2) 本保险合同中的被保险机动车是指在中华人民共和国境内(不含港、澳、台地区)行驶，以动力装置驱动或者牵引，上道路行驶的、供人员乘用或者用于运送物品以及进行专项作业的轮式车辆(含挂车)、履带式车辆和其他运载工具，但不包括摩托车、拖拉机、特种车。

(3) 本保险合同中的第三者是指因被保险机动车发生意外事故遭受人身伤亡或者财产损失的人，但不包括被保险机动车本车车上人员、被保险人。

(4) 本保险合同中的车上人员是指发生意外事故的瞬间，在被保险机动车车体内或车体上的人员，包括正在上下车的人员。

(5) 除本保险合同另有约定外，投保人应在保险合同成立时一次交清保险费。保险费未交清前，本保险合同不生效。

5.2 机动车损失保险

【案例导入】

黄先生是一位新车主，他周末驾驶一辆宝马小轿车，在路上行驶时，撞到路边的一根电线杆，致使车辆严重损坏，车内一女乘客前额撞破。而后，黄先生找保险公司理赔，却被告知不能获得保险公司赔偿，原来，黄先生的车没有投保机动车损失保险，损失只能自己承担。

你觉得机动车损失保险有必要购买吗?

【相关知识】

一、机动车损失保险简介

机动车损失保险(简称车损险)是指对于被保险机动车遭受保险责任范围内的自然灾害或意外事故,造成的被保险车辆本身损失,保险公司负责赔偿的险种。

机动车损失保险是对车辆自身的保障,是汽车保险中用途最广泛的险种,属于主险(基本险),车辆都适合参加此种保险。投保后车辆如发生碰撞(见图5-13),修理费可以由保险公司来支付,对于维护车主利益具有重要作用。

图5-13 车辆碰撞事故

二、保险责任

(1) 保险期间内,被保险人或其允许的合法驾驶人在使用被保险机动车过程中,因下列原因造成被保险机动车直接损失的,保险人依照保险合同的约定负责赔偿:①碰撞、倾覆、坠落;②火灾、爆炸;③外界物体坠落、倒塌;④雷击、暴风、暴雨、洪水、龙卷风、冰雹、台风、热带风暴;⑤地陷、崖崩、滑坡、泥石流、雪崩、冰陷、暴雪、冰凌、沙尘暴;⑥受到被保险机动车所载货物、车上人员意外撞击;⑦载运被保险机动车的渡船遭受自然灾害(只限于驾驶人随船的情形)。其中,①～③属意外事故,④、⑤属自然灾害,⑥、⑦属其他情况。

(2) 发生保险事故时,被保险人或其允许的合法驾驶人为防止或者减少被保险机动车的损失所支付的必要的、合理的施救费用,由保险人承担;施救费用数额在被保险机动车损失赔偿金额以外另行计算,最高不超过保险金额。

小案例

2011年11月,出租车驾驶员王某在保险公司为其出租车投保了车辆损失保险和第三者责任保险。一个月后,王某驾驶出租车行驶到外环路某路段时,发动机罩突然翻动，与风挡玻璃相撞，造成发动机罩和风挡玻璃损坏。王某紧急制动，致使该车左前部与道路中央护栏相撞，造成前保险杠、左前照灯、边灯、翼子板等损坏。事故发生后，交警认定王某负全部责任，自负修车费用，并赔偿护栏损坏修复费用。王某就有关花费要求保险公司赔偿。保险公司会赔吗？

保险十不赔

三、责任免除

(1) 在机动车损失保险责任范围内，下列情况下，任何原因造成被保险机动车的任何损失和费用，保险人均不负责赔偿：事故发生后，被保险人或其允许的驾驶人在未依法采取措施的情况下，驾驶被保险机动车或者遗弃被保险机动车逃离事故现场，或故意破坏、伪造现场，毁灭证据。

驾驶人有下列情形之一者：①饮酒、吸食或注射毒品，服用国家管制的精神药品或者麻醉药品；②无驾驶证，驾驶证被依法扣留、暂扣、吊销、注销期间；③驾驶与驾驶证载明的准驾车型不相符的机动车；④实习期内驾驶公共汽车、营运客车、执行任务的警车、载有危险物品的机动车或牵引挂车的机动车；⑤驾驶出租机动车或营业性机动车无交通运输管理部门核发的许可证书或其他必备证书；⑥学习驾驶时无合法教练员随车指导；⑦非被保险人允许的驾驶人；

被保险机动车有下列情形之一者：①发生保险事故时，被保险机动车行驶证、号牌被注销，或未按规定检验或检验不合格；②在被扣押、收缴、没收或政府征用期间；③在竞赛、测试期间，或在营业性场所维修、保养、改装期间；④被利用从事犯罪行为。

(2) 下列原因导致的被保险机动车的损失和费用，保险人不负责赔偿：①地震及其次生灾害；②战争、军事冲突、恐怖活动、暴乱、污染(含放射性污染)、核反应、核辐射；③人工直接供油、高温烘烤、自燃、不明原因火灾；④被保险机动车被转让、改装、加装或改变使用性质等，导致被保险机动车危险程度显著增加，且被保险人、受让人未及时通知保险人；⑤被保险人或其允许的驾驶人的故意行为。

(3) 下列损失和费用，保险人不负责赔偿：①因市场价格变动造成的贬值、修理后因价值降低引起的减值损失；②被保险机动车全车被盗窃、被抢劫、被抢夺、下落不明，以及在此期间受到的损坏，或被盗窃、被抢劫、被抢夺未遂受到的损坏，或车上零部件、附属设备丢失；③自然磨损、朽蚀、腐蚀、故障、本身质量缺陷；④车轮单独损坏、玻璃单独破碎、无明显碰撞痕迹的车身划痕及新增设备的损失；⑤发动机进水后导致的发动机损坏；⑥遭受保险责任范围内的损失后，未经必要修理并检验合格而继续使用，致使损失扩大的部分；⑦投保人、被保险人或其允许的驾驶人知道保险事故发生后，故意或者因重大过失未及时通知，致使保险事故的性质、原因、损失程度等难以确定的，保险人对无法确定的部分，不承担赔偿责任，但保险人通过其他途径已经及时知道或者应当及时知道保险事故发生的除外；⑧因被保险人未会同保险人检验因保险事故损坏的被保险机动车而自行修理，导致无法确定的损失。

(4) 保险人在依据保险合同约定计算赔款的基础上，按照下列方式免赔：①被保险机动车一方负次要事故责任的，实行5%的事故责任免赔率；负同等事故责任的，实行10%的事故责任免赔率；负主要事故责任的，实行15%的事故责任免赔率；负全部事故责任或单方肇事事故的，实行20%的事故责任免赔率。②被保险机动车的损失应当由第三方负责赔偿、无法找到第三方时，实行30%的绝对免赔率。③因违反安全装载规定导致保险事故发生的，保险人不承担赔偿责任；违反安全装载规定但不是事故的直接原因的，增加10%的绝对免赔率。④投保时指定驾驶人，保险事故发生时为非指定驾驶人使用被保险机动车的，增加10%的绝对免赔率。⑤投保时约定行驶区域，保险事故发生在约定行驶区域以外的，增加10%的绝对免赔率。⑥对于投保人与保险人在投保时协商确定绝对免赔额的，本保险在实行免赔率的基础上增加每次事故绝对免赔额。

四、保险金额

保险金额按投保时被保险机动车的实际价值确定。

投保时被保险机动车的实际价值由投保人与保险人根据投保时的新车购置价减去折旧金额后的价格或其他市场公允价值协商确定。折旧金额可根据保险合同列明的参考折旧系数表（见表5-1）确定。

小知识……

汽车保险改革前，车损险的保险金额有三种确定方式：①按投保时被保险机动车的新车购置价确定；②按投保时被保险机动车的实际价值确定；③在投保时被保险机动车的新车购置价内协商确定，采用这种方式容易出现高保低赔现象。

高保低赔是指车主在为所购买的车辆向保险公司投保时，需要按照车辆新车购置价格加购置税进行投保（购置税也要买保险），而投保车辆发生整车被盗或发生事故后造成全车损失时，保险公司只能按照车辆现行实际价值（可能已贬值）进行赔偿。汽车保险改革后是按被保险机动车的实际价值确定保险金额的，这很好地解决了高保低赔和购置税也要买保险的问题。

表5-1 参考折旧系数表

车辆种类	月折旧系数			
	家庭自用	非营业	营业	
			出租	其他
9座以下客车	0.60%	0.60%	1.10%	0.90%
10座以上客车	0.90%	0.90%	1.10%	0.90%
微型载货汽车	—	0.90%	1.10%	1.10%
带拖挂的载货汽车	—	0.90%	1.10%	1.10%
低速货车和三轮汽车	—	1.10%	1.40%	1.40%
其他车辆	—	0.90%	1.10%	0.90%

折旧按月计算，不足一个月的部分不计折旧。最高折旧金额不超过投保时被保险机动车新车购置价的80%。折旧金额计算公式为

折旧金额＝新车购置价×被保险机动车已使用月数×月折旧系数

五、赔偿处理

(1) 发生保险事故时，被保险人或其允许的合法驾驶人应当及时采取合理的、必要的施救和保护措施，防止或者减少损失，并在保险事故发生后48小时内通知保险人。被保险人或其允许的合法驾驶人根据有关法律法规规定选择自行协商方式处理交通事故的，应当立即通知保险人。

(2) 被保险人或其允许的合法驾驶人根据有关法律法规规定选择自行协商方式处理交通事故的，应当协助保险人勘验事故各方车辆、核实事故责任，并依照《道路交通事故处理程序规定》签订记录交通事故情况的协议书。

(3) 被保险人索赔时，应当向保险人提供与确认保险事故的性质、原因、损失程度等有关的证明和资料。被保险人应当提供保险单、损失清单、有关费用单据、被保险机动车行驶证和发生事故时驾驶人的驾驶证。属于道路交通事故的，被保险人应当提供公安机关交通管理部门或法院等机构出具的事故证明、有关的法律文书(判决书、调解书、裁定书、裁决书等)及其他证明。被保险人或其允许的合法驾驶人根据有关法律法规规定选择自行协商方式处理交通事故的，被保险人应当提供依照《道路交通事故处理程序规定》签订记录交通事故情况的协议书。

(4) 因保险事故损坏的被保险机动车，应当尽量修复。修理前被保险人应当会同保险人检验，协商确定修理项目、方式和费用。对未协商确定的，保险人可以重新核定。

(5) 被保险机动车遭受损失后的残余部分由保险人、被保险人协商处理。如折归被保险人的，由双方协商确定其价值并在赔款中扣除。

(6) 因第三方对被保险机动车的损害而造成保险事故，被保险人向第三方索赔的，保险人应积极协助；被保险人也可以直接向本保险人索赔，保险人在保险金额内先行赔付被保险人，并在赔偿金额内代位行使被保险人对第三方请求赔偿的权利。

被保险人已经从第三方取得损害赔偿的，保险人进行赔偿时，相应扣减被保险人从第三方已取得的赔偿金额。

保险人未赔偿之前，被保险人放弃对第三方请求赔偿的权利的，保险人不承担赔偿责任。

被保险人故意或者因重大过失致使保险人不能行使代位请求赔偿的权利的，保险人可以扣减或者要求返还相应的赔款。

保险人向被保险人先行赔付的，保险人向第三方行使代位请求赔偿的权利时，被保险人应当向保险人提供必要的文件和所知道的有关情况。

(7) 机动车损失赔款按以下方法计算：

发生全部损失时：

赔款＝(保险金额－被保险人已从第三方获得的赔偿金额)×(1－事故责任免赔率)
×(1－绝对免赔率之和)－绝对免赔额

被保险机动车发生部分损失时，保险人按实际修复费用在保险金额内计算赔偿：

赔款＝(实际修复费用－被保险人已从第三方获得的赔偿金额)
×(1－事故责任免赔率)×(1－绝对免赔率之和)－绝对免赔额

施救的财产中含有保险合同未保险的财产时，应按保险合同保险财产的实际价值占总施救财产的实际价值比例分摊施救费用。

(8) 保险人受理报案、现场查勘、核定损失、参与诉讼、进行抗辩、要求被保险人提供证明和资料、向被保险人提供专业建议等行为，均不构成保险人对赔偿责任的承诺。

(9) 被保险机动车发生保险事故导致全部损失，或一次赔款金额与免赔金额之和(不含施救费)达到保险金额，保险人按保险合同约定支付赔款后，本保险责任终止，保险人不退还机动车损失保险及其附加险的保险费。

5.3 机动车商业第三者责任保险

【案例导入】

张某驾车在道路上正常行驶，将骑自行车逆行的孙某撞伤。孙某受了轻伤，张某向交警报案后，将孙某送到附近医院，垫付了医药费500元。事后，交警判定孙某负全部责任，医疗费用自理，但考虑到孙某家庭困难，交警调解时建议张某将原先垫付的500元给孙某作为治疗费用，张某接受了交警的建议。张某投保了机动车商业第三者责任保险，于是向保险公司索赔，保险公司拒绝赔偿。

保险公司的做法合理吗？

【相关知识】

交强险与商业三者险的区别与联系

一、机动车商业第三者责任保险简介

机动车商业第三者责任险(简称商业三者险)是指被保险机动车因意外事故造成第三者人身伤亡或财产直接损毁的，保险公司对于超过交强险各分项限额以上的部分进行赔偿的险种。

二、商业三者险与交强险的关系

商业三者险和交强险的赔付对象是一致的，都是受害的第三方。发生交通事故造成第三方伤害的，首先由交强险在责任限额内赔付，所以，商业三者险是交强险一种补充。也就是说，当事故发生后，第三者的损失超过交强险限额之后，余下的部分可由商业三者险进行赔付。

商业三者险没有如同交强险一样对各种责任赔偿限额划分得十分详细，可以简单地理解为，发生事故后，如果交强险不够赔付，不管是死亡伤残、医疗费用还是财产损失，不足部分都可以使用商业三者险进行相应赔付。

三、保险责任

(1) 保险期间内，被保险人或其允许的合法驾驶人在使用被保险机动车过程中发生意外事故，致使第三者遭受人身伤亡或财产直接损毁，依法应当对第三者承担的损害赔偿责任，由保险人依照保险合同的约定，对于超过机动车交通事故责任强制保险各分项赔偿限额的部分负责赔偿。

(2) 保险人依据被保险机动车一方在事故中所负的事故责任比例,承担相应的赔偿责任。

被保险人或被保险机动车一方根据有关法律法规规定选择自行协商或由公安机关交通管理部门处理事故未确定事故责任比例的,按照下列规定确定事故责任比例:①被保险机动车一方负主要事故责任的,事故责任比例为70%;②被保险机动车一方负同等事故责任的,事故责任比例为50%;③被保险机动车一方负次要事故责任的,事故责任比例为30%。涉及司法或仲裁程序的,以法院或仲裁机构最终生效的法律文书为准。

四、责任免除

(1) 在保险责任范围内,下列情况下,任何原因造成的人身伤亡、财产损失和费用,保险人均不负责赔偿:①事故发生后,被保险人或其允许的驾驶人在未依法采取措施的情况下驾驶被保险机动车或者遗弃被保险机动车逃离事故现场,或故意破坏、伪造现场,毁灭证据。②驾驶人有下列情形之一者:饮酒、吸食或注射毒品,服用国家管制的精神药品或者麻醉药品;无驾驶证,驾驶证被依法扣留、暂扣、吊销、注销期间;驾驶与驾驶证载明的准驾车型不相符的机动车;实习期内驾驶公共汽车、营运客车、执行任务的警车、载有危险物品的机动车或牵引挂车的机动车;驾驶出租机动车或营业性机动车无交通运输管理部门核发的许可证书或其他必备证书;学习驾驶时无合法教练员随车指导;非被保险人允许的驾驶人。③被保险机动车有下列情形之一者:发生保险事故时,被保险机动车行驶证、号牌被注销,或未按规定检验或检验不合格;被扣押、收缴、没收或政府征用期间;在竞赛、测试期间或在营业性场所维修、保养、改装期间;全车被盗窃、被抢劫、被抢夺、下落不明期间。

(2) 下列原因导致的人身伤亡、财产损失和费用,保险人不负责赔偿:①地震及其次生灾害、战争、军事冲突、恐怖活动、暴乱、污染(含放射性污染)、核反应、核辐射;②被保险机动车在行驶过程中翻斗突然升起或没有放下翻斗,或自卸系统(含机件)失灵;③第三者、被保险人或其允许的驾驶人的故意行为、犯罪行为,第三者与被保险人或其他致害人恶意串通的行为;④被保险机动车被转让、改装、加装或改变使用性质等,导致被保险机动车危险程度显著增加,且被保险人、受让人未及时通知保险人。

(3) 下列人身伤亡、财产损失和费用,保险人不负责赔偿:①被保险机动车发生意外事故,致使任何单位或个人停业、停驶、停电、停水、停气、停产、通信或网络中断、电压变化、数据丢失造成的损失以及其他各种间接损失;②第三者财产因市场价格变动造成的贬值,修理后因价值降低引起的减值损失;③被保险人及其家庭成员、被保险人允许的驾驶人及其家庭成员所有、承租、使用、管理、运输或代管的财产的损失,以及本车上财产的损失;④被保险人及其家庭成员、被保险人允许的驾驶人及其家庭成员、本车车上人员的人身伤亡;⑤停车费、保管费、扣车费、罚款、罚金或惩罚性赔款;⑥超出《道路交通事故受伤人员临床诊疗指南》和国家基本医疗保险标准的医疗费用;⑦精神损害抚慰金;⑧律师费,未经保险人事先书面同意的诉讼费、仲裁费;⑨投保人、被保险人或其允许的驾驶人知道保险事故发生后,故意或者因重大过失未及时通知,致使保险事故的性质、原因、损失程度等难以确定的,保险人对无法确定的部分不承担赔偿责任,但保险人通过其他途径已经及时知道或者应当及时知道保险事故发生的除外;⑩因保险事故损坏的第三者财产,应当尽快修复,修理前,被保险人应当会同保险人检验,协商确定修理项目、方式和费用,被保险人违反该规定导致无法确定的损失;⑪应当由机动车交通事故责任强制保险赔偿的损失和费用。

保险事故发生时，被保险机动车未投保机动车交通事故责任强制保险或机动车交通事故责任强制保险合同已经失效的，对于机动车交通事故责任强制保险责任限额以内的损失和费用，保险人不负责赔偿。

五、免赔率

保险人在依据保险合同约定计算赔款的基础上，在保险单载明的责任限额内，按照下列方式免赔：

（1）被保险机动车一方负次要事故责任的，实行5%的事故责任免赔率；负同等事故责任的，实行10%的事故责任免赔率；负主要事故责任的，实行15%的事故责任免赔率；负全部事故责任的，实行20%的事故责任免赔率。

（2）违反安全装载规定的，实行10%的绝对免赔率。

（3）投保时指定驾驶人，保险事故发生时为非指定驾驶人使用被保险机动车的，增加10%的绝对免赔率。

（4）投保时约定行驶区域，保险事故发生时在约定行驶区域以外的，增加10%的绝对免赔率。

六、责任限额

（1）每次事故的责任限额，由投保人和保险人在签订保险合同时协商确定。

（2）主车和挂车连接使用时视为一体，发生保险事故时，在主车和挂车责任限额之和内承担赔偿责任。主车保险人和挂车保险人按照保险单上载明的机动车第三者责任保险责任限额的比例分摊赔款。

七、赔偿处理

（1）发生保险事故时，被保险人或其允许的合法驾驶人应当及时采取合理的、必要的施救和保护措施，防止或者减少损失，并在保险事故发生后48小时内通知保险人。被保险人或其允许的合法驾驶人根据有关法律法规规定选择自行协商方式处理交通事故的，应当立即通知保险人。

（2）被保险人或其允许的合法驾驶人根据有关法律法规规定选择自行协商方式处理交通事故的，应当协助保险人勘验事故各方车辆、核实事故责任，并依照《道路交通事故处理程序规定》签订记录交通事故情况的协议书。

（3）被保险人索赔时，应当向保险人提供与确认保险事故的性质、原因、损失程度等有关的证明和资料。被保险人应当提供保险单、损失清单、有关费用单据、被保险机动车行驶证和发生事故时驾驶人的驾驶证。属于道路交通事故的，被保险人应当提供公安机关交通管理部门或法院等机构出具的事故证明、有关的法律文书（判决书、调解书、裁定书、裁决书等）及其他证明。被保险人或其允许的合法驾驶人根据有关法律法规规定选择自行协商方式处理交通事故的，被保险人应当提供依照《道路交通事故处理程序规定》签订记录交通事故情况的协议书。

（4）保险人对被保险人给第三者造成的损害，可以直接向该第三者赔偿。

被保险人给第三者造成损害，被保险人对第三者应负的赔偿责任确定的，根据被保险人的请求，保险人应当直接向该第三者赔偿。被保险人怠于请求的，第三者有权就其应获赔偿部分直接向保险人请求赔偿。

被保险人给第三者造成损害，被保险人未向该第三者赔偿的，保险人不得向被保险人赔偿。

(5) 因保险事故损坏的第三者财产，应当尽量修复。修理前被保险人应当会同保险人检验，协商确定修理项目、方式和费用。对未协商确定的，保险人可以重新核定。

(6) 赔款计算方法如下：

先计算(依合同约定核定的第三者损失金额－机动车交通事故责任强制保险的分项赔偿限额)×事故责任比例，所得值等于或高于每次事故赔偿限额时，赔款＝每次事故赔偿限额×(1－事故责任免赔率)×(1－绝对免赔率之和)；所得值低于每次事故赔偿限额时，赔款＝(依合同约定核定的第三者损失金额－机动车交通事故责任强制保险的分项赔偿限额)×事故责任比例×(1－事故责任免赔率)×(1－绝对免赔率之和)。

(7) 保险人按照《道路交通事故受伤人员临床诊疗指南》和国家基本医疗保险的同类医疗费用标准核定医疗费用的赔偿金额。未经保险人书面同意，被保险人自行承诺或支付的赔偿金额，保险人有权重新核定。不属于保险人赔偿范围或超出保险人应赔偿金额的，保险人不承担赔偿责任。

(8) 保险人受理报案、现场查勘、核定损失、参与诉讼、进行抗辩、要求被保险人提供证明和资料、向被保险人提供专业建议等行为，均不构成保险人对赔偿责任的承诺。

5.4 机动车车上人员责任保险

【案例导入】

小万特别喜欢开快车，2016 年 4 月他在开车载着女朋友去郊区游玩时，由于超速行驶，在一处弯道超车撞上了另一辆私家车，这场事故导致双方汽车严重受损，对方车主、小万和其女朋友均受到不同程度的损伤，被及时送往医院救治。事后，交管部门出具道路交通事故认定书，认定小万负全部责任。此前，小万已为爱车投保了交强险、车损险和三者险，对方车主的医疗费用由保险公司负责赔付，但是小万自己和女朋友的医疗费却要小万自己掏腰包。为什么？

【相关知识】

一、机动车车上人员责任保险简介

机动车车上人员责任保险(可简称车上人员责任险)，简单地说，就是投保车辆在发生交通事故后保险公司对于车上人员所遭受的伤害甚至伤亡进行赔偿的险种，属于主险之一，赔偿包括丧葬费、医疗费、误工费等。

车上人员责任险

机动车车上人员责任保险的赔付对象是车上人员。汽车保险改革前，人员上下车时发生事故的、行驶中跳车的都是免赔对象，改革后的条款中，机动车车上人员责任保险的赔付对象包括正在上下车的人员。

二、保险责任

(1) 保险期间内，被保险人或其允许的合法驾驶人在使用被保险机动车过程中发生意外事故，致使车上人员遭受人身伤亡，依法应当对车上人员承担的损害赔偿责任，保险人依照保险合同的约定负责赔偿。

(2) 保险人依据被保险机动车一方在事故中所负的事故责任比例，承担相应的赔偿责任。

被保险人或被保险机动车一方根据有关法律法规规定选择自行协商或由公安机关交通管理部门处理事故未确定事故责任比例的，按照下列规定确定事故责任比例：①被保险机动车一方负主要事故责任的，事故责任比例为70％；②被保险机动车一方负同等事故责任的，事故责任比例为50％；③被保险机动车一方负次要事故责任的，事故责任比例为30％。

涉及司法或仲裁程序的，以法院或仲裁机构最终生效的法律文书为准。

三、责任免除

(1) 在保险责任范围内，下列情况下，任何原因造成的人身伤亡，保险人均不负责赔偿：①事故发生后，被保险人或其允许的驾驶人在未依法采取措施的情况下驾驶被保险机动车或者遗弃被保险机动车逃离事故现场，或故意破坏、伪造现场，毁灭证据。②驾驶人有下列情形之一者：饮酒、吸食或注射毒品，服用国家管制的精神药品或者麻醉药品；无驾驶证，驾驶证被依法扣留、暂扣、吊销、注销期间；驾驶与驾驶证载明的准驾车型不相符的机动车；实习期内驾驶公共汽车、营运客车、执行任务的警车、载有危险物品的机动车或牵引挂车的机动车；驾驶出租机动车或营业性机动车无交通运输管理部门核发的许可证书或其他必备证书；学习驾驶时无合法教练员随车指导；非被保险人允许的驾驶人。③被保险机动车有下列情形之一者：发生保险事故时，被保险机动车行驶证、号牌被注销，或未按规定检验或检验不合格；被扣押、收缴、没收或政府征用期间；在竞赛、测试期间或在营业性场所维修、保养、改装期间；全车被盗窃、被抢劫、被抢夺、下落不明期间。

(2) 下列原因导致的人身伤亡，保险人不负责赔偿：①地震及其次生灾害、战争、军事冲突、恐怖活动、暴乱、污染(含放射性污染)、核反应、核辐射；②被保险机动车被转让、改装、加装或改变使用性质等，导致被保险机动车危险程度显著增加，且被保险人、受让人未及时通知保险人。

(3) 下列人身伤亡、损失和费用，保险人不负责赔偿：①被保险人及驾驶人的故意行为造成的人身伤亡；②被保险人及驾驶人以外的其他车上人员的故意、重大过失行为造成的自身伤亡;③车上人员因疾病、分娩、自残、斗殴、自杀、犯罪行为造成的自身伤亡;④违法、违章搭乘人员的人身伤亡;⑤罚款、罚金或惩罚性赔款;⑥超出《道路交通事故受伤人员临床诊疗指南》和国家基本医疗保险标准的医疗费用;⑦精神损害抚慰金;⑧律师费,未经保险人事先书面同意的诉讼费、仲裁费;⑨投保人、被保险人或其允许的驾驶人知道保险事故发生后,故意或者因重大过失未及时通知,致使保险事故的性质、原因、损失程度等难以确定的,保险人对无法确定的部分不承担赔偿责任,但保险人通过其他途径已经及时知道或者应当及时知道保险事故发生的除外;⑩应当由机动车交通事故责任强制保险赔付的损失和费用。

四、免赔率

保险人在依据保险合同约定计算赔款的基础上,在保险单载明的责任限额内,按照下列方式免赔:

(1) 被保险机动车一方负次要事故责任的,实行5%的事故责任免赔率;负同等事故责任的,实行10%的事故责任免赔率;负主要事故责任的,实行15%的事故责任免赔率;负全部事故责任或单方肇事事故的,实行20%的事故责任免赔率。

(2) 投保时指定驾驶人,保险事故发生时为非指定驾驶人使用被保险机动车的,实行10%的绝对免赔率。

(3) 投保时约定行驶区域,保险事故发生在约定行驶区域以外的,增加10%的绝对免赔率。

五、责任限额

驾驶人每次事故责任限额和乘客每次事故每人责任限额由投保人和保险人在投保时协商确定。投保乘客座位数按照被保险机动车的核定载客数(驾驶人座位除外)确定。

六、赔偿处理

(1) 发生保险事故时,被保险人或其允许的合法驾驶人应当及时采取合理的、必要的施救和保护措施,防止或者减少损失,并在保险事故发生后48小时内通知保险人。被保险人或其允许的合法驾驶人根据有关法律法规规定选择自行协商方式处理交通事故的,应当立即通知保险人。

(2) 被保险人或其允许的合法驾驶人根据有关法律法规规定选择自行协商方式处理交通事故的,应当协助保险人勘验事故各方车辆、核实事故责任,并依照《道路交通事故处理程序规定》签订记录交通事故情况的协议书。

(3) 被保险人索赔时,应当向保险人提供与确认保险事故的性质、原因、损失程度等有关的证明和资料。被保险人应当提供保险单、损失清单、有关费用单据、被保险机动车行驶证和发生事故时驾驶人的驾驶证。属于道路交通事故的,被保险人应当提供公安机关交通管理部门或法院等机构出具的事故证明、有关的法律文书(判决书、调解书、裁定书、裁决书等)和通过机动车交通事故责任强制保险获得赔偿金额的证明材料。被保险人或其允许的合法驾驶人根据有关法律法规规定选择自行协商方式处理交通事故的,被保险人应当提供依照《道路交通事故处理程序规定》签订记录交通事故情况的协议书和通过机动车交通事故责任强制保险获得赔偿金额的证明材料。

（4）赔款计算方法如下：

对每座的受害人，先计算（依合同约定核定的每座车上人员人身伤亡损失金额－应由机动车交通事故责任强制保险赔偿的金额）×事故责任比例，所得值高于或等于每次事故每座赔偿限额时，赔款＝每次事故每座赔偿限额×（1－事故责任免赔率）×（1－绝对免赔率之和）；所得值低于每次事故每座赔偿限额时，赔款＝（依合同约定核定的每座车上人员人身伤亡损失金额－应由机动车交通事故责任强制保险赔偿的金额）×事故责任比例×（1－事故责任免赔率）×（1－绝对免赔率之和）。

（5）保险人按照《道路交通事故受伤人员临床诊疗指南》和国家基本医疗保险的同类医疗费用标准核定医疗费用的赔偿金额。

未经保险人书面同意，被保险人自行承诺或支付的赔偿金额，保险人有权重新核定。因被保险人原因导致损失金额无法确定的，保险人有权拒绝赔偿。

保险人受理报案、现场查勘、核定损失、参与诉讼、进行抗辩、要求被保险人提供证明和资料、向被保险人提供专业建议等行为，均不构成保险人对赔偿责任的承诺。

5.5 机动车全车盗抢保险

【案例导入】

王先生购买了一辆东风日产车，由于小区没有停车场，停在路旁又总觉得心里不踏实，他为爱车投保了全车盗抢险。某天晚上，王先生把车停在路边，第二天早上发现四个车轮被盗。王先生立刻找保险公司索赔，被拒赔。保险公司拒赔的理由是什么？

【相关知识】

全车盗抢险

一、机动车全车盗抢保险简介

机动车全车盗抢保险（简称全车盗抢险）是针对被保险机动车整车被盗或被抢夺而设立的险种，属于主险（基本险）。

二、保险责任

保险期间内，被保险机动车的下列损失和费用，保险人依照保险合同的约定负责赔偿：

（1）被保险机动车被盗窃、被抢劫或被抢夺，经出险当地县级以上公安刑侦部门立案证明，满60天未查明下落的全车损失。

（2）被保险机动车全车被盗窃、被抢劫或被抢夺后，受到损坏或车上零部件、附属设备丢失需要修复的合理费用。

（3）被保险机动车在被抢劫或被抢夺过程中，受到损坏需要修复的合理费用。

三、责任免除

(1) 在保险责任范围内，下列情况下，任何原因造成被保险机动车的任何损失和费用，保险人均不负责赔偿：①被保险人索赔时未能提供出险地县级以上公安刑侦部门出具的盗抢立案证明；②驾驶人、被保险人、投保人故意破坏现场、伪造现场、毁灭证据；③被保险机动车在被扣押、罚没、查封或政府征用期间；④被保险机动车在竞赛、测试期间，在营业性场所维修、保养、改装期间，或被运输期间。

(2) 下列损失和费用，保险人不负责赔偿：①地震及其次生灾害导致的损失和费用。②战争、军事冲突、恐怖活动、暴乱导致的损失和费用。③因诈骗引起的任何损失；因投保人、被保险人与他人的民事、经济纠纷导致的任何损失。④被保险人或其允许的驾驶人的故意行为、犯罪行为导致的损失和费用。⑤非全车遭盗窃，仅车上零部件或附属设备被盗窃或损坏。⑥新增设备的损失。⑦遭受保险责任范围内的损失后，未经必要修理并检验合格继续使用，致使损失扩大的部分。⑧被保险机动车被转让、改装、加装或改变使用性质等，导致被保险机动车危险程度显著增加而发生保险事故，且被保险人、受让人未及时通知保险人。⑨投保人、被保险人或其允许的驾驶人知道保险事故发生后，故意或者因重大过失未及时通知，致使保险事故的性质、原因、损失程度等难以确定的，保险人对无法确定的部分不承担赔偿责任，但保险人通过其他途径已经及时知道或者应当及时知道保险事故发生的除外。⑩因保险事故损坏的被保险机动车，应当尽量修复；修理前被保险人应当会同保险人检验，协商确定修理项目、方式和费用。因被保险人违反该规定，导致无法确定的损失。

四、免赔率

保险人在依据保险合同约定计算赔款的基础上，按照下列方式免赔：

(1) 发生全车损失的，绝对免赔率为20%。

(2) 发生全车损失，被保险人未能提供机动车登记证书、机动车来历凭证的，每缺少一项，增加1%的绝对免赔率。

(3) 投保时约定行驶区域，保险事故发生在约定行驶区域以外的，增加10%的绝对免赔率。

五、保险金额

保险金额在投保时被保险机动车的实际价值内协商确定。

投保时被保险机动车的实际价值由投保人与保险人根据投保时的新车购置价减去折旧金额后的价格或其他市场公允价值协商确定。

折旧金额可根据保险合同列明的参考折旧系数表确定。

六、赔偿处理

(1) 被保险机动车全车被盗抢的，被保险人知道保险事故发生后，应在24小时内向出险当地公安刑侦部门报案，并通知保险人。

(2) 被保险人索赔时，须提供保险单、损失清单、有关费用单据、机动车登记证书、机动车来历凭证以及出险当地县级以上公安刑侦部门出具的盗抢立案证明。

(3) 因保险事故损坏的被保险机动车，应当尽量修复。修理前被保险人应当会同保险人检验，协商确定修理项目、方式和费用。对未协商确定的，保险人可以重新核定。

(4) 保险人按下列方式赔偿：

被保险机动车全车被盗抢的，计算赔款方法为

赔款＝保险金额×(1－绝对免赔率之和)

被保险机动车发生保险责任列明的部分损失(被保险机动车全车被盗窃、被抢劫或被抢夺后，受到损坏或车上零部件、附属设备丢失需要修复的合理费用，以及被保险机动车在被抢劫或被抢夺过程中受到损坏需要修复的合理费用)，保险人按实际修复费用在保险金额内计算赔偿：

赔款＝实际修复费用×(1－绝对免赔率)

(5) 保险人确认索赔单证齐全、有效后，被保险人签具权益转让书，保险人赔付结案。

(6) 被保险机动车发生保险事故，导致全部损失，或一次赔款金额与免赔金额之和达到保险金额，保险人按保险合同约定支付赔款后，保险责任终止，保险人不退还机动车全车盗抢保险及其附加险的保险费。

思考

(1) 车在收费停车场或营业性修理厂中被盗，保险公司是否赔偿？

(2) 在车辆被盗抢期间，车辆被犯罪分子利用，致使第三者发生损失，保险公司是否赔偿？

(3) 如果一辆车以20万元(不含车辆购置税)的实际价值投保盗抢险，保险期间被盗，保险公司最多赔多少？

(4) 王某欠李某10万元，李某多次催要未果，将王某的一辆帕萨特轿车强行抢走，王某投保了盗抢险，能得到保险公司赔偿吗？

(5) 车辆停放时轮胎被盗，该车投保了盗抢险，保险公司会赔偿吗？

5.6 机动车附加险

【案例导入】

外企白领陈先生买了一辆丰田锐志小轿车，首先想到的就是为自己的爱车购买各种保险，但是面对不同的汽车保险产品，陈先生不知道如何选择，尤其是附加险，你能帮他解决吗？

【相关知识】

附加险是对主险保险责任的补充，在参加了机动车辆基本险的基础上可参加附加险。它

的存在是以基本险存在为前提的,不能脱离基本险。基本险和附加险形成了一个比较全面的保险保障。一般来说,附加险所交的保险费比较少。

附加险条款的法律效力优于主险条款。附加险条款未尽事宜,以主险条款为准。除附加险条款另有约定外,主险中的责任免除、免赔规则、双方义务同样适用于附加险。机动车辆保险的附加险包括玻璃单独破碎险、自燃损失险、新增设备损失险、车身划痕损失险、发动机涉水损失险、修理期间费用补偿险、车上货物责任险、精神损害抚慰金责任险、不计免赔险、机动车损失保险无法找到第三方特约险、指定修理厂险,共 11 个险种。

一、玻璃单独破碎险

投保了机动车损失保险的机动车,可参加该附加险。

1. 保险责任

保险期间内,被保险机动车风挡玻璃或车窗玻璃的单独破碎,保险人按实际损失金额赔偿。

小知识 ……

玻璃单独破碎险的赔偿范围非常明确,此险种只负责车辆风挡玻璃或车窗玻璃的单独破碎。天窗玻璃不是此险种的赔偿范围,属于机动车损失保险的赔偿范围。车上其他玻璃(如后视镜、灯具玻璃)的单独破碎,不管是机动车损失保险还是玻璃单独破碎险,均不赔。

2. 投保方式

投保人与保险人可协商选择按进口或国产玻璃投保。保险人根据协商选择的投保方式承担相应的赔偿责任。

小知识 ……

玻璃单独破碎险不计免赔,也就是说,保险公司定损多少,最后赔给客户的就是多少。这和机动车损失保险不一样,机动车损失保险根据责任大小设有不同免赔率。

另外,玻璃单独破碎险负责的是玻璃的单独损坏,如果是发生交通事故造成玻璃非单独破碎的,则由机动车损失保险赔付。

3. 责任免除

安装、维修机动车过程中造成的玻璃单独破碎,保险人不负责赔偿。

4. 赔偿处理

该附加险不适用主险中的各项免赔规定。

二、自燃损失险

参加了机动车损失保险的机动车,可参加该附加险。

1. 保险责任

(1) 保险期间内,在没有外界火源的情况下,由于本车电器、线路、供油系统、供气系统故障等被保险机动车自身原因或所载货物自身原因起火燃烧造成本车的损失,保险人依照保险合同的约定负责赔偿。

(2) 发生保险事故时,被保险人为防止或者减少被保险机动车的损失所支付的必要的、合理的施救费用,由保险人承担;施救费用数额在被保险机动车损失赔偿金额以外另行计算,最高不超过该附加险保险金额。

2. 责任免除

下列损失和费用,保险人不负责赔偿:

(1) 自燃仅造成电器、线路、油路、供油系统、供气系统的损失的自燃损失。

(2) 由于擅自改装、加装电器及设备导致被保险机动车起火造成的损失。

(3) 被保险人在使用被保险机动车过程中,因人工直接供油、高温烘烤等违反车辆安全操作规则造成的损失。

该附加险每次赔偿实行20%的绝对免赔率,不适用主险中的各项免赔规定。

3. 保险金额

保险金额由投保人和保险人在投保时被保险机动车的实际价值内协商确定。

4. 赔偿处理

全部损失,在保险金额内计算赔偿;部分损失,在保险金额内按实际修理费用计算赔偿。

三、新增设备损失险

参加了机动车损失保险的机动车,可参加该附加险。

1. 保险责任

保险期间内,参加了该附加险的被保险机动车因发生机动车损失保险责任范围内的事故,造成车上新增设备的直接损毁,保险人在保险单载明的该附加险的保险金额内,按照实际损失计算赔偿。

2. 责任免除

该附加险每次赔偿的免赔规定以机动车损失保险条款规定为准。

3. 保险金额

保险金额根据新增设备投保时的实际价值确定。新增设备的实际价值是指新增设备的购置价减去折旧金额后的金额。

四、车身划痕损失险

参加了机动车损失保险的机动车,可参加该附加险。

1. 保险责任

保险期间内,参加了该附加险的机动车在被保险人或其允许的合法驾驶人使用过程中,发生无明显碰撞痕迹的车身划痕损失,保险人按照保险合同约定负责赔偿。

2. 责任免除

下列损失和费用,保险人不负责赔偿:

(1) 被保险人及其家庭成员、驾驶人及其家庭成员的故意行为造成的损失。

(2) 因投保人、被保险人与他人的民事、经济纠纷导致的任何损失。

(3) 车身表面自然老化、损坏或腐蚀造成的任何损失。

该附加险每次赔偿实行15%的绝对免赔率，不适用主险中的各项免赔规定。

3. 保险金额

保险金额为2 000元、5 000元、10 000元或20 000元，由投保人和保险人在投保时协商确定。

4. 赔偿处理

(1) 在保险金额内按实际修理费用计算赔偿。

(2) 在保险期间内，累计赔款金额达到保险金额，该附加险保险责任终止。

五、发动机涉水损失险

该附加险仅适用于家庭自用汽车、党政机关、事业团体用车、企业非营业用车，且只有在参加了机动车损失保险后，方可参加该附加险。

1. 保险责任

保险期间内，参加了该附加险的被保险机动车在使用过程中，因发动机进水导致的发动机的直接损毁，保险人负责赔偿。

发生保险事故时，被保险人为防止或者减少被保险机动车的损失所支付的必要的、合理的施救费用，由保险人承担；施救费用数额在被保险机动车损失赔偿金额以外另行计算，最高不超过保险金额。

2. 责任免除

该附加险每次赔偿均实行15%的绝对免赔率，不适用主险中的各项免赔规定。

3. 赔偿处理

发生保险事故时，保险人在被保险机动车的实际价值内计算赔偿。

六、修理期间费用补偿险

只有在参加了机动车损失保险的基础上方可特约该附加险条款，机动车损失保险责任终止时，该附加险保险责任同时终止。

1. 保险责任

保险期间内，特约了该附加险条款的机动车在使用过程中发生机动车损失保险责任范围内的事故，造成车身损毁，致使被保险机动车停驶的，保险人按保险合同约定，在保险金额内向被保险人补偿修理期间费用，作为代步车费用或弥补停驶损失。

2. 责任免除

下列情况下，保险人不承担修理期间费用补偿：

(1) 因机动车损失保险责任范围以外的事故而致被保险机动车损毁或被修理。

(2) 在非保险人指定的修理厂修理时，因车辆修理质量不合要求造成返修。

(3) 被保险人或驾驶人拖延车辆送修。

该附加险每次事故的绝对免赔额为1天的赔偿金额，不适用主险中的各项免赔规定。

3. 保险金额

该附加险保险金额的计算公式为

修理期间费用补偿险保险金额＝补偿天数×日补偿金额

补偿天数及日补偿金额由投保人与保险人协商确定并在保险合同中载明，保险期间内约定的补偿天数最高不超过90天。

4. 赔偿处理

全车损失，按保险单载明的保险金额计算赔偿；部分损失，在保险金额内按约定的日赔偿金额乘以从送修之日起至修复之日止的实际天数计算赔偿，实际天数超过双方约定修理天数的，以双方约定的修理天数为准。

保险期间内，累计赔款金额达到保险单载明的保险金额，该附加险保险责任终止。

七、车上货物责任险

参加了机动车第三者责任保险的机动车，可参加该附加险。

1. 保险责任

保险期间内，发生意外事故致使被保险机动车所载货物遭受直接损毁，依法应由被保险人承担的损害赔偿责任，保险人负责赔偿。

2. 责任免除

下列损失和费用，保险人不负责赔偿：

(1) 偷盗、哄抢、自然损耗、本身缺陷、短少、死亡、腐烂、变质、串味、生锈，动物走失、飞失，货物自身起火燃烧或爆炸造成的货物损失。

(2) 违法、违章载运造成的损失。

(3) 因包装、紧固不善，装载、遮盖不当导致的任何损失。

(4) 车上人员携带的私人物品的损失。

(5) 保险事故导致的货物减值、运输延迟、营业损失及其他各种间接损失。

(6) 法律、行政法规禁止运输的货物的损失。

该附加险每次赔偿实行20%的绝对免赔率，不适用主险中的各项免赔规定。

3. 责任限额

责任限额由投保人和保险人在投保时协商确定。

4. 赔偿处理

被保险人索赔时，应提供运单、起运地货物价格证明等相关单据。保险人在责任限额内按起运地价格计算赔偿。

八、精神损害抚慰金责任险

只有在参加了机动车第三者责任保险或机动车车上人员责任保险的基础上方可参加该附加险。

在投保人仅参加机动车第三者责任保险的基础上附加该附加险时，保险人只负责赔偿第三者的精神损害抚慰金；在投保人仅参加机动车车上人员责任保险的基础上附加该附加险时，保险人只负责赔偿车上人员的精神损害抚慰金。

1. 保险责任

保险期间内，被保险人或其允许的合法驾驶人在使用被保险机动车的过程中，发生参加的主险约定的保险责任内的事故，造成第三者或车上人员的人身伤亡，受害人据此提出精神损害赔偿请求的，保险人依据法院判决及保险合同约定，对应由被保险人或被保险机动车驾驶人支付的精神损害抚慰金，在扣除机动车交通事故责任强制保险应当支付的赔款后，在该附加险赔偿限额内负责赔偿。

2. 责任免除

下列损失和费用，保险人不负责赔偿：

(1) 根据被保险人与他人的合同协议，应由他人承担的精神损害抚慰金；

(2) 未发生交通事故，仅因第三者或本车人员的惊恐而引起的损害；

(3) 怀孕妇女的流产发生在交通事故发生之日起 30 天以外的。

该附加险每次赔偿实行 20%的绝对免赔率，不适用主险中的各项免赔规定。

3. 赔偿限额

该附加险每次事故赔偿限额由保险人和投保人在投保时协商确定。

4. 赔偿处理

该附加险依据人民法院的判决在保险单所载明的赔偿限额内计算赔偿。

九、不计免赔险

不计免赔险

参加了任一主险及其他设置了免赔率的附加险后，可参加该附加险。

1. 保险责任

经特别约定，保险事故发生后，按照对应投保的险种规定的免赔率计算的、应当由被保险人自行承担的免赔金额部分，保险人负责赔偿。

2. 责任免除

下列情况下，应当由被保险人自行承担的免赔金额，保险人不负责赔偿：

(1) 机动车损失保险中应当由第三方负责赔偿而无法找到第三方的；

(2) 因违反安全装载规定而增加的；

(3) 投保时指定驾驶人，保险事故发生时为非指定驾驶人使用被保险机动车而增加的；

(4) 投保时约定行驶区域，保险事故发生在约定区域以外而增加的；

(5) 发生机动车全车盗抢保险规定的全车损失保险事故时，被保险人未能提供机动车登记证书、机动车来历凭证的，每缺少一项而增加的；

(6) 机动车损失保险中约定的每次事故绝对免赔额；

(7) 可附加该附加险条款但未选择附加该附加险条款的险种规定的；

(8) 不可附加该附加险条款的险种规定的。

十、机动车损失保险无法找到第三方特约险

参加了机动车损失保险后，可参加该附加险。

参加了该附加险后，对于机动车损失保险列明的，被保险机动车损失应当由第三方负责赔偿，但因无法找到第三方而增加的由被保险人自行承担的免赔金额，保险人负责赔偿。

小知识……

在机动车损失保险的免赔率中有这样的规定，被保险机动车辆的损失应当由第三方负责赔偿的，无法找到第三方时，绝对免赔率为30%，即使参加了不计免赔险，这30%保险人也不负责赔付。这就意味着，如果车辆是被别人损坏，却又找不到别人赔偿时，保险公司最多赔偿70%。这种情况下，如果参加了机动车损失保险无法找到第三方特约险，这30%就由该附加险负责赔偿。

十一、指定修理厂险

参加了机动车损失保险的机动车，可参加该附加险。

投保人在投保时选择该附加险，并支付该附加险的保险费的，机动车损失保险事故发生后，被保险人可指定修理厂进行修理。

任务小结

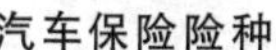

汽车保险险种

(1) 机动车商业保险分主险(基本险)和附加险两部分。主险是对车辆使用过程中大多数车辆使用者经常面临的风险给予保障。主险包括机动车损失保险、机动车第三者责任保险、机动车车上人员责任保险和机动车全车盗抢保险四个险种。

(2) 附加险是对主险保险责任的补充，包括玻璃单独破碎险、自燃损失险、新增设备损失险、车身划痕损失险、发动机涉水损失险、修理期间费用补偿险、车上货物责任险、精神损害抚慰金责任险、不计免赔险、机动车损失保险无法找到第三方特约险、指定修理厂险等，共11个险种。

(3) 附加险不能独立参加，必须参加相应主险后才能参加附加险。

(4) 中国保险行业协会于2012年3月14日发布了《中国保险行业协会机动车辆商业保险示范条款》，这是我国商业车险产品发展进程中的一次重要创新，对我国车险市场持续、健康发展意义重大。

(5)《示范条款》包括总则、主险条款、通用条款、附加险条款、释义等部分。

(6) 机动车损失保险(简称车损险)是指对于被保险机动车遭受保险责任范围内的自然灾害或意外事故，造成的被保险车辆本身损失，保险公司负责赔偿的险种。

(7) 机动车商业第三者责任险是指被保险机动车因意外事故造成第三者人身伤亡或财产直接损毁的，保险公司对于超过交强险各分项限额以上的部分进行赔偿的险种。

(8) 机动车车上人员责任保险，简单地说，就是投保车辆在发生交通事故后保险公司对于车上人员所遭受的伤害甚至伤亡进行赔偿的险种，属于主险之一，赔偿包括丧葬费、医疗费、误工费等。

(9) 机动车全车盗抢保险(简称盗抢险)是针对被保险机动车整车被盗或被抢夺而设立的险种，属于主险(基本险)。

拓展与提升

四大主险通用条款

一、保险期间

除另有约定外,保险期间为一年,以保险单载明的起讫时间为准。

二、其他事项

(1) 保险人按照保险合同的约定,认为被保险人索赔提供的有关证明和资料不完整的,应当及时一次通知被保险人补充提供。

(2) 保险人收到被保险人的赔偿请求后,应当及时做出核定;情形复杂的,应当在30日内做出核定。保险人应当将核定结果通知被保险人;对属于保险责任的,在与被保险人达成赔偿协议后10日内,履行赔偿义务。保险合同对赔偿期限另有约定的,保险人应当按照约定履行赔偿义务。

保险人未及时履行规定义务的,除支付赔款外,应当赔偿被保险人因此受到的损失。

(3) 保险人依照规定做出核定后,对不属于保险责任的,应当自做出核定之日起3日内向被保险人发出拒绝赔偿通知书,并说明理由。

(4) 保险人自收到赔偿请求和有关证明、资料之日起60日内,对赔偿数额不能确定的,应当对根据已有证明和资料可以确定的数额先予支付;保险人最终确定赔偿数额后,应当支付相应的差额。

(5) 在保险期间内,被保险机动车转让他人的,受让人承继被保险人的权利和义务。被保险人或者受让人应当及时书面通知保险人。

因被保险机动车转让导致被保险机动车危险程度发生显著变化的,保险人自收到被保险人或受让人的书面通知之日起30日内,可以相应调整保险费或者解除保险合同。

(6) 保险责任开始前,投保人要求解除保险合同的,应当向保险人支付应交保险费金额的3%作为退保手续费,保险人应当退还保险费。

保险责任开始后,投保人要求解除保险合同的,自通知保险人之日起,保险合同解除。保险人按日收取自保险责任开始之日起至合同解除之日止期间的保险费,并退还剩余部分保险费。

(7) 保险双方有关保险合同的争议可通过协商进行解决。协商不成的,提交保险单载明的仲裁机构仲裁。保险单未载明仲裁机构且争议发生后未达成仲裁协议的,可向人民法院起诉。发生与保险赔偿有关的仲裁或者诉讼时,被保险人应当及时书面通知保险人。

保险合同适用中华人民共和国(不含港、澳、台地区)法律。

实施商业车险改革,保费到底怎么变?

2015年6月至2016年6月,机动车商业保险改革分三个批次在全国陆续实施。实行新的车险政策后,会有哪些变化呢?

一、保险责任更宽

(1) 改革前,车辆没挂牌时出了事故是不在保险责任范围内的,改革后可以获赔。

为满足保险消费者对保险单“即时生效”的需求,此次改革条款删除了保险单中“次日零时

生效”的约定，遵循契约自由原则，允许投保人在“零时起保”或者“即时生效”之间做出选择。

(2) 自家车撞自家人的，可以获赔。

改革后条款规定，因第三方对被保险机动车的损害而造成保险事故，被保险人向第三方索赔的，保险人应积极协助，被保险人也可以直接向保险公司索赔。新条款扩大了保险责任范围，在商业车险责任免除条款中，将被保险人、驾驶人的家庭成员人身伤亡列入商业三者险承保范围，也就是说开车撞了自家人也可以获赔。

(3) 意外导致车上人员撞伤的，可获赔偿；冰雹、台风、暴雪等自然灾害和所载货物、车上人员意外撞击导致的车损也可以获得赔偿。

(4)“高保低赔”问题得到解决。

原来的高保低赔，即投保车辆无论过了多少年，投保时都要按照新车购置价来交纳保费，而在赔付时却只按比例进行理赔。车险改革后，保费的确定就与新车购置价不再相关了。比如，新车价格是5万元，买车两年后则按照折旧价格投保，不再按5万元投保。

二、保险费率变化

改革后，费率和交警违章记录直接联系，被保险机动车违章越多，次年保费就会越多。改革前后基于上年出险状况记录的费率系数如表5-2所示。

表5-2　改革前后基于上年出险状况记录的费率系数(来源:汽车之家)

出险状况	改革前采用的系数	改革后采用的系数
连续三年无出险	0.7	0.6
连续两年无出险	0.8	0.7
上一年无出险	0.9	0.85
新车	1	1
上一年出险1次	1	1
上一年出险2次	1	1.25
上一年出险3次	1.1	1.5
上一年出险4次	1.2	1.75
上一年出险5次以上	1.3	2

车主可以采用三种方式索赔车损险，既可以向责任对方索赔，也可以向责任对方的保险公司索赔，还可以先向承保自己车损险的保险公司申请先行赔付，再将向责任对方追偿的权利转让给保险公司。

任务工单 5

完成时间(分钟):

<table>
<tr><td rowspan="3">学习任务 5:机动车商业保险</td><td>班　　级</td><td colspan="3"></td></tr>
<tr><td>姓　　名</td><td></td><td>学　　号</td><td></td></tr>
<tr><td>日　　期</td><td></td><td>评　　分</td><td></td></tr>
</table>

知 识 习 题

一、填空题

1. 机动车商业保险基本险包括__________、__________、__________和__________。

2. 受到被保险机动车所载货物撞击导致的车辆损失,__________(属于/不属于)机动车损失保险责任范围。

3. 开车撞伤配偶所导致的医疗费用,__________(属于/不属于)机动车第三者责任保险赔偿范围。

4. 机动车全车盗抢保险规定,车辆被盗窃、被抢劫或被抢夺,需经出险地__________以上部门立案证明。

5. 车身划痕损失险的保险责任是保险人负责赔偿__________。

6. 只有参加了__________以后,才能参加车上货物责任险。

二、选择题

1. 被保险人为其机动车购买了 10 万元商业三者险及三者险不计免赔附加险后,撞伤了一行人,被保险机动车负全责,可以获得保险公司最高赔付金额为(　　)。

A. 10 000 元　　B. 500 000 元　　C. 100 000 元　　D. 110 000 元

2. 被保险机动车在保险期内先后发生两次商业三者险事故,被保险人应对第三者承担的赔偿责任分别是 8 万元和 15 万元。由于被保险人在投保时选择了 10 万元档次的赔偿限额,保险人赔偿了第一次事故的 8 万元以后,对第二次事故根据规定应(　　)。

A. 赔偿 15 万元,商业三者险仍有效

B. 赔偿 10 万元,商业三者险仍有效

C. 赔偿 10 万元,商业三者险终止

D. 赔偿 2 万元,商业三者险终止

3. 下列人员中,属于商业三者险中的第三者的是(　　)。

A. 被保险的驾驶人员

B. 事故发生时的非指定驾驶人的驾驶人员

C. 被保险人车上的人员

D. 对方车上的乘客

4. 王某为其购置的一辆新车向保险公司投保机动车损失保险,保险期内,该车在停放过程中突然自燃,造成本车及临近该车停放的另一辆汽车完全损毁,下列有关保险公司赔偿处理正确的是(　　)。

A. 保险公司只能就本车损失部分予以赔偿

B. 保险公司只能就他车损失部分予以赔偿

C. 对本车和他车损失,保险公司均不予以赔偿

D. 对本车和他车损失,保险公司均予以赔偿

5. 购买了机动车全车盗抢保险的车辆被盗后,(　　)天公安机关未破案的,被保险人就可以到保险公司申请索赔。

A. 15　　B. 30　　C. 60　　D. 90

6. 商业三者险中,负主要责任事故的免赔率为(　　)。

A. 5%　　B. 15%　　C. 10%　　D. 20%

7. 商业三者险保险责任中,被保险机动车一方负次要事故责任的,应承担的责任比例为(　　)。

A. 100%　　B. 50%　　C. 30%　　D. 15%

8. 购买限额为5 000元的车身划痕损失险,能获得的最高赔偿金额是(　　)。

A. 2 000元　　B. 3 000元　　C. 4 000元　　D. 5 000元

9. 被保险机动车辆在使用过程中,因本车电器、线路、供油系统等发生故障及运载货物自身原因起火燃烧,造成被保险机动车损失的保险称为(　　)。

A. 机动车全车盗抢险　　B. 车上货物损失险

C. 自燃损失险　　D. 新增设备损失险

10. 被保险机动车在保险期内先后发生两次车身划痕损失险责任保险事故,第一次修理费用为3 500元,第二次修理费用为2 500元。由于被保险人在投保时选择了5 000元档次的赔偿限额,根据规定,在获得保险人对第一次修理的赔偿后,被保险人第二次修理还应获得保险人(　　)。

A. 赔偿2 500元,车身划痕损失险仍有效

B. 赔偿1 500元,车身划痕损失险仍有效

C. 赔偿2 500元,车身划痕损失险终止

D. 赔偿1 500元,车身划痕损失险终止

11. 某一机动车参加了机动车损失保险、交强险、玻璃单独破碎险,没有参加不计免赔险。该机动车在行车的过程中被一飞石打碎风挡玻璃,更换风挡玻璃费用为1 500元,保险公司应赔付(　　)。

A. 0元　　B. 750元　　C. 1 200元　　D. 1 500元

12. 以下不属于玻璃单独破碎险赔偿范围的是(　　)。

A. 后视镜　　B. 前风挡玻璃　　C. 后风挡玻璃　　D. 左右车窗玻璃

三、简答题

1. 商业车险改革的意义是什么?

2. 商业三者险与交强险的关系是什么?

3. 简述机动车损失保险的保险责任。

4. 根据商业三者险的责任免除条款,列举十种常见的被保险人索赔遭拒的情况。

5. 简述机动车全车盗抢保险的保险责任。

6. 简述玻璃单独破碎险的保险责任及责任免除条款。

7. 简述车身划痕损失险的保险责任。

四、案例题

1. 有这么一段相声。一位先生新买了一辆切诺基越野车,并且参加了机动车损失保险,某天早上下楼发现爱车尾门上的"4×4"标牌后面被淘气的小孩用刀片刻上了"=16",这

位先生又好气又好笑，马上将车开到修理厂进行修理。谁知，刚修好的车放在楼下，又被淘气的小孩“写”上了“答案”。这次修理厂的师傅给这位先生出了个主意，在“4×4”后面直接喷上了“=16”。这位先生把修好了的车开回家，第二天早晨下楼一看，只见“4×4=16”后面，刻上了一个大大的“√”。在实际生活中类似的现象较为常见，那么这种损失保险公司负责赔偿吗？

2. 一公司为一轿车向保险公司投保了车损险、商业三者责任险和车上人员责任险，后该车在本地的旅游区发生交通事故，驾驶员王某及车上三名乘客不同程度受伤，车辆受损。经交管部门认定，王某负事故全部责任，承担事故造成的全部经济损失。一个月后，王某带着全部单证到保险公司办理索赔。保险公司理赔人员审核单证后，对车损部分同意按保险双方达成的维修价格赔付，但对车上受伤人员的赔付产生了异议。保险公司查抄底单得知，该车选择座位投保一座，而且没有约定是哪一座位。由于受伤四人在事故中受伤程度不同，分别花费医疗费1 000元、2 000 元、3 000 元和 4 000 元，保险公司应该选择哪个对象进行赔付？有何依据？

3. 2012 年 4 月 23 日某小区内，居民黄某和李某均发现自家的车辆被损坏。黄某于 2012 年 1 月 9 日为自家的本田轿车投保了车损险 16 万元、商业三者险 10 万元、不计免赔险、自燃险和玻璃单独破碎险，保险期间为 2012 年 1 月 10 日至 2013 年 1 月 9 日。本次事故中，黄某家的车辆前风挡玻璃破碎。李某 2012 年 12 月 4 日为自家的帕萨特轿车投保了车损险 18 万元、商业三者险 20 万元和不计免赔险，保险期间为 2012 年 12 月 5 日至 2013 年 12 月 4 日。在本次事故中，李某家的车辆天窗破碎。两车主同时向保险公司提出索赔申请。保险公司会赔吗？有何依据？

学习任务 6

汽车保险承保实务

承保是保险公司控制风险、提高保险质量最为关键的一个步骤。如果汽车承保工作做得不到位，保险公司很有可能会承保劣质标的，导致高出险率，从而使理赔工作量增加、管理投入加大、经营成本上升等。因此，承保人员必须对车险承保工作有一个全面、清晰的认识，熟练掌握各项承保实务，以提高保险公司的承保质量。

汽车保险承保的主要流程：首先，保险人员在承保时根据投保人的需求，为其设计一份合理的汽车保险投保方案；然后，保险人员指导投保人填写投保单，双方协商确定保费；最后，保险人员通过核保，做出承保决策。如果保险人接受投保人投保，则会在投保单上签章并收取保险费，出具保险单或保险凭证，保险合同即告成立。如果保险标的的所有权发生改变，或投保人由于某种原因要求更改或取消保险合同等，都需要进行批改。另外，保险合同期满后，投保人需办理续保业务。

本任务主要介绍汽车保险承保实务的相关知识，让读者熟练掌握如何引导客户投保，如何进行核保，以及如何操作保险单证的签发、批改与续保等。

知识目标

- 掌握汽车承保的概念、影响因素及工作流程；
- 了解汽车投保的方式；
- 掌握投保单的填写要求；
- 了解汽车核保的概念、原则、意义、方式及工作流程；
- 了解保险单的签发、批改及续保。

能力目标

- 能够正确分析和引导客户的投保行为；
- 具备针对车辆用途和客户特点制订相应保险方案的能力；
- 能够进行汽车保险承保情景模拟演练。

6.1 汽车保险承保概述

【案例导入】

小张的车上个年度出了八次险，今年保险到期后，他去给车辆续保，A保险公司告诉他，车辆出险次数太多，理赔额高于保费，明确表示只能承保他的交强险和商业三者险，其他的保险不能续保了。小张很生气，于是他来到B保险公司，该公司保险工作人员查看完小张上一年的出险情况，告诉他："您的车上一年出险八次，已超出了本保险公司的承保范围，因此不能接受您投保商业险的请求。"

讨论：保险公司是如何承保的？遇到什么情况保险公司才会拒保？

【相关知识】

一、汽车保险承保的概念

汽车保险是通过业务员承保、收取保费、建立保险基金进行的。保险公司雄厚的保险基金的建立及给付能力的加强，有赖于高质量的业务承保，而且，承保业务对保险合同的履行乃至保险公司的经营发挥着至关重要的作用，因此，汽车保险承保业务是汽车保险经营的重要环节。汽车保险承保的基本目标是为保险公司安排一个安全且盈利的业务分布和组合。

汽车保险承保是指保险人在投保人提出投保请求时，经审核投保人投保内容符合承保条件后，同意接受投保人投保申请，且依照保险条款承担保险责任，签订保险合同的过程。

二、汽车保险承保的工作流程

汽车承保主要包括展业、投保、核保、签发单证、批改、续保等程序。其核心环节为投保、核保、签发单证。具体的承保工作流程一般包括以下八点，其流程如图6-1所示。

(1) 保险人履行明确说明义务，为投保人介绍条款。

(2) 协助投保人计算保险费用并制订适宜的保险方案。

(3) 提醒投保人履行如实告知义务。

(4) 投保人填写投保单。

(5) 展业人员验车、验证，确认保险标的的真实性。

(6) 在业务系统录入投保信息，系统生成投保单号，经过复核提交核保人员进行核保。

(7) 核保人员按照公司核保规定进行核保，将核保意见向承保公司反馈，核保通过后，展业人员收取保费、出具保单。

(8) 承保完成后，进行数据处理及客户回访。

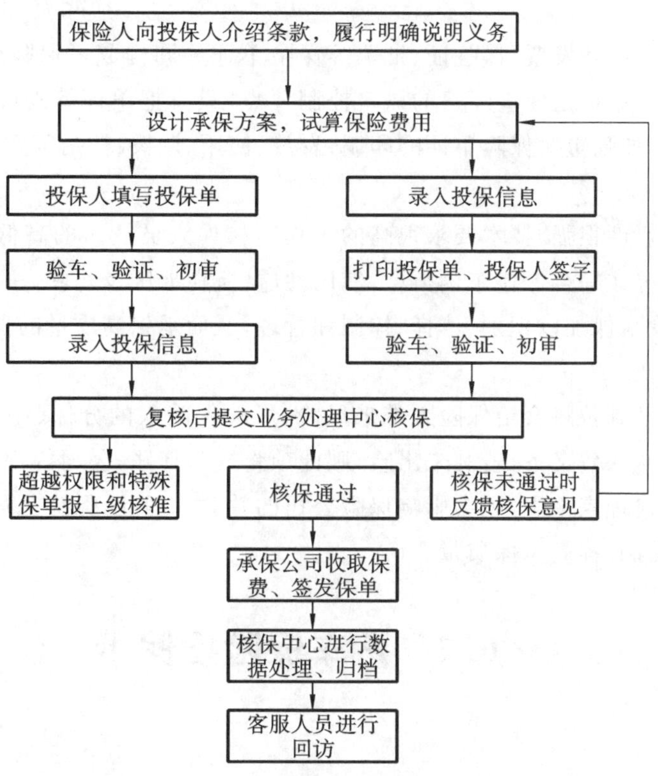

图6-1 汽车保险承保工作流程

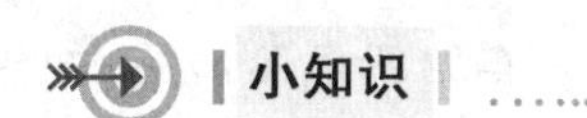

……

保险展业是保险人向客户宣传保险、介绍保险产品的过程，是保险经营的第一步。展业工作做得如何，直接影响保险产品的销售量，进而影响用于事故补偿的保险基金的积累量，因此，各保险公司都非常重视展业工作，不断提高展业人员的业务素质，利用代理人、经纪人拓宽服务网络，同时注重加强保险的宣传。

三、汽车保险承保的影响因素

汽车保险承保的质量受费率厘定、单证管理、核保技术、应收保费管理等因素的影响。

1. 费率厘定

在车险行业不断发展的情况下，保险公司竞争日趋激烈。很多保险公司为了争取市场份额，刻意降低保险费率，结果影响了自身的赔偿能力，损害了被保险人的利益，对保险业也产生了严重的负面影响。

保险人收取保费的数额需与所承保的风险额相匹配，因此费率厘定是保险经营面临的第一风险。建立科学的精算体系，积累有效的经营数据，制订合理的车险费率，是防范经营风险、实现保险合同双方权益的首要技术环节。

2. 单证管理

投保单、保险单、保费发票、保险证、批单等保险单证共同构成了保险合同，是保险经营得以实现的载体。保险单证是保险经营的风险控制要点，只有把单证管理好，才能方便承保，因此，保险人员应切实加强重要保险单证的印制、发放、使用、调拨、核销等实务操作管理。

3. 核保技术

核保是一项专业性很强、技术要求很高的工作。核保人员技术的高低直接影响汽车的承保质量。核保人员应在综合考虑车辆类型、使用性质、所在地区及驾驶人员素质等风险因素的基础上，对汽车保险承保加以识别、选择、控制和管理，从而承保高质量的保险标的。

4. 应收保费管理

应收保费管理不到位将会给保险人带来风险，影响保险人的分保、保障基金等。例如，个别投保人不履行交纳保费义务，若其未出险，则此项将成为坏账；公司内部管理不到位，导致保费滞留在业务员或代理点手中，则会影响保险公司的效益。因此，保险公司需对应收保费加强控制和管理，堵塞漏洞，提高承保质量。

6.2 汽车保险投保

【案例导入】

王先生，28岁，驾龄为3年，经济状况中等，喜欢驾车出游，花10万元买了一辆新桑塔纳小轿车，该车配置较高，一般停在露天停车位。王先生想为自己的爱车购买保险，却不知道应该如何购买、有哪些注意事项。

讨论：假如你是保险公司的销售人员，你应该如何帮助王先生制订相应的保险方案，并引导王先生按需投保？

【相关知识】

一、汽车保险投保的概念

汽车保险投保是指投保人向保险人表达缔结保险合同的意愿的过程。汽车保险合同采取要约与承诺的方式订立，即保险应包括投保和承保两个过程。因保险合同的要约一般要求书面形式，所以汽车保险的投保需要填写投保单。投保单是投保人向保险人发出要约的书面文件，也是投保人要求投保的书面凭证，为保险合同的要件之一。保险人接收投保单，并在规定的时间内同意承保，签发保单，投保过程结束。

汽车保险的保险期间通常为一年，在保险期满续保时，保险人发出续保通知书，此时为保险人向被保险人发出要约。如果被保险人愿意继续在同一保险人处投保并同意交纳保险费，就意味着被保险人接受承诺，新的保险合同成立。

二、汽车投保方式的选择

汽车投保方式

目前，在我国汽车投保的方式主要有业务员上门服务，保险公司直接投保，保险公司电话投保，保险公司网上投保，保险代理机构投保，4S 店代理保险公司投保，以及银行、邮政等网点投保等。

1. 业务员上门服务

业务员上门服务是指投保人与所选择的保险公司联系，由保险公司派业务员上门服务。这是目前最为普遍的投保方式之一。

2. 保险公司直接投保

保险公司直接投保是指投保人到所选择的保险公司办公地点办理投保处理等一系列手续。许多车主选择这种投保方式，因为这样不但能更全面地了解所选择的保险公司及投保险种，也消解了一些传统型车主对业务员及保险公司的不信任感。

3. 保险公司电话投保

电话投保将是我国汽车保险发展的方向之一，投保性价比较高。现在已开通的电话投保渠道有人保车险 95518、平安车险 95511、太平洋车险 95510 等。我国电话投保系统现已比较成熟。

4. 保险公司网上投保

网上投保是全世界汽车保险界都有关注的，代表着发展的前沿。网上投保可以帮助保险公司降低经营成本，促进信息化建设，因此，许多保险公司现已开通了网上投保服务。为促进网上投保的推广，保险公司对选用此方式投保的客户在费率上也有优惠。

5. 保险代理机构投保

投保人还可以到代卖保险公司产品的专业代理机构(保险中介)进行投保。由于目前各保险中介竞争比较激烈，为争抢客户给的折扣也比较大，相对而言价格会比较低廉，同时保险中介可以上门服务或代理客户办理投保、理赔所需的各种手续，对于客户而言会比较便捷。保险代理机构作为我国保险市场的组成部分，正处于蓬勃发展的阶段。保险中介机构的壮大会带动我国保险市场健康发展，会给投保人带来更多的方便，能为投保人提供更优质的保险服务。

6. 4S 店代理保险公司投保

一般新车车主会选择在 4S 店投保。为了提高自身盈利和竞争力，4S 店与各大保险公司合作，增加了保险代理业务。

7. 银行、邮政等网点投保

为了方便车主投保，保险公司开通了银行、邮政等网点投保渠道。比如，工商银行利用其强大的网上银行功能，与保险公司合作推出在线投保交强险业务，为投保人提供最便捷的投保途径，客户通过网上自助注册或到工商银行各网点注册成为工商银行网上银行用户即可享受该银行提供的在线投保服务。

在线投保流程(以工商银行为例)如图 6-2 所示。

以上投保方式各有其优缺点(见表 6-1)，投保人可选择适合自己的投保方式。

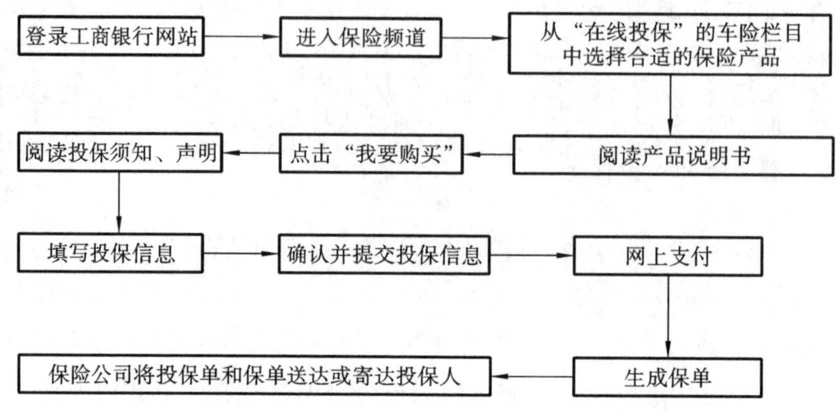

图 6-2　在线投保流程(以工商银行为例)

表 6-1　汽车保险各投保方式优缺点分析比较

投保方式	优　　点	缺　　点
业务员上门服务	保险公司派业务员上门服务,由业务员对条款进行解释和提供咨询服务,帮助投保人进行险种的设计,指导投保人填写投保单,并且可以提供代送保险单、发票等其他服务	相对而言价格会比较高
保险公司直接投保	(1) 保险公司自己研发、出售保险产品,车主能选择到更适合自己的保险产品,使自己的利益得到更充分的保障; (2) 投保人直接到保险公司投保,由于降低了营业成本,商业车险费率折扣上会高一些,也可以避免被一些非法中介误导和欺骗	客户必须事事自己动手操办,尤其是出险后索赔,很多不了解理赔程序的客户在办理手续时会觉得比较麻烦
保险公司电话投保	(1) 因电话投保可省去很多中间的营销环节,免去了保险中介的参与,可把保险公司支付给中介的佣金让利给车主,使保费便宜; (2) 办理便捷,车主足不出户,只需打电话,保险公司就会解答各类问题,并派人上门帮助客户办理投保业务; (3) 车主直接与保险公司沟通,不易被营销误导	(1) 因电话沟通中对方的不确定性,客户易受骗,需提防假冒投保电话和假保单; (2) 不利于与保险公司谈判
保险公司网上投保	(1) 网上购买车险会有一定的优惠,使保费便宜; (2) 车主可以通过保险公司的官方网站直接进行投保,办理便捷,可直接在网上选择险种、填写保单、支付保费	(1) 易受骗,车主需提防假冒保险公司网站; (2) 车主必须熟悉车险

续表

投保方式	优点	缺点
保险代理机构投保	(1) 服务质量高； (2) 保险代理机构代理各保险公司的产品，使可供车主选择的保险公司和投保方案多	(1) 保险公司要支付佣金给保险中介，导致保费无法做到最划算，保费相对较高； (2) 保险代理机构自己无产品，为促成车主购买保险可能会对车主进行口头承诺，但之后需要理赔时又无法兑现
4S店代理保险公司投保	(1) 服务便捷、高效。当汽车出险时，4S店可帮助车主联系保险公司，车主可以享受一对一服务； (2) 维修质量有保障	(1) 性质与保险代理机构相同，保费相对较高； (2) 不够专业，提供的险种有限，常推荐一些不实用的险种
银行、邮政等网点投保	属于新渠道投保，服务便捷、高效，为车主节省时间	网点机构不够专业，需要客户自己选择保险产品

小知识 ……

在目前竞争激烈的机动车辆保险市场上，选择一家合适的保险公司，对投保人来说是获得良好保险保障的关键。一般来说，只有优秀的保险公司才能提供优质的保险产品和服务。如何选择保险公司？根据选择保险的基本原则，投保人对保险公司的选择，主要是对保险公司的资质、经营状况、信誉、机构网点设置及技术力量、服务质量以及所属国别等情况的调查了解和选择过程。选择的保险公司应满足以下四方面的要求：

(1) 投保的公司应该是在中国境内依法成立、守法经营、有车险业务经营权的保险公司；

(2) 投保的公司应经营稳健，财务状况良好，偿付能力充足，信誉良好；

(3) 投保的公司应具有健全的组织机构、完善的服务体系，尤以机构网点遍布全国的大公司为佳，以便在异地出险时能够得到保险公司现场查勘及理赔等方面的及时处理；

(4) 投保的公司应专业技术力量强大，能为客户提供优质服务，最好能提供增值服务，如24小时全国紧急救援、汽车代驾服务等。

三、汽车保险险种的选择

目前，各保险公司已经开办的车险险种较多，投保人选择的空间也很大。对投保险种的选择，是在广泛搜集各保险公司营销的机动车辆保险条款费率及宣传资料基础上，按照选择保险的基本原则及自身风险转嫁的需要，通过分析对比而挑选优质险种的过程。投保人选择机动车辆保险险种时，应了解自身的风险特征，根据实际情况选择所需的风险保障。对于机动车辆保险市场现有产品要进行充分了解，重点是要了解保险产品的保险责任和责任免除范围以及赔偿方式，以达到满足自身风险保障需要的基本目的。同时，还要注意不同保险公司在同类保险产品上价格的差异，坚持性价比最佳的原则。所谓性价比最佳，是指所选的保险产品交费较少而保障范围较大，既能充分满足风险保障的需要，又不造成经济上的浪费。也就是说，投保人要根据自身对风险保障的需要以及同类保险产品在价格上的差异，合理挑选产品，进行投保。

(1) 投保人首先应该搞清楚自己可能面临着哪些风险，可能导致什么不良后果，最终自己会承担多少风险等问题。例如，新车被盗抢的风险较大，老旧车型发生自燃火灾损失的概率较高；营运车辆一旦发生事故，赔偿的数额较大。

(2) 要向保险公司或其代理人(机构)索要有关保险条款和费率表，仔细阅读保险条款。投保人应当特别关注保险产品的保险责任、责任免除和特别约定，被保险人权利和义务，免赔额或免赔率的计算，申请赔款手续，退保和折旧等规定。如对保险条款和费率表有疑问，投保人可以要求保险公司或代理人对条款和费率表进行解释说明，或与保险公司咨询部门直接联系，以切实保障自己的利益。

(3) 进一步了解、比较各保险公司的具体机动车辆保险产品，看看哪一种更适合自己的特殊需求。所选择的机动车辆保险产品的保障范围，一定要把容易发生的、相对可能性较大的风险包括进去，否则，未得到保障的风险事故发生导致的损失将得不到保险赔偿。

认真做好每一步，就可以挑选到适合自身需要的保险产品了。如果投保人计划购买机动车辆保险，但又感到自己对购买何种机动车辆保险等拿不定主意时，可以向保险咨询机构以及专业人士进行咨询。常见保险方案分析比较如表 6-2 所示。

表 6-2　常见保险方案分析比较

保障方案	险种组合	特　点	适合对象
最低保障方案	机动车交通事故责任强制保险	用于机动车登记及检验；出了交通事故，对方的损失能得到保险公司的一些赔偿，自己的损失需自己承担	认为上保险没用的人或急于对车辆进行登记、检验的个人
基本保障方案	机动车交通事故责任强制保险、机动车损失保险、商业三者险	适合部分担心事故后修车费用很高的车主，他们认为意外事故发生率比较高，为自己的车和第三者的人身伤害和财产损毁寻求保障。此组合很受车主青睐	精打细算的个人

续表

保障方案	险种组合	特点	适合对象
经济保障方案	机动车交通事故责任强制保险、机动车损失保险、商业三者险、不计免赔特约险、全车盗抢险	保险性价比很高，保费不高但包含了比较实用的不计免赔特约险	有一定经济压力的个人或单位
实用保障方案	机动车交通事故责任强制保险、机动车损失保险、商业三者险、车上人员责任保险、玻璃单独破碎险、不计免赔特约险、全车盗抢险	在经济保障方案的基础上，加入了车上人员责任保险和玻璃单独破碎险，使乘客及车辆易损部分得到安全保障	一般公司或个人
完全保障方案	机动车交通事故责任强制保险、机动车损失保险、商业三者险、车上人员责任保险、玻璃单独破碎险、不计免赔特约险、新增设备损失险、自燃损失险、全车盗抢险	能保的险种全部投保，从容上路，不必担心交通所带来的种种风险；几乎与汽车有关的全部事故损失都能得到赔偿；保费较高，某些险种出现的概率非常低，会有一定程度的浪费	机关、事业单位、大公司、以运输为主的企业或个人

重要提示

在购买保险前，我们要充分评估分析自身的风险及车辆的状况，根据实际情况选择适合自身的保险。比如，一辆价值为10万元的旧车，假如车主想购买经济实惠、满足最低保障的车险，建议购买交强险、商业三者险(30万元或50万元)、车上人员责任保险(驾驶员2万元，乘客1万元/人)等；假如车主想购买最佳保障的车险，建议购买交强险、车损险、商业三者险(50万元以上)、车上人员责任保险(驾驶员10万元，乘客10万元/人)等。又如，一辆价值30万元的汽车，车主则可以考虑购买交强险、车损险、商业三者险(50万元以上)、玻璃单独破碎险、车上人员责任保险(驾驶员10万元，乘客10万元/人)、全车盗抢险、不计免赔险、无过失责任险等。以上只是针对车辆的风险状况、车主的经济能力，为其设计、推荐的汽车保险组合方案。

小案例 ……

刚拿到驾照的王女士买了一辆奥迪A6小轿车，在市区上下班使用，小区和公司停车场都比较安全。根据王女士情况，她应投保什么险种？

案例分析：交强险是国家法律规定的强制保险，车主必须购买，但其保险金额偏低，一旦出险，一般是不够赔付保险事故损失的，加上王女士是新手，出现交通事故的概率较大，所以还应投保商业三者险。车辆在使用过程中难免磕磕碰碰，因此购买车损险是很有必要的，否则车辆事故损失只能由王女士自己承担。王女士的车子比较高档，发生交通事故时玻璃很容易损坏，故还应投保玻璃单独破碎险。另外，不计免赔险能够转嫁事故后本来应该由车主承担的免赔金额，建议购买。由于王女士的小区和公司停车场都比较安全，所以全车盗抢险就省去了。

保险是投保人与保险公司真实意愿的表达，双方在订立保险合同时，必须遵循公平互利、协商一致、自愿订立的原则，客户（投保人）可以根据自己的喜好、意愿、自身的实际情况自由选择汽车商业险的险种。

四、汽车保险投保的一般流程

投保人选择确定了保险公司、保险产品及投保方式就可以投保了。汽车保险投保是投保人购买汽车保险产品、办理手续，与保险人正式签订汽车保险合同的过程。投保人要积极配合保险业务员办理有关手续，履行应尽的义务。投保人办理汽车保险的基本流程如图 6-3 所示。

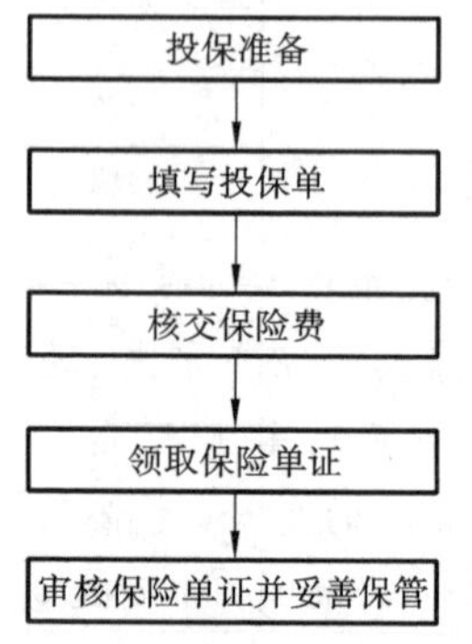

图 6-3　汽车保险投保流程（投保人）

（一）汽车保险的投保准备

汽车保险的投保准备是指根据汽车保险的投保条件及要求所做的各项工作，包括准备证件，保养好车辆，协助业务员验证、验车，以及如实告知有关情况等。

1. 汽车的投保条件

（1）有交通管理部门核发的车辆号牌，新车投保需有购车发票。购买的新车要开往异地时，需有公安交通管理部门核发的临时车辆号牌。

（2）有公安交通管理部门填发的机动车行驶证，如图 6-4 所示。

（3）有机动车检验合格标志，如图 6-5 所示。

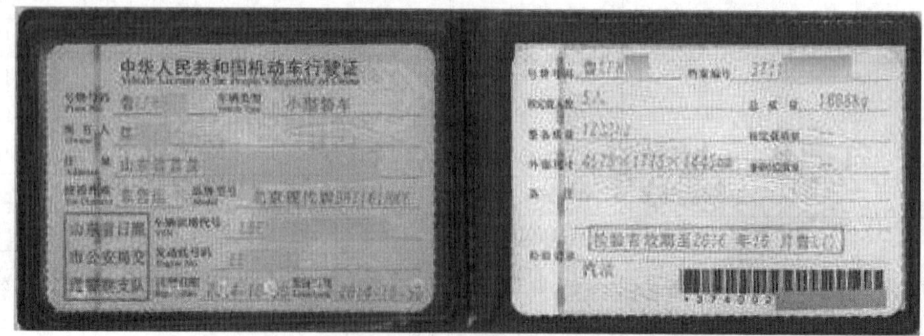

图 6-4　机动车行驶证

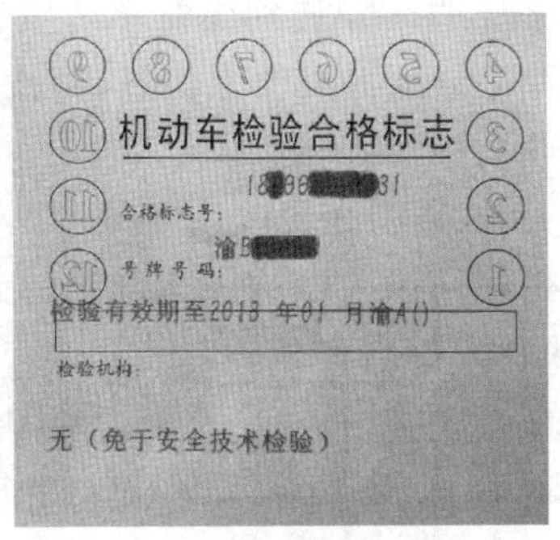

图 6-5 机动车检验合格标志

2. 投保人必备证件

投保人在投保前应备齐下列证件，以便投保时保险公司业务人员验证时使用：

(1) 被保险人为法人或其他组织的新保业务，需要提供投保车辆行驶证、被保险人的组织机构代码复印件和投保经办人身份证明原件。

(2) 被保险人为自然人的新保业务，需要提供投保车辆行驶证、被保险人身份证明复印件和投保人身份证明原件。

(3) 被保险人与车主不一致时，应提供由车主出具的、能够证明被保险人与投保车辆关系的证明或契约。

(4) 约定驾驶人员时，需要提供约定的驾驶人员的驾驶证复印件。

(5) 投保人为自然人且不是由投保人本人办理投保手续，或者投保人为法人或其他组织时，应由投保人出具办理投保委托书并载明“授权委托×××以本投保人名义办理×××××××车辆的所有投保事宜”。投保人为法人或其他组织时，应在委托书上加盖单位公章；投保人为自然人时，由投保人签名并提供身份证明原件。投保经办人应同时提供本人身份证明原件。

3. 保养车辆准备

投保人应按规定保养好车辆，清洗干净，使其处于良好的技术状态，以备投保时保险公司业务人员验车。

(二) 填写投保单

投保单是保险合同订立过程中的重要单证，是投保人向保险人进行要约的证明，也是确定保险合同内容的重要依据。

1. 汽车投保单的填写形式

投保单的填写：第一种是投保人或经办人口述，由保险公司人员或代理人员录入业务处理系统，打印后由投保人签字；第二种是投保人利用保险公司电子商务投保系统等工具录入，打印后由投保人签字；第三种是投保人手工填写后签字或盖章。

2. 汽车投保单填写基本规则(要求)

(1) 投保单必须保持整洁，不允许折叠和不规范涂改。撕断投保单视为作废，需重新填写。

(2) 填写资料应完整，填写时必须使用黑色钢笔或黑色签字笔，以简体字填写，若有难以辨认的或繁体字书写的需用简体字注明。如遇到生僻字请用铅笔,以拼音注明。

(3) 投保人、被保险人需亲笔签字,不得由他人代签,若投保人或被保险人不识字,须在相应签字处按下本人右手大拇指手印。

(4) 每份投保单最多可更改三处,且须在更改内容处画两道由左下至右上的斜线,并将正确内容填写在更改内容上方。不得使用涂改液或采用刮画的方式。投保人必须在更改处亲笔签名。若涉及被保险人,还需被保险人签名确认。

(5) 身份证号码填写有更改的,需附相关人员身份证复印件。

(6) 投保单的重要栏目不能涂改:①投保人、被保险人姓名及签名;②受益人的姓名;③投保事项、告知书;④投保申请日期。

(7) 身份证号码与实际情况有出入或无身份证号码者,均须附有效法定证件的复印件。

3. 填写汽车投保单

投保单的基本内容有投保情况、被保险人信息、投保人信息、投保车辆情况、驾驶人资料、投保险种及保险期间、特别约定、投保人签字或盖章等。下面以某公司的投保单(见表 6-3)为例介绍投保单的填写。

表 6-3 机动车辆保险投保单(示例)

<table>
<tr><td rowspan="2">投保情况</td><td>投保情况</td><td colspan="2">☐新保 ☐续保</td><td colspan="2">上年投保公司</td><td colspan="4"></td></tr>
<tr><td>上年保单号</td><td colspan="2"></td><td colspan="2">到期时间</td><td colspan="4"></td></tr>
<tr><td rowspan="3">被保险人信息</td><td>被保险人</td><td colspan="2"></td><td colspan="2">身份证号码</td><td colspan="4"></td></tr>
<tr><td>通信地址</td><td colspan="2"></td><td colspan="2">邮政编码</td><td colspan="4"></td></tr>
<tr><td>联系人</td><td colspan="2"></td><td colspan="2">联系电话</td><td colspan="2"></td><td>E-mail</td><td></td></tr>
<tr><td rowspan="4">投保人信息</td><td>投保人</td><td colspan="2"></td><td colspan="2">身份证号码</td><td colspan="4"></td></tr>
<tr><td>通信地址</td><td colspan="2"></td><td colspan="2">邮政编码</td><td colspan="4"></td></tr>
<tr><td>联系人</td><td colspan="2"></td><td colspan="2">联系电话</td><td colspan="2"></td><td>E-mail</td><td></td></tr>
<tr><td>与被保险人的关系</td><td colspan="8"></td></tr>
<tr><td rowspan="7">投保车辆情况</td><td>车牌号码</td><td></td><td>境外号牌</td><td colspan="2"></td><td colspan="2">号牌底色</td><td colspan="2"></td></tr>
<tr><td>厂牌型号</td><td></td><td>车辆种类</td><td colspan="2"></td><td colspan="2">车架号</td><td colspan="2"></td></tr>
<tr><td>发动机号</td><td></td><td>排气量(升)</td><td colspan="2"></td><td colspan="2">车辆颜色</td><td colspan="2"></td></tr>
<tr><td>VIN 码</td><td></td><td>座位/吨位</td><td colspan="2"></td><td colspan="2">初登日期</td><td colspan="2"></td></tr>
<tr><td>使用性质</td><td colspan="2">☐营业 ☐非营业</td><td>防盗装置</td><td colspan="5">☐电子防盗装置 ☐机械防盗装置 ☐无</td></tr>
<tr><td>所属性质</td><td colspan="2">☐机关 ☐企业 ☐个人</td><td>固定车位</td><td colspan="2">☐有 ☐无</td><td colspan="2">驾驶人数</td><td>☐单人 ☐多人</td></tr>
<tr><td>形势区域</td><td colspan="2">☐省内 ☐国内 ☐出入港澳</td><td>安全装置</td><td colspan="5">☐安全气囊 ☐ABS 系统 ☐无安全装置</td></tr>
<tr><td>主驾驶人资料</td><td colspan="9">姓名: 性别:☐男 ☐女 婚姻情况:☐已婚 ☐未婚 初领驾驶证时间: 年 月 日
身份证号码: 出生年月:
近三年肇事记录:☐无 ☐一次 ☐二次 ☐三次及以上
违章记录:☐无 ☐一次 ☐二次 ☐三次及以上</td></tr>
</table>

续表

副驾驶人资料	姓名：　　性别：□男 □女　婚姻情况：□已婚 □未婚　初领驾驶证时间：　年　月　日 身份证号码：　　　　出生年月： 近三年肇事记录：□无 □一次 □二次 □三次及以上 违章记录：□无 □一次 □二次 □三次及以上					
基本险	车辆损失险				第三者责任险	
	新车购置价	保险金额	费率	保险费小计	赔偿限额	保险费小计
	驾驶员座位责任险				乘客座位责任险	
	赔偿限额		保险费小计		赔偿限额：　万元/座	保险费：
附加险	险　别	保险金额（赔偿限额）	费率	保险费小计		
	全车盗抢险					
	前后风挡玻璃单独破碎险					
	无过错损失补偿险					
	不计免赔率特约险					
	自然损失险					
	新增设备损失险					
	承运货物责任险					
	免税车辆关税责任险					
	代步车费用险					
	全车盗抢附加高尔夫球具盗窃险					
	他人恶意行为损失险					
	交通事故精神损害赔偿险					
保险期间：共　个月，自　年　月　日零时起至　年　月　日二十四时止						
特别约定：						
投保人签章：　　年　月　日						

1）投保情况

汽车的投保情况，决定了保费的优惠程度，填写此项时根据车辆实际的投保情况选择新保或续保，画钩就可以了。如果是续保，需填写上一年承保的保险公司名称、保单号和到期时间。如果投保车辆是新车，为新保，就不需要填写上年投保信息。

2）被保险人信息

被保险人信息是一项非常重要的内容，不仅是保险公司重要的客户资源，而且其中的被保险人姓名（名称）、行驶证车主姓名（名称）的准确性与出险赔偿密切相关，因此要填写正确、完整。

（1）被保险人名称或姓名。自然人的姓名应与有效身份证相同；法人应填写全称，必须完整、准确。

被保险人是保险合同不可缺少的当事人。被保险人应当具有相应权利能力和民事行为能力。

（2）被保险人住所：法人或其他组织填写主要的办事机构地址；自然人填写常住地址；应准确到门牌号。

3）投保人信息

投保人信息的填写和被保险人信息的填写一样。假如被保险人与投保人不是同一人，需要写清楚投保人与被保险人的法定关系。

4）投保车辆情况

投保车辆情况包括车牌号码、境外号牌、号牌底色、厂牌型号、车辆种类、车架号、排气量、车辆颜色、VIN 码、座位/吨位、车辆初始登记日期、使用性质、所属性质、安全装置等。需注意的是，填写的车牌号码应与行驶证号牌号码一致。

5）驾驶人资料

此项包括主、副驾驶人姓名、初领驾驶证时间、身份证号码、出生年月、性别、婚姻状况、近三年的肇事记录、违章记录等信息。

6）投保险种及保险期间

此项是指根据标的自身的风险情况及投保人的意愿，参照投保险种的选择，选择基本险及其附加险。保险期间一般是一年，投保人也可根据实际情况投短期保险，如临时上路的可以选择短期保险，但应征得保险人同意。保险期间自约定起保日期零时开始，至保险期满日二十四时止。起保日不得是投保当日，最早应为投保次日零时。例如，2017 年 12 月 5 日投保，期限为一年，于次日起保，则保险期间为 2017 年 12 月 6 日零时至 2018 年 12 月 4 日二十四时。

7）特别约定

对于保险合同未尽事宜，投保人和保险人协商后，在特别约定栏注明。约定事项应简练、清楚，约定内容不能与法律相抵触，否则约定无效。

8）投保人签字或盖章

投保人对投保单各项内容核对无误，并对投保险种对应的保险条款（包括责任免除和投保人义务、被保险人义务）明白、理解后，须在投保人签名或签章处签名或签章，并填写日期。投保人为自然人时必须由投保人亲笔签名，并填写日期。投保人为法人或其他组织时必须加盖公章（有委托书的可不签章）。投保人签章必须与投保人名称一致。投保人签章需注意“两个确认”——确认属实、确认知道。

投保人签章后，由保险人审核投保单，如果保险条件符合，则保险人在投保单上签章，做出对投保人要求的承诺及承保。

（三）核交保险费

投保人在购买汽车保险时，应如实填写投保单上规定的各项内容，取得保险单后应核对其内容是否与投保单上的有关内容完全一致，并根据购买汽车保险险种核对保险费用，及时交纳保险费，如为被保险人，应按照条款规定履行被保险人义务。

（四）领取保险单证、审核保险单证并妥善保管

投保人交纳保险费并得到保险人签发的保险单、保险卡、批单、保费发票等有关重要凭证后，应妥善保管，以便在出险时能及时提供理赔依据。

五、投保常见问题

1. 不足额投保

保险金额低于保险价值是不足额投保，保险公司按保险金额与保险价值的比例赔偿。缺点：被保险人不能得到足额赔付。正确方式：应按照新车购置价投保。

2. 超额投保

保险金额超过保险价值是超额投保。缺点：超过保险价值投保，超过部分无效，被保险车辆出险后，保险人会按照汽车出险时的实际损失确定赔偿额。

3. 重复投保时重复保险的保险金额总和超过保险价值

缺点：各保险公司按照其保险金额与保险金额总和的比例承担赔偿责任，财产保险合同中有确定的保险金额情况下，重复保险不能得到多份赔偿。各保险人的赔偿金额的总和不得超过保险价值。

此外，还应注意及时续保。

6.3 汽车保险核保

【案例导入】

王先生买了辆福特福克斯自用，他找到中国平安保险(集团)股份有限公司网点办理车险，并最终投保了交强险、车损险和商业三者险。几天后，王先生接到保险公司电话，核保人员告诉他，保单保险费计算错误，要求王先生配合工作人员重新填写投保单，更正保险费。

讨论：核保是什么？核保有什么重要意义？核保的方式有哪些？

【相关知识】

一、汽车保险核保的概念

核保是指保险人对投保申请进行审核，决定是否接受承保这一风险，并在接受承保风险的情况下，确定保险费率的过程。核保已发展成为承保业务的核心，核保质量的好坏直接影响保险公司的经营效益。

二、核保人员的等级和权限

核保人员一般分三个等级，根据等级不同，被授予不同的权限。

一级核保人员主要负责审核特殊风险业务，包括高价值车辆的核保、特殊车型业务的核保、车队业务的核保、投保人特别要求业务的核保，以及下级核保人员无力核保的业务。一级核保人员职责的另一个内容是及时地解决其管辖范围内出现的有关核保技术方面的问题，如果自己无法解决，应及时向上级核保部门反映。

二级核保人员主要负责审核非标准业务，包括不属于三级核保人员业务范围的非标准业务，即在核保手册中没有明确指示核保条件的业务，主要是指在日常工作中可能出现的承保条件方面的问题，如保险金额、赔偿限额、免赔额等有特殊要求的业务。

三级核保人员主要负责对常规业务的核保，即按照核保手册的有关规定对投保单的各个要素进行形式上的审核，亦称投保单核保。

三、汽车保险核保的方式

核保的具体方式应当根据保险公司的组织结构和经营情况进行选择和确定，通常将核保的方式分为标准业务核保和非标准业务核保、计算机智能核保和人工核保、集中核保和远程核保、事先核保和事后核保等。

1. 标准业务核保和非标准业务核保

标准业务是指常规风险的机动车辆保险业务，这类风险的特点是其基本符合机动车辆保险险种设计所设定的风险情况，按照核保手册就能够进行核保。非标准业务是指风险具有较大特殊性的业务，主要指高风险、风险特殊、保险金额巨大等需有效控制的业务，而核保手册对于这类业务没有明确规定。

标准业务可以依据核保手册的规定进行核保，通常由三级核保人员完成标准业务的核保工作，而非标准业务则无法依据核保手册进行核保，应由二级或者一级核保人员进行核保，必要时核保人员应当向上级核保部门进行请示。

机动车辆保险非标准业务主要有保险价值浮动超过核保手册规定范围的业务、特殊车型业务、军车和外地车业务、高档车辆的盗抢险业务等。

2. 计算机智能核保和人工核保

计算机技术的发展和应用给核保工作带来很大变化，尤其是智能化计算机的发展和应用，使得计算机已经完全可以胜任标准业务的核保，应用计算机技术可以大大缓解人工核保的工作压力，提高效率和准确性，减少在核保过程中可能出现的人为的负面因素。但是，计算机不可能解决所有的核保问题，会与人工核保共存。

3. 集中核保和远程核保

从核保制度发展的过程分析，集中核保代表了核保技术发展的趋势。集中核保可以有效地解决统一标准和规范业务的问题，实现技术和经验最大限度的利用。但是，以往集中核保在实际工作中常遇到经营网点分散，缺乏便捷和高效的沟通渠道的困难。

计算机技术的出现和广泛的应用，尤其是因特网技术的出现，带动了核保领域的革命性进步，远程核保应运而生。远程核保就是建立区域性的核保中心，利用因特网等现代通信技术，对辖区内的所有业务进行集中核保。这种核保的方式较以往任何一种核保方式均具有不可比拟的优势，它不仅可以利用核保中心的人员技术优势，还可以利用核保中心庞大的数据库，实现资源的共享。同时,远程核保还有利于对经营过程中的管理疏忽甚至道德风险实行有效的防范。

4. 事先核保和事后核保

事先核保是在核保工作中广泛应用的方式,它是指投保人提出申请后,核保人员在接受承保之前对保险标的风险进行评估和分析,决定是否接受承保,并在决定接受承保的基础上,根据投保人的具体要求确定保险方案。事后核保主要是针对标的金额较小、风险较低、承保业务技术较简单的业务,这些业务往往由一些偏远的经营机构或者代理机构承办。保险公司从人力和经济的角度难以做到事先核保的,可以采用事后核保的方式。事后核保是对事先核保的一种补救措施。

小知识 ……

核保手册,即核保指南,是将公司对于机动车辆保险核保工作的原则、方针和政策,机动车辆保险业务中涉及的条款、费率及相关规定,核保工作中的程序和权限规定,以及可能遇到的各种问题及处理方法,用书面文件的形式予以明确。核保手册是实现核保工作目标的重要手段,它是通过建立工作的标准化、规范化和程序化来实现核保工作目标的。核保工作的主要依据就是核保手册。

四、汽车保险核保的意义

1. 提供高质量的专业服务

核保工作的核心是对承保风险的专业评估,因而保险公司可以为客户提供全面和专业的风险管理的意见和建议,如提供汽车安全和防盗技术帮助、设计风险处理的最佳方案等。

2. 实现经营的稳定

保险公司要想实现经营稳定,必须控制承保业务的质量。随着国内保险市场竞争日趋激烈,保险公司在不断扩大业务的同时,经营风险也在不断增大,主要表现为以下三点:

(1) 为了拓展业务而急剧扩充业务人员,但这些新人的素质有限,很难认识和控制承保的质量。

(2) 保险公司为了扩大市场占有率,只注重稳定与客户的业务关系,而忽略了业务拓展方面的管理。

(3) 保险公司急于拓展新的业务领域,开发出一系列不成熟的新险种,签署了一系列未经详细论证的保险协议,增加了风险因素。

核保可有效控制经营风险,对保险业务的健康发展有重要作用。通过核保,可对不同程度的风险进行分类,按不同标准制订费率及承保细则,从而可保证承保业务的质量,维持保险经营的稳定性。

3. 保持市场的领先

通过核保制度的建立和运行,保险公司能够及时了解市场发展的动态,加强对核保人员的培训，不断提高和完善风险评估和确定保险方案的技术，形成技术的先进性，保持其在市场的竞争优势和领先地位。

五、汽车保险核保的主要内容

核保主要是审核投保单的内容，包括投保人或被保险人情况、审核业务人员或代理人是否查验车辆、审核保险标的和相关证件、核定保险费等。

1. 审核投保人或被保险人情况

(1) 审核投保人资格。审核投保人资格的核心是认定投保人对保险标的是否具有保险利益，在汽车保险业务中，一般是通过核查行驶证来完成的。

(2) 审核投保人或被保险人基本情况。对于车队业务，保险公司要通过了解企业的性质、是否设有安保部门、经营方式、主要运行线路等问题，分析投保人或者被保险人对车辆的管理，及时发现其可能存在的经营风险，采取必要的措施降低并控制风险。

(3) 审核投保人或被保险人的信誉。核保工作还包括对投保人及被保险人的信誉进行调查及评估。

2. 审核保险标的和相关证件

对机动车辆应尽量采用验车承保的方式，即对车辆进行实际检验，包括了解车辆的使用和管理情况，复印行驶证和购置车辆的税费缴款凭证以及拓印发动机号与车架号，对于一些高档车辆还要建立车辆档案。具体查验内容如下：

(1) 查验车辆年检是否合格、合法及其使用性质。

(2) 查验车体有无受损，车内是否配置消防和防盗装置。

(3) 查验车辆的号牌号码、车型及发动机号、车身颜色、VIN 码等是否与机动车行驶证记录一致。

(4) 查验车辆的操作安全性与可靠性是否符合行车要求，重点检查转向、制动、灯光、喇叭、刮水器等。

(5) 查验车辆发动机、车身、底盘、电气等部分的技术情况是否符合机动车辆安全运行技术条件的要求。

(6) 查验机动车行驶证、机动车登记证书、有效移动证(临时号牌)是否真实、有效，是否经由公安交通车辆管理机关办理年检。

(7) 核实投保车辆的合法性，各种证件是否与投保标的和投保单内容相符，投保人对投保车辆是否具有可保利益，确定车辆的使用性质和初次登记日期、已使用年限。

(8) 约定驾驶人员的，则应检验约定驾驶人员的机动车驾驶证，并对照投保单核实驾驶人员信息。

3. 核定保险费

保险费的审核主要分为费率适用的审核和计算的审核。保险公司业务人员根据保单上所列的车辆情况和机动车保险费率表，核定保险费。交强险基础保险费计算在前面已经介绍过，下面介绍几种常见商业保险的保险费计算公式。

(1) 车损险的保险费计算。按照投保人类别、车辆用途、座位数(吨位数、排量、功率)、车

辆使用年限所属档次查找基础保险费和费率，然后按下式计算

车损险保险费＝基础保险费＋车辆实际价值×费率

表6-4为车损险费率表(部分)。

表6-4 车损险费率表(部分)

车辆类型		车辆使用年限							
		1年以下(不含1年)		1～2年(含1年、不含2年)		2～6年(含2年、不含6年)		6年以上(含6年)	
		基础保险费/元	费率/(%)	基础保险费/元	费率/(%)	基础保险费/元	费率/(%)	基础保险费/元	费率/(%)
家庭自用汽车	6座以下	566	1.35	539	1.28	533	1.27	549	1.31
	6～10座	679	1.35	646	1.28	640	1.27	659	1.31
	10座以上	679	1.35	646	1.28	640	1.27	659	1.31
企业非营业客车	6座以下	368	1.22	351	1.16	347	1.15	358	1.18
	6～10座	442	1.16	421	1.10	417	1.09	430	1.13
	10～20座	442	1.24	421	1.18	417	1.17	430	1.21
	20座以上	461	1.24	439	1.18	434	1.17	447	1.21
党政机关、事业团体非营业客车	6座以下	316	1.05	301	1.00	298	0.99	307	1.02
	6～10座	380	1.00	362	0.95	358	0.94	369	0.97
	10～20座	380	1.05	362	1.00	358	0.99	369	1.02
	20座以上	396	1.05	377	1.00	373	0.99	384	1.02
非营业货车	2 t以下	348	1.34	332	1.27	328	1.26	338	1.30
	2～5 t	449	1.73	428	1.64	423	1.63	436	1.68
	5～10 t	491	1.89	467	1.80	463	1.78	477	1.80
	10 t以上	324	2.29	308	2.18	305	2.16	314	2.23
	低速载货汽车	296	1.14	282	1.08	279	1.07	287	1.10

【例6-1】 假定某5座家庭自用汽车投保车损险，车辆使用年限为1年，保险金额为10万元。该车投保车损险的保险费是多少？如果保险金额为15万元，保险费又是多少？

【解】 在车损险费率表上查得，对应的基础保险费为539元，费率为1.28%，则该车辆的车损险保险费＝539元＋100 000元×1.28%＝1 819元。

如果保险金额为15万元，则该车辆的车损险保险费＝539元＋150 000元×1.28%＝2 459元。

【例6-2】 假定某7座企业非营业客车投保车损险，车辆使用年限为1年，保险金额为18万元。该车投保车损险的保险费是多少？如果保险金额为25万元，保险费又是多少？

【解】 在车损险费率表上查得，对应的基础保险费为421元，费率为1.10%，则该车辆的车损险保险费＝421元＋180 000元×1.10%＝2 401元。

如果保险金额为25万元，则该车辆的车损险保险费＝421元＋250 000元×1.10%＝

3 171 元。

（2）商业第三者责任保险的保险费计算。根据投保人类别、车辆用途、座位数（吨位数、排量、功率）、责任限额直接查找保险费。商业第三者责任保险费（部分）如表 6-5 所示。

表 6-5　商业第三者责任保险保险费（部分）

车辆类型		责任限额 5 万元	10 万元	15 万元	20 万元	30 万元	50 万元	100 万元
		保险费/元						
家庭自用汽车	6 座以下	673	972	1 108	1 204	1 359	1 631	2 124
	6～10 座	843	1 186	1 342	1 446	1 620	1 928	2 412
	10 座以上	843	1 186	1 342	1 446	1 620	1 928	2 512
企业非营业客车	6 座以下	714	1 007	1 138	1 227	1 374	1 635	2 130
	6～10 座	801	1 140	1 294	1 399	1 572	1 877	2 444
	10～20 座	872	1 245	1 414	1 530	1 722	2 058	2 681
	20 座以上	928	1 368	1 571	1 718	1 951	2 354	3 067
党政机关、事业团体非营业客车	6 座以下	719	1 014	1 146	1 236	1 384	1 647	2 146
	6～10 座	699	984	1 112	1 200	1 344	1 600	2 083
	10～20 座	768	1 083	1 224	1 320	1 478	1 759	2 292
	20 座以上	938	1 321	1 494	1 611	1 804	2 148	2 797

（3）车上人员责任保险保费计算。按照投保人类别、车辆用途、座位数等查找费率，其计算公式为

车上人员责任保险保费＝每座责任限额×投保座位数×费率

（4）全车盗抢险的保险费计算。根据投保人类别、车辆用途、座位数、车辆使用年限查找基础保费和费率，其计算公式为

全车盗抢险保费＝基础保费＋车辆实际价值×费率

（5）玻璃单独破碎险保费的计算公式为

玻璃单独破碎险保费＝该险保险金额×费率

（6）自燃损失险保费的计算公式为

自燃损失险保费＝该险保险金额×费率

（7）新增设备损失险保费的计算公式为

新增设备损失险保费＝该险保险金额×车损险标准保险费/车损险保险金额

（8）车身划痕损失险保费按照新车购置价所属档次直接查找。

（9）车上货物责任险保费的计算公式为

车上货物责任险保费＝该险赔偿限额×费率

（10）不计免赔险保费的计算公式为

不计免赔险保费＝适用本条款的所有险种标准保险费之和×费率

小知识 ……

用于计算各商业保险险种保险费的费率，可根据投保人类别、座位数、车辆用途等来确定，各保险公司费率会有所不同，保险公司业务人员需按照公司内部规定的费率计算保费。

六、做出承保决策

保险公司的“挑肥拣瘦”

核保人员根据核保情况做出承保决策。承保决策有以下四类：

(1) 正常承保。对于属于标准风险类别的保险标的，保险公司按标准费率予以承保。

(2) 优惠承保。对于属于优质风险类别的保险标的，保险公司按低于标准费率的优惠费率予以承保。

(3) 有条件承保。对于低于正常承保标准但又不构成拒保条件的保险标的，保险公司通过增加限制性条件或加收附加保险费的方式予以承保。

(4) 拒保。如果投保人投保条件明显低于保险人的承保标准，保险人就会拒绝承保。对于拒绝承保的保险标的，保险人要及时向投保人发出拒保通知。

6.4 汽车保险单证的签发、批改与续保

【案例导入】

2012年4月，某实业公司为其一轿车在保险公司投保了车损险、商业三者险和全车盗抢险，保险期间为一年。同年9月，该实业公司将车转让给秦先生，并办理了过户手续。一个月后，秦先生的朋友老冯驾驶该车外出，与另一辆车相撞，交管部门认定，老冯对事故负全部责任。2018年3月，该实业公司和秦先生一起向保险公司提出索赔，并出具该车在车管所的过户证明，但保险公司提出，被保险人转让车辆，却未申请办理批改业务，所以拒绝赔偿。双方诉至法院，经审理，法院最终支持了保险公司的决定。

讨论：为什么保险公司最后没有进行赔偿？如何办理批改手续？

【相关知识】

一、保险单证的签发

核保通过后，系统按预先设置的编制规则生成保险单号码。交强险和商业保险必须分别出具保险单、保险标志、保险卡和发票。

交强险单证使用国务院保险监督管理机构监制的保险单、保险标志进行打印，盖章后清分，将保单业务联与发票业务联、投保单、投保资料、机动车交通事故强制责任保险费率浮动告

知单一并装订归档，保单财务联与发票财务联交财务留存，保单正本与发票正本、保险标志一并交投保人保存，保单公安交管留存联交由投保人在公安交管部门进行登记、检验等时交公安交管部门留存。

商业保险签发时，用现行印制的商业保险单证打印保单、发票和保险卡，盖章后清分，将保单业务联与发票业务联、投保单、投保资料一并装订归档，保单财务联与发票财务联交财务留存，保单正本与发票正本、保险卡一并交投保人保存。

签发保险单证的工作流程包括缮制保单、复核保单、收取保费、签发保险单证、保险单证的补录以及保险单证的清分与归档。

1. 缮制保单

保险公司业务内勤接到投保单及其附表后，根据核保人员的意见，开展缮制保单工作。原则上，保单应由计算机出具，如无计算机设备，必须由手工出具的，必须得到上级单位的书面同意。

2. 复核保单

复核人员接到保单、投保单及其附表后，应认真对照复核。经复核无误后，复核人员在保单"复核"处签章。

3. 收取保费

经复核保单无误后，财务人员向投保人核收保险费，并在发票上加盖专用章。

4. 签发保险单证

机动车保险合同实行一车一单（保险单）和一车一证（保险证）制度。投保人交纳保险费后，业务人员在保单上注明车险出单公司名称、详细地址、邮政编码及联系电话，加盖保险公司业务专用章，参照保险单填写汽车保险证并加盖业务专用章，所填内容应与保险单有关内容一致，险种一栏填写总险种代码，电话一栏填写公司报案电话，所填内容禁止涂改。

签发单证时，交由被保险人收执保存的单证包括保险单正本、保险费收据（保户留存联）及汽车保险证。对已经同时投保交强险、车损险、商业三者险、车上人员责任险、不计免赔险的投保人，还应签发事故伤员抢救费用的担保卡，同时做好登记。

5. 保险单证的补录

手工出具的汽车保险单、提车暂保单及其他定额保单，必须按照所填内容录入到保险公司的计算机车险业务数据库中，补录内容必须完整准确，补录时间不能超过出单后的第 10 个工作日。单证补录必须由专人完成、专人审核，业务内勤和经办人不得自行补录。

6. 保险单证的清分与归档

业务人员将投保单的附表粘贴在投保单的背面，并在投保单及其附表上加盖骑缝章。

(1) 投保人留存的单证：保险单正本及条款、保险费收据（第二联）、保险证、交强险标志、保险单附表特别约定清单、新增设备明细表。

(2) 业务部门留存的单证：保险单副本、投保单及附表保险费收据。

(3) 财务部门留存的单证：保险单副本、保险费收据（会计留存联）。

留存业务部门的单证应由专人保管并及时整理、装订、归档。留存的单证应按照保险费收据→保险单副本→投保单及其附表→其他材料的顺序整理，并按流水号顺序装订成册，在规定时间内移交档案部门归档。

二、保险单证的批改

在保险单证签发后，对保险合同内容进行修改、补充或增删所进行的一系列作业称为批改，经批改所签发的书面证明称为批单。

对保险合同的任何修改均应使用批单形式完成。保险批单是保险合同的组成部分，其法律效力高于格式合同文本内容，且末次批改内容效力高于前期批改内容。

保单批改的内容主要包括被保险人信息更改、车主信息更改、投保车辆信息更改、增加特别约定、变更约定驾驶人、保险期间更改、险种增加或减少、车辆使用性质更改、车辆种类更改、保险金额（限额）增加或减少、行驶区域变更、免赔额变更、保险车辆危险程度增加或减少等。被保险人应事先书面通知保险人申请办理批改手续。

三、续保

汽车保险的期限一般为一年，保险期满后，投保人向保险人提出申请，要求延长保险合同的期限或在保险人处重新办理汽车保险的事宜称为续保。

（一）续保业务的办理

在汽车续保实务中，续保业务一般在原保险到期前的一个月开始办理。投保人应到上一年度机动车辆保险单的出单地点办理，保险公司的分支机构、代办点不能出单。在办理续保时，投保人应提供：①上一年度的机动车辆保险单；②被保险车辆经交通管理部门核发并检验合格的行驶证和车牌号；③所需的保险费。保险金额和保险费须重新确定。

（二）无赔款优待

无赔款优待是指被保险车辆在上一年保险期间没有发生赔款，续保时可享受减收保险费的优待。

被保险人办理续保手续时，经办人员应查阅原保险单副本及赔款记录、出险记录，逐项核实赔款及出险情况，经核实无误，对被保险人在原保险期间或自原保险期起至续保之时止无赔款且无已受理而未决赔案的车辆，按辆以原保险所载应交保费的一定比例，计算无赔款优待金额，出具批单及退费收据各一式三份，经复核与主管领导核准后，按支付流程办理付款、登录和归档。

享受无赔款优待需满足以下三个条件：

(1) 保险期限必须满1年。享受无赔款优待实际上是对被保险人上一保险年度安全行驶的奖励，中途退保者不能享受。

(2) 上一保险年度所投保险种无赔款。交强险和商业保险都可享受无赔款优待，应分别计算。但是，商业保险中只要其中有任何一个险种或险别发生赔款，就不能给予无赔款优待。例如，车辆同时投保车损险、商业三者险及划痕险，保险期间车损险发生赔款，续保时三者险、划痕险也不能享受无赔款优待。

(3) 按期续保。这一条件包含两层意思：①享受无赔款优待的时间必须是在投保人办理续保时，绝不能变相用于销售时的“返佣金”；②享受无赔款优待的范围必须是续保的险种或险别。上年度投保而本年度未续保的或本年度新投保的，均不得享受无赔款优待。

任务小结

（1）汽车承保主要包括展业、投保、核保、签发单证、批改、续保等程序。

（2）保险展业是保险人向客户宣传保险、介绍保险产品的过程，是保险经营的第一步。

（3）汽车保险投保是指投保人向保险人表达缔结保险合同的意愿的过程。

（4）核保是指保险人对投保申请进行审核，决定是否接受承保这一风险，并在接受承保风险的情况下，确定保险费率的过程。

（5）核保通过后，系统按预先设置的编制规则生成保险单号码。交强险和商业保险必须分别出具保险单、保险标志、保险卡和发票。

（6）投保人向保险人提出申请，要求延长保险合同的期限或在保险人处重新办理汽车保险的事宜称为续保。

（7）无赔偿优待是指被保险车辆在上一年保险期间没有发生赔款，续保时可享受减收保险费的优待。

拓展与提升

中国银行保险监督管理委员会

一、简介

中国保险监督管理委员会于1998年11月18日成立，是全国商业保险的主管部门，为国务院直属正部级事业单位，根据国务院授权履行行政管理职能，依照法律、法规统一监督管理全国保险市场，维护保险业的合法、稳健运行。这是我国保险监督管理体制的重大改革，标志着保险监督管理机制将得到进一步完善。2018年3月，第十三届全国人民代表大会第一次会议表决通过了关于国务院机构改革方案的决定，根据该方案，将中国银行业监督管理委员会和中国保险监督管理委员会的职责整合，组建中国银行保险监督管理委员会（作为国务院直属事业单位），不再保留中国银行业监督管理委员会、中国保险监督管理委员会。2018年4月8日，中国银行保险监督管理委员会（简称银保监会）正式挂牌，其主要职责是依照法律法规统一监督管理银行业和保险业，维护银行业和保险业合法、稳健运行，防范和化解金融风险，保护金融消费者合法权益，维护金融稳定。中国银行保险监督管理委员会是国务院直属事业单位。

二、主要职责

中国银行保险监督管理委员会贯彻落实党中央关于银行业和保险业监管工作的方针政策和决策部署，在履行职责过程中坚持和加强党对银行业和保险业监管工作的集中统一领导。主要职责如下：

（1）依法依规对全国银行业和保险业实行统一监督管理，维护银行业和保险业合法、稳健运行，对派出机构实行垂直领导。

（2）对银行业和保险业改革开放和监管有效性开展系统性研究。参与拟订金融业改革发展战略规划，参与起草银行业和保险业重要法律法规草案以及审慎监管和金融消费者保护基本制度。起草银行业和保险业其他法律法规草案，提出制定和修改建议。

（3）依据审慎监管和金融消费者保护基本制度，制定银行业和保险业审慎监管与行为监管规则。制定小额贷款公司、融资性担保公司、典当行、融资租赁公司、商业保理公司、地方资产管理公司等其他类型机构的经营规则和监管规则。制定网络借贷信息中介机构业务活动的监管制度。

(4) 依法依规对银行业和保险业机构及其业务范围实行准入管理,审查高级管理人员任职资格。制定银行业和保险业从业人员行为管理规范。

(5) 对银行业和保险业机构的公司治理、风险管理、内部控制、资本充足状况、偿付能力、经营行为和信息披露等实施监管。

(6) 对银行业和保险业机构实行现场检查与非现场监管,开展风险与合规评估,保护金融消费者合法权益,依法查处违法违规行为。

(7) 负责统一编制全国银行业和保险业监管数据报表,按照国家有关规定予以发布,履行金融业综合统计相关工作职责。

(8) 建立银行业和保险业风险监控、评价和预警体系,跟踪分析、监测、预测银行业和保险业运行状况。

(9) 会同有关部门提出存款类金融机构和保险业机构紧急风险处置的意见和建议并组织实施。

(10) 依法依规打击非法金融活动,负责非法集资的认定、查处和取缔以及相关组织协调工作。

(11) 根据职责分工,负责指导和监督地方金融监管部门相关业务工作。

(12) 参加银行业和保险业国际组织与国际监管规则制定,开展银行业和保险业的对外交流与国际合作事务。

(13) 负责国有重点银行业金融机构监事会的日常管理工作。

(14) 完成党中央、国务院交办的其他任务。

(15) 职能转变。围绕国家金融工作的指导方针和任务,进一步明确职能定位,强化监管职责,加强微观审慎监管、行为监管与金融消费者保护,守住不发生系统性金融风险的底线。按照简政放权要求,逐步减少并依法规范事前审批,加强事中事后监管,优化金融服务,向派出机构适当转移监管和服务职能,推动银行业和保险业机构业务和服务下沉,更好地发挥金融服务实体经济功能。

三、内设机构

(1) 办公厅:负责机关日常运转,承担信息、安全、保密、信访、政务公开、信息化、新闻宣传等工作。

(2) 政研局:承担银行业和保险业改革开放政策研究与组织实施具体工作;对国内外经济金融形势、国际银行保险监管改革及发展趋势、监管方法和运行机制等开展系统性研究,提出银行业和保险业监管政策建议。

(3) 法规部:起草银行业和保险业其他法律法规草案;拟订相关监管规则;承担合法性审查和法律咨询服务工作;承担行政复议、行政应诉、行政处罚等工作。

(4) 统信部:承担银行业和保险业监管统计制度、监管报表的编制披露以及行业风险监测分析预警工作;承担信息化建设和信息安全以及银行业和保险业机构的信息科技风险监管工作。

(5) 财会部(偿付能力部):承担财务管理工作,负责编报系统年度财务预决算;建立偿付能力监管指标体系并监督实施;监管保险保障基金使用情况。

(6) 普惠金融部:协调推进银行业和保险业普惠金融工作,拟订相关政策和规章制度并组织实施;指导银行业和保险业机构对小微企业、"三农"和特殊群体的金融服务工作。

(7) 公司治理部:拟订银行业和保险业机构公司治理监管规则;协调开展股权管理和公司治理的功能监管;指导银行业和保险业机构开展加强股权管理、规范股东行为和健全法人治理结构的相关工作。

(8) 银行检查局:拟订银行机构现场检查计划并组织实施;承担现场检查立项、实施和后评价;提出整改、采取监管措施和行政处罚的建议。

(9) 非银检查局:拟订保险、信托和其他非银行金融机构等现场检查计划并组织实施;承担现场检查立项、实施和实施后评价;提出整改、采取监管措施和行政处罚的建议。

(10) 风险处置局(安全保卫局):拟订银行业和保险业机构违法违规案件调查规则;组织协调银行业和保险业重大、跨区域风险事件和违法违规案件的调查处理;指导、检查银行业和保险业机构的安全保卫工作。

(11) 创新部:协调开展银行业和保险业机构资产管理业务等功能监管;为银行业和保险业创新业务的日常监管提供指导和支持;承担银行业和保险业金融科技等新业态监管策略研究等相关工作。

(12) 消保局:研究拟订银行业和保险业消费者权益保护的总体规划和实施办法;调查处理损害消费者权益案件,组织办理消费者投诉;开展宣传教育工作。

(13) 打非局:承担打击取缔擅自设立相关非法金融机构或者变相从事相关法定金融业务的工作;承担非法集资的认定、查处和取缔以及相关组织协调工作;向有关部门移送非法集资案件;开展相关宣传教育、政策解释和业务指导工作。

(14) 政策银行部:承担政策性银行和开发性银行的准入管理;开展非现场监测、风险分析和监管评级,根据风险监管需要开展现场调查;提出个案风险监控处置和市场退出措施并承担组织实施具体工作。

(15) 大型银行部:承担国有控股大型商业银行的准入管理;开展非现场监测、风险分析和监管评级,根据风险监管需要开展现场调查;提出个案风险监控处置和市场退出措施并承担组织实施具体工作。

(16) 股份制银行部:承担全国股份制商业银行的准入管理;开展非现场监测、风险分析和监管评级,根据风险监管需要开展现场调查;提出个案风险监控处置和市场退出措施并承担组织实施具体工作。

(17) 城市银行部:承担城市商业银行、民营银行的准入管理;开展非现场监测、风险分析和监管评级,根据风险监管需要开展现场调查;提出个案风险监控处置和市场退出措施并承担组织实施具体工作。

(18) 农村银行部:承担农村中小银行机构的准入管理;开展非现场监测、风险分析和监管评级,根据风险监管需要开展现场调查;提出个案风险监控处置和市场退出措施并承担组织实施具体工作。

(19) 国际部(港澳台办):承担外事管理、国际合作和涉港澳台地区相关事务;承担外资银行保险机构的准入管理;开展非现场监测、风险分析和监管评级,根据风险监管需要开展现场调查;提出个案风险监控处置和市场退出措施并承担组织实施具体工作。

(20) 财险部(再保部):承担财产保险、再保险机构的准入管理;开展非现场监测、风险分析和监管评级,根据风险监管需要开展现场调查;提出个案风险监控处置和市场退出措施并承担组织实施具体工作。

(21) 人身险部:承担人身保险机构的准入管理;开展非现场监测、风险分析和监管评级,根据风险监管需要开展现场调查;提出个案风险监控处置和市场退出措施并承担组织实施具体工作。

(22) 中介部:承担保险中介机构的准入管理;制定保险中介从业人员行为规范和从业要求;检查规范保险中介机构的市场行为,查处违法违规行为。

(23) 资金部:承担建立保险资金运用风险评价、预警和监控体系的具体工作;承担保险资金运用机构的准入管理;开展非现场监测、风险分析和监管评级,根据风险监管需要开展现场调查;提出个案风险监控处置和市场退出措施并承担组织实施具体工作。

(24) 信托部:承担信托机构准入管理;开展非现场监测、风险分析和监管评级,根据风险监管需要开展现场调查;提出个案风险监控处置和市场退出措施并承担组织实施具体工作;指导信托业保障基金经营管理。

(25) 非银部:承担金融资产管理公司、企业集团财务公司、金融租赁公司、汽车金融公司、消费金融公司、货币经纪公司等机构准入管理;开展非现场监测、风险分析和监管评级,根据风险监管需要开展现场调查;提出个案风险监控处置和市场退出措施并承担组织实施具体工作。

(26) 人事部:承担机关、派出机构和直属单位的干部人事、机构编制、劳动工资和教育工作;指导行业人才队伍建设工作;指导系统党的组织建设和党员教育管理。

(27) 机关党委:负责机关和在京直属单位的党群工作,负责系统党的思想建设和宣传工作。

四、派出机构

目前,银保监会设有36个派出机构(监督局)。各派出机构主要职责如下:

(1) 执行党的路线、方针、政策,加强党的全面领导,履行全面从严治党责任,负责党的建设和思想政治建设工作。

(2) 根据银保监会的授权和统一领导,依法依规独立对辖内银行业和保险业实行统一监督管理。

(3) 制定银行业和保险业监管法规、制度方面的实施细则和规定,监督相关法规、制度在辖内的落实。

(4) 对有关银行业、保险业机构及其业务范围实行准入管理,审查高级管理人员任职资格。

(5) 对有关银行业、保险业机构实行现场检查和非现场监管,开展风险与合规评估,保护金融消费者合法权益,依法查处违法违规行为。

(6) 统计有关数据和信息,跟踪、监测、预测辖内银行业、保险业运行情况。

(7) 指导和监督地方金融监管部门相关业务工作。

(8) 负责党的基层组织建设和干部队伍建设。

(9) 完成银保监会交办的其他工作。

任务工单 6

完成时间(分钟):

<table>
<tr><td rowspan="3">学习任务 6:汽车保险承保实务</td><td>班　　级</td><td colspan="3"></td></tr>
<tr><td>姓　　名</td><td></td><td>学　　号</td><td></td></tr>
<tr><td>日　　期</td><td></td><td>评　　分</td><td></td></tr>
</table>

知识习题

一、填空题

1. 汽车承保主要包括________、________、________、________、________、________等程序。

2. 汽车投保的方式有________、________、________、________、________、________和________。

3. ________是保险合同订立过程中的重要单证,也是投保人向保险人进行要约的证明。

4. 投保单的基本内容有________、________、________、________、________、________、________等。

5. 根据不同的分类标准,可将核保方式分为________、________、________、________等。

6. ________是指被保险车辆在上一年保险期间没有发生赔款,续保时可享受减收保险费的优待。

二、选择题

1. (　　)是指保险人在投保人提出投保请求时,经审核投保人投保内容符合承保条件后,同意接受投保人投保申请,且依照保险条款承担保险责任,签订保险合同的过程。

A. 保险受理　　B. 保险承保　　C. 保险理赔　　D. 保险核保

2. (　　)是指保险人对投保申请进行审核,决定是否接受承保这一风险,并在接受承保风险的情况下,确定保险费率的过程。

A. 保险承保　　B. 保险鉴定　　C. 保险核保　　D. 保险审核

3. 对于低于正常承保标准但又不构成拒保条件的保险标的,保险公司通过增加限制性条件或加收附加保险费的方式予以承保,称为(　　)。

A. 优惠承保　　B. 有条件承保　　C. 正常承保　　D. 拒保

三、简答题

1. 什么是汽车保险承保?
2. 简述汽车保险承保的工作流程。
3. 汽车保险投保的准备包括哪些?
4. 简述几种常见的汽车投保方案。
5. 什么是核保? 简述核保的原则和意义。
6. 简述核保的工作流程。
7. 简述签发保险单证的工作流程。

学习任务 7

汽车保险理赔实务

交通事故给车主、保险人和第三方都会带来损失，已成为关系人民财产的重要方面，越来越受到人们的重视。作为汽车保险活动中最重要的环节，车险理赔直接关系保险公司的信誉和车险业务的发展。为了不断完善汽车保险理赔服务环节，促进汽车保险行业健康快速发展，保险理赔人员应该熟练掌握车险理赔业务流程，耐心为客户服务，切实解决汽车保险理赔中的问题，维护被保险人的切身利益。

本任务主要介绍汽车保险理赔的相关理论知识与实务，让读者掌握汽车保险理赔的概念、流程，使其能够独立完成车险理赔的相关实务工作，包括受理报案、现场查勘、定损与核损赔款理算、核赔与结案等。

知识目标

- 了解汽车保险与理赔的含义；
- 熟悉汽车保险理赔的特点和一般理赔流程；
- 掌握现场查勘的程序、现场查勘的技巧等查勘知识；
- 学会确定车辆损失、人伤赔付费用等；
- 掌握赔款理算的方法；
- 学会核赔的流程与主要内容。

能力目标

- 能够进行汽车保险理赔的情景模拟演练；
- 能够初步完成受理报案的工作；
- 能够独立完成现场查勘工作，包括收取证据、现场拍摄等；
- 能够独立完成一般案件的定损工作，并对定损结果进行复核；
- 能够理解赔款理算的方法，能对简单的赔案进行分析并正确计算赔款；
- 能够独立完成一般案件的核赔工作；
- 能够对保险理赔相关单证进行正确填写。

7.1 汽车保险理赔概述

【案例导入】

小张是某学校汽车专业的学生，即将毕业的他面临着和其他同学一样的择业问题。通过对汽车保险的发展现状进行全面了解，小张认为保险行业发展前景不错，所以决定应聘当地一家保险公司的理赔人员。

讨论：车险理赔工作需要理赔人员具备哪些素质呢？

【相关知识】

一、汽车保险理赔的概念

汽车保险理赔简称车险理赔，是指被保险车辆发生保险责任范围内的损失后，保险人依据保险合同的约定进行处理的过程。车险理赔工作的基本流程一般包括受理报案、查勘定损、核损、赔款理算、核赔、赔付结案等。车险理赔的工作流程（见图 7-1）并没有严格、固定的标准，不同的保险公司存在细微的差别，但大体上是一致的。

图 7-1　汽车保险理赔的工作流程

车险理赔的质量直接关系到被保险人的切身利益，关系到保险人的经济效益和信誉，因此，车险理赔是整个汽车保险经营过程中非常重要的一个环节，保险人应当谨慎处理车险理赔事宜。

思考

保险理赔和保险索赔的对象有区别吗？

二、汽车保险理赔的意义

1. 保障被保险人的合法权益

车险理赔是保险人履行保险合同、进行经济补偿的具体体现。投保人和保险人签订保险合同，交纳保险费，就是为了规避被保险人所面临的或潜在的风险，使其在风险降临时能获得经济补偿。因此，发生保险事故时，被保险人应该享有获得经济补偿的权利，而这种权利的获得，是保险人通过理赔工作实现的。

2. 保障社会再生产的顺利运行

理赔工作可以使受损单位和个人获得经济补偿，更重要的是，能够促进社会经济的稳步发展，保障社会再生产的顺利运行，为社会创造更多的财富。

3. 提高汽车保险的承保质量

汽车保险公司处理赔案时，会同时检验汽车保险展业是否深入、保险金额是否恰当、费率是否合理、承保手续是否齐全等。保险公司可通过解决车险理赔过程中暴露的问题，逐步提高承保质量，保证公司的经济效益。

4. 体现保险公司的经济效益

在汽车保险经营中，保险公司赔款支出的多少决定了其经济效益的高低。一定时期内，如果赔款支出少，在其他条件不变的情况下，经济效益就好，反之，经济效益就差，或者无效益可言。

三、汽车保险理赔的特点

汽车保险与其他保险不同，其理赔工作具有显著的特点。理赔工作人员必须对这些特点有一个全面、清晰的认识，这是做好车险理赔工作的前提。

1. 被保险人的公众性

被保险人的公众性主要体现在被保险人可以是单位或企业，也可以是个人。由于许多人对保险、交通事故的处理、车辆修理等方面的知识了解太少，因此，保险人在理赔过程中要注意选择正确的交流方式，从而保证被保险人所享受的保险利益得以实现。

2. 标的流动性大

汽车作为陆地上的主要交通工具，有较大的流动性，其发生事故的时间和地点都不确定，这就要求保险公司的理赔业务必须拥有一个运作良好的服务体系来支撑，其主体应是一个全天候的报案受理机制和庞大而高效的理赔网络。

3. 受制于修理厂的程度大

修理厂在车险理赔过程中扮演着重要的角色，一旦车辆修理质量或工期甚至修理价格等出现问题，保险公司理赔的速度和质量就会受到影响。

4. 道德风险普遍

汽车保险欺诈案件时有发生，车险理赔是道德风险的“重灾区”，这主要是由于汽车保险条款不完善、相关的法律环境不健全及汽车保险经营和管理中存在着一些问题和漏洞。此外，汽车保险还具有标的流动性强、保险信息不对称等特点，这些都给不法之徒以可乘之机。

四、汽车保险理赔的原则

汽车保险理赔工作涉及面广，情况比较复杂。为了提高车险理赔的工作质量，应遵循以下原则：

（1）坚持实事求是的原则。

在车险理赔工作中，保险人应当坚持实事求是的原则，尤其是在事故车辆的现场查勘、修复定损以及赔款理算等方面。保险事故发生后，保险人要在尊重客观事实的基础上严格按照条款办事，结合实际情况灵活处理，尽量做到让各方满意。

（2）坚持守信用、重合同、依法办事的原则。

保险人在处理赔案时，要守信用，严格按照保险合同和相关法律法规履行经济补偿义务，该赔的一定要赔，而且要赔足。对于不在保险责任范围内的损失，应以事实为依据拒赔，同时还要向被保险人说明原因。坚持守信用、重合同、依法办事的原则，有助于保险公司树立信誉，扩大保险业务。

（3）坚持理赔的“八字原则”。

“主动、迅速、准确、合理”的“八字原则”是保险理赔人员在长期的工作实践中总结出的经验，是优质保险理赔工作的基本要求。理赔工作的“八字原则”是一个整体，不能只专注于一个或几个方面。如果只追求迅速，处理草率，调查不全面、不深入，盲目下结论，就可能发生错案，甚至引起法律纠纷；如果只追求准确、合理，而忽视速度，不讲工作效率，赔案久拖不决，也会对保险公司的形象造成恶劣的影响。总的来说，车险理赔工作既要追求准确、合理，又要兼顾理赔速度和工作效率，以保证赔案的质量，进而维护保险公司的形象。

五、汽车保险理赔人员的岗位要求

车险理赔工作专业性强，涉及许多学科知识，对汽车保险理赔人员的要求较高，具体体现在以下三个方面：

（1）掌握汽车保险专业知识。

汽车保险专业知识是保险公司理赔业务的理论依据，也是车险理赔人员顺利开展工作的有力保证，因此，车险理赔人员必须熟练掌握汽车保险专业知识，如汽车保险的原则、合同条款内容、理赔流程及有关业务规定等，以免理赔时出现不必要的差错。

（2）熟悉其他相关专业知识。

因为车险理赔涉及面广、专业性强，所以理赔人员除应具备汽车保险方面的专业知识外，还必须懂得有关汽车的构造、维修、故障诊断等知识；懂得汽车的相关法律法规方面的知识，如《中华人民共和国道路交通安全法》《机动车强制报废标准规定》及各种运输法规等；懂得其他法律法规方面的知识，如《中华人民共和国民法通则》等，以便在处理赔案时有法可依。另外，根据工作需要，理赔人员还应掌握一些财务会计和资产评估等方面的知识，如计算折旧、估计损失价值等。

(3) 具备良好的职业道德。

车险理赔人员应具备良好的职业道德，如高度的责任感和廉洁奉公的工作作风。在处理赔案时，理赔人员应做到主动、迅速、准确、合理，对保户要热情、诚恳，不能拖拉刁难，更不能利用工作性质牟取私利。另外，由于处理各种赔案时可能涉及大额钱款，理赔人员必须树立正直的工作作风，不得收取客户或业务人员任何形式的礼品，并应坚决杜绝与汽车修理厂串通一气坑害保险公司现象的发生。

7.2 受理报案

【案例导入】

某日，李先生驾驶自己的别克车出门，在拐弯时与台阶相撞，造成前保险杠破损、前雾灯破裂，该车已在保险公司投保。

讨论：李先生撞车后应如何处理？如向保险公司报案，保险公司应如何受理报案？

【相关知识】

一、报案的方式

车险理赔中，报案是指被保险人在发生了保险事故之后通知保险人，要求保险人进行事故处理的过程。根据保险合同相关规定，投保人、被保险人或者受益人知道保险事故发生后，应当及时通知保险人，一般是48小时内。报案是被保险人必须履行的义务。出险后，被保险人可以通过多种方式报案，如上门报案、电话(传真)报案、网络报案等。

客户可以直接到保险公司进行上门报案。电话(传真)报案是指客户通过电话、传真等通信工具向保险公司报案，并索取报案号的行为。各保险公司有自己的报案电话，如表7-1所示。客户还可以通过登录保险公司的官网报案。

表7-1　常见保险公司报案电话

保险公司(简称)	报案电话	保险公司(简称)	报案电话
人民财产保险	95518	安邦保险	95569
太平洋保险	95500	友邦保险	800-820-3588
平安保险	95512	阳光保险	95510
大地保险	95590	华泰财产保险	95509
中华联合	95585	永诚保险	95552
华安保险	95556	渤海财产保险	400-611-6666
天安保险	95505	民安保险	95506
永安保险	029-87233888	太平保险	95589

对于在外地出险的事故，保险人在出险当地有分支机构的，被保险人可以直接向保险人的当地分支机构报案。如果保险人在当地没有分支机构，被保险人应向投保地保险公司的分支机构报案，并要求保险人尽快指定查勘人员进行查勘。

二、受理报案的工作内容

受理报案人员在接到报案后，主要做报案登记、信息核对、安排查勘及立案等工作。

（一）报案登记

受理报案人员在接到报案时，应详细询问并记录报案信息，并及时将信息录入计算机系统。需要询问并记录的报案信息及其内容如表 7-2 所示。

表 7-2　需要询问并记录的报案信息及其内容

报 案 信 息	内 容 描 述
出险时间	确认事故发生的具体时间
出险地点	确认事故发生的准确地点
驾驶员情况	确认报案人、被保险人、驾驶员的姓名和联系方式等
事故原因	了解事故原因
相关情况的确认	（1）确认交警是否受理该案。如果交警已受理该案，则被保险人需获取交警出具的事故责任认定书； （2）确认被保险人的情况，如受伤情况、车辆受损程度及是否需要提供拖车等； （3）涉及第三方车辆时，应询问第三方驾驶员姓名、联系电话、车牌号、车辆损坏程度及对方的受伤情况等，如果第三方车辆也是本公司承保且在事故中负有一定责任，则要一并登记，进行报案处理
保险内容	确认被保险人姓名、车牌号、保单号、保险期间和投保险种等

（二）信息核对

接到报案后，受理报案人员应尽快查询出险车辆的保单和批单信息，并与报案记录内容核对。例如，核对是否存在重复报案，事故是否发生在保险期间，以及驾驶员是否为保单中约定的驾驶人等情况。受理报案人员应初步判断事故是否在保险责任范围内，根据报案情况及出险车辆的承保情况生成报案记录。报案记录须与保单号相对应。表 7-3 为机动车辆保险报案记录（代抄单）示例。

表 7-3　机动车辆保险报案记录（代抄单）示例

保险单号：　　　　　　　　　　　　　　　　　　报案编号：

被保险人：		号牌号码：	牌照底色：
厂牌型号：		报案方式：□电话　□传真　□上门　□其他	
报案人：	报案时间：	联系人：	联系电话：
出险时间：	出险原因：	是否第一现场报案：□ 是　□ 否	
出险地点：		驾驶员姓名：	准驾驶型：

续表

驾驶证初次领取日期：		驾驶证号：□□□□□□□□□□□□□□□□□□	
处理部门：□交警 □其他事故处理部门 □保险公司 □自行处理		承保公司：	客户类别：
VIN码（车架号）：		发动机号：	
被保险人单位性质：		车辆初次登记日期：	已使用年限：
新车购置价：		车辆使用性质：	核定载客人核定载质量： 千克
保险期限：		车辆行驶区域：	车辆种类：
基本条款类别	争议解决方式：	保险费：	
约定驾驶人员	主驾驶员姓名：	驾驶证号码：	初次领证日期：
	从驾驶员姓名：	驾驶证号码：	初次领证日期：

序号	承保险别（代码）	保险金额或责任限额	序号	承保险别（代码）	保险金额或责任限额
1			7		
2			8		
3			9		
4			10		
5			11		
6			12		

特别约定	
事故经过	
保险单批改信息	
保险单出险信息	
涉及损失类别	□本车损失 □本车车上财产损失 □本车车上人员伤亡 □第三者其他财产损失 □第三者车辆损失 □第三者人员伤亡 □第三者车上财产损失 □其他

本单批改次数：	车辆出险次数：	赔款次数：	赔款总计：
被保险人住址：		邮政编码：	
联系人：	固定电话：	移动电话：	

签单人： 经办人： 核保人：

抄单人： 抄单日期： 年 月 日

（三）安排查勘

对属于保险责任范围内的事故，受理报案人员应及时向部门负责人汇报，再由其根据事故情况，安排查勘人员赶赴现场查勘。在安排现场查勘工作时，应注意以下三点：

（1）对于案情比较复杂或损失较大的案件，理赔人员应及时向上级领导汇报。

（2）对于异地事故，若需异地分支机构代理查勘，则由部门负责人通知该异地分支机构派人赶赴现场查勘。对于该类案件，理赔人员应及时在代理查勘登记簿上登记，以便后期查询。

（3）如果现场需要救援，应立即安排救援工作。

（四）立案

对于符合保险责任范围的案件，受理报案人员应进行立案登记，正式确立案件，统一编号并对其进行程序化的管理。对不符合保险范围的案件，应在出险通知书和机动车辆保险报案、立案登记簿上签注不予立案原因，如“因×××不予立案”，并向被保险人做出书面通知和必要的解释。

三、受理报案示例

下面以一起简单的单方事故为例，介绍接到报案询问的主要信息内容。

客服：“您好，×××保险公司，很高兴为您服务，请问有什么可以帮您？”

客户：“你好，车子出了点事故，需报案。”

客服：“好的，麻烦您提供下保单号码。”

客户：“××××××××××××××××××××××。”（客户提供保单号码。）

客服：“请问标的车主是陈××先生吗？是××车吗？车牌号是×××××××吗？”（根据提供的保单，系统内可以查看相关承保及标的信息。）

客户：“对的。”

客服：“请问您怎么称呼？您的联系电话是多少？”

客户：“陈××，137××××××××。”（根据客户提供的信息录入系统。）

客服：“请问出险时的驾驶员是谁？联系电话是？”

客户：“出险驾驶员是张××，电话是137××××××××。”（根据客户提供的信息录入系统。）

客服：“请问出险时间是？出险的具体地点是哪里？”

客户：“出险时间是××，出险地点是××。”（根据客户提供的信息录入系统。）

客服：“请问您是否为现场报案？是否已报交警处理？”

客户：“现场报案，还没有报交警。”（根据客户提供的信息录入系统。）

客服：“请问事故出险原因是什么？”

客户：“不小心撞了路边的隔离墩。”（根据客户提供的信息录入系统。）

客服：“请问事故有哪些损失？标的车损部位是什么地方？是否有第三者损失？是否有人受伤？”

客户：“只有标的车损，前部受损，无第三者损伤，无人受伤。”（根据客户提供的信息录入系统。）

客服：“请问您现在在什么地方？怎么联系您查勘？”

客户："我现在还在现场，可以直接打我电话。"

客服："好的。陈先生，我再和您核对下信息：您的联系电话是137××××××××。您的报案我们已经受理，报案号后四位是××××，请您记录，公司查勘人员将在5分钟内与您取得联系，您先不要移动车辆，等待查勘，如公司查勘人员需要您报交警处理希望您能配合。请问您是否还需其他帮助？"

客户："好的，没有。"

客服："好，谢谢！感谢您的来电，再见！"

7.3 现场查勘

【案例导入】

保险公司客服人员接到客户张女士报案，张女士称驾驶被保险机动车时不慎撞到其他车辆，造成对方车辆左前门、左后门受损，接到报案后，客服将该案件通过调度安排查勘人员小李去现场查勘。

讨论：小李在去现场前应做哪些准备？小李到现场后应做哪些工作？具体如何做？

【相关知识】

一、现场查勘的概念

现场查勘是指运用科学的方法和现代技术手段，对保险事故现场进行实地勘察和查询，将事故现场、事故原因等内容完整而准确地记录下来的工作过程。现场查勘可以让保险公司掌握第一手资料，是分析事故原因、查明事故真相、认定事故责任的根本途径，为事故理赔提供了重要依据。

小知识……

现场查勘的目的：

(1) 定性——确定事故的真实性，查明是否为伪造现场。

(2) 定责——确定被保险车辆的事故责任和保险责任范围。无交警处理的案件，应判明被保险车辆的事故责任比例；有交警处理或指引客户报交警、派出所等执法部门处理的案件(称为警检案件)，相关事故责任以执法部门认定为准，同时结合保险合同及相关法规，确定事故是否属于保险责任范围。

(3) 定损——确定事故的损失项目并预估损失金额。

二、保险事故现场及事故现场类型

(一) 保险事故现场

保险事故是指保险合同中载明的,危险发生后所造成的损害或伤害后果。保险事故现场是指保险事故发生并留下后果的具体场地,它包括与该起事故相关的车辆、人、畜及各种痕迹、物证所占有的一切空间,它是保险事故调查中最主要的事故信息来源。

(二) 事故现场的分类

保险事故现场分为原始现场、变动现场和恢复现场。

1. 原始现场

原始现场是指完全没有被改变或破坏的事故现场,在现场中车辆、人、畜和一切与事故相关的痕迹、物证均保持事故发生后的原始状态,是一种最可靠的现场类型,也就是保险理赔流程中所指的第一现场。

2. 变动现场

变动现场又称移动现场,是指因为自然因素或者人为因素,出险现场发生全部或部分改变,原始状态已经改变的事故现场。变动现场包括正常变动现场、伪造现场和逃逸现场。

正常变动现场是指由于自然原因改变现场原始状态,或不影响查勘结果的条件下,人为地、有限度地改变了原始状态下的交通事故现场。正常变动现场包括以下情况:

(1) 在自然条件的影响下,如风吹、雨淋、水冲、雪埋、日晒,致使出险现场证据消失或被破坏;

(2) 围观群众及事故当事人无意识地改变了出险现场的原始状态;

(3) 为抢救伤者而移动了车辆、散落物品和伤者的位置;

(4) 消防车,救护车,警备车,工程救险车及首长、外宾、使节乘坐的汽车,在事故发生后,因任务需要驶离了现场;

(5) 保险事故发生在交通干道或城市繁华地带,造成现场交通堵塞,需立即移动车辆及其他物体;

(6) 其他正常原因导致的出险现场变化,如车辆发生事故后,当事人没有发觉而自行驶离现场。

伪造现场是指事故当事人为逃避责任、毁灭证据或达到嫁祸于人的目的,有意或唆使他人改变现场遗留物品原始状态,或有意布置、伪造现场。

逃逸现场是指肇事者逃离现场,逃避责任,导致现场变动,其性质与伪造现场相同。

3. 恢复现场

恢复现场是指事故现场因某种原因撤离后,由于给予事故分析或复查案件的需要,根据现场调查记录资料重新布置,再现出险现场的面貌。

(三) 事故类型

保险事故一般可以分为单方事故(见图 7-2)和双方(多方)事故(见图 7-3)两种。在查勘理赔工作中,一般情况下,把仅由被保险车辆而无其他机动车参与,导致的损害或伤害后果,称为单方事故(如被保险车辆与电线杆、护栏、树木、房屋等发生的事故);被保险车辆与其他一辆(或多辆)机动车之间发生保险合同约定的危险,而造成的损害或伤害后果,称为双方(多方)事故(如两车相撞、三车追尾等事故)。

图 7-2　单方事故

图 7-3　多方事故

另外,在保险理赔工作中,还有一种无法找到第三者的事故,该事故损失应该由第三方赔偿,但却无法找到第三方,常见的有标的车停放中被不明物碰撞(简称停放被撞案件)、标的车停放中被砸等。

三、查勘准备

查勘准备工作的基本流程如图 7-4 所示。

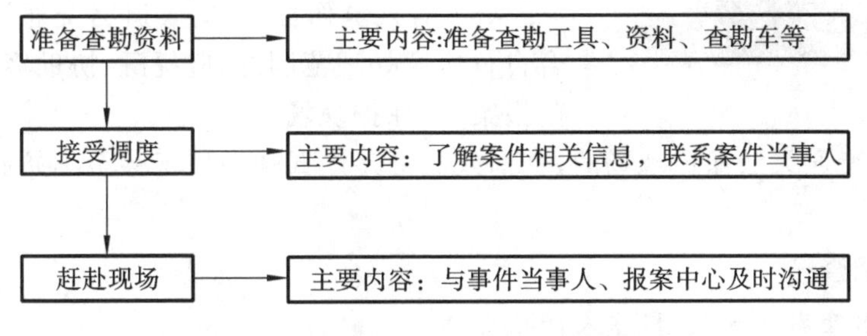

图 7-4　查勘准备工作的基本流程

(一) 准备查勘资料和工具

为了保证查勘工作的顺利进行,查勘人员在出发前应携带必要的相关资料和查勘工具,同时,要重视查勘车辆的安全性能。

查勘资料包括出险报案表、保单抄件、索赔申请书、报案记录、现场查勘记录表、索赔须知、询问笔录、事故车辆损失确认书等。

查勘工具包括照相机、手电筒、卷尺、签字笔、易碎贴等。

(二) 接受调度

查勘人员在接到呼叫中心调度电话后,应立即查阅报案记录(代抄单)和承保信息,且在查阅相关信息时应重点关注出险时间、地点、原因、损失情况、被保险人及驾驶人的联系电话、保险期间、承保的险种、保险金额及是否报交警等基本信息,并做好记录。查勘人员可根据以上信息明确查勘重点,拟定初步查勘方案。

查勘人员接到派工后,应在 5 分钟内与客户联系,大概了解事故现场情况,明确告知自己现在所在位置,大约多长时间能到达现场,并提醒客户在查勘人员没有到达现场之前应注意的问题。

（三）赶赴现场查勘

赶赴现场应注意在安全驾驶和遵守交通规则的前提下尽快到达。不能按预约时间或规定时效时间准时到达现场的，应及时和客户联系并约定下一个时间。

四、现场查勘

现场查勘是汽车保险理赔过程中的一项重要程序，为认定保险责任范围、准确及时立案、理赔证据获取等提供重要依据。现场查勘工作的流程如下。

（一）现场处理

（1）到达查勘地点后，应确认现场环境是否处于安全状态，发现特殊情况，应及时向调度中心反馈。

（2）如果事故尚未得到控制或保险车辆及财产尚处于危险状态时，应积极帮助客户采取施救、保护措施，保护现场，抢救伤员，消除危险因素。对于单方事故，出险车辆需施救时，查勘定损人员应主动联系与保险公司合作的救援服务中心施救。

（3）有人员伤亡的、造成道路交通设施损坏的、不符合自行协商处理范围的，应提醒、协助客户向交通管理部门报案，并保护现场。

（4）因阻碍交通无法保护现场的，查勘人员可允许驾驶人将车移至不妨碍交通的地点，在附近等候查勘。

（二）现场调查

1. 了解核实肇事驾驶人、报案人的情况

（1）查验肇事驾驶人和报案人的身份，核实报案人、驾驶人与被保险人相互间的关系。

（2）注意驾驶人员是否存在饮酒、醉酒、吸食或注射毒品、被药物麻醉后使用保险车辆情况，是否存在临时找他人顶替真实驾驶人员的情况。

2. 核验事故车辆证件信息

（1）确认保险标的车辆信息。查验事故车辆的保险情况、号牌号码、牌照底色、发动机号、车架号（VIN 码）、车型、车辆颜色等信息，并与保险单证（批单）及行驶证所载内容进行核对，确认事故车辆是否为保险标的。全损车、火烧车、水淹车、事故预计总损失超过 5 万元的，必须同时具有事故照片和车架号（VIN 码）拓印件。

（2）查验保险车辆的行驶证。查验行驶证是否有效，一般指行驶证副页是否正常年检；行驶证车主与投保人、被保险人不同的，查验车辆是否已经过户；已经过户的，是否经保险人同意并通过批单对被保险人进行批改。

（3）查验标的车辆驾驶人员的驾驶证。查验驾驶证是否有效，一般指事故发生日期是否已超过驾驶证（见图 7-5）正页上的有效日期范围；驾驶的车辆是否与准驾车型相符；驾驶人员是否为被保险人或其允许的驾驶人；驾驶人员是否为保险合同中约定的驾驶人。特种车驾驶人员还应查验其是否具备国家有关部门核发的有效操作证；营业性客车的驾驶人员还应查验其是否具有国家有关行政管理部门核发的有效资格证书。

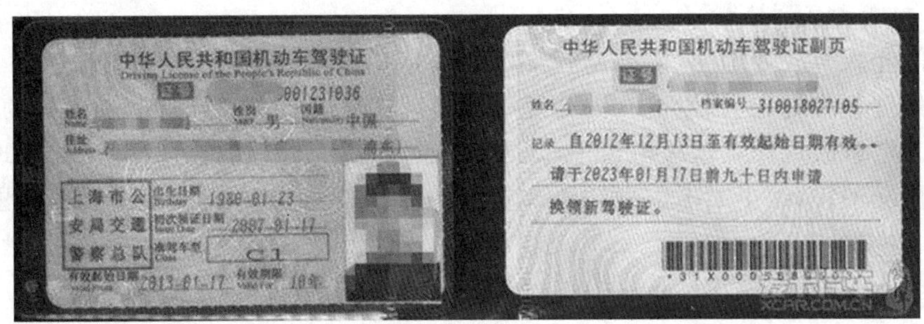

图 7-5 驾驶证

(4) 查验第三方车辆信息。涉及第三方车辆的,应查验并记录第三方车辆的号牌号码、车型以及第三方车辆的交强险保单号、驾驶人姓名、联系方式等信息。

(5) 查验保险车辆的使用性质。查验车辆出险时使用性质与保单载明的是否相符,是否运载危险品,车辆结构有无改装或加装,是否有车辆标准配置以外的新增设备等。常见两种使用性质与保单不符的情况:一是营运货车按非营运货车投保;二是非营运乘用车从事营业性客运。

3. 核实事故现场情况

(1) 核实出险时间。对出险时间是否在保险有效期限内进行判断,对接近保险起讫期出险的案件,应特别慎重,认真查实。将出险时间和报案时间进行比对,看此二者相差时间是否超过 48 小时。了解车辆启程或返回的时间、行驶路线、委托运输单位的装卸货物时间、伤者住院治疗的时间等,以核实出险时间。

(2) 核实出险地点。查验出险地点与保险单约定的行驶区域范围是否相符;是否为营业性修理场所;是否有人擅自移动现场或谎报出险地点等。

(3) 核实出险原因。出险原因按保险责任列明,如碰撞、倾覆、火灾等。一般情况下,应依据公安、消防部门的证明来认定出险原因,并结合车辆的损失状况,对报案人所陈述的出险经过的合理性、可能性进行分析判断,积极索取证明、收集证据。注意驾驶人员是否存在饮酒、醉酒或服用违禁药物后驾驶机动车的情况(特别是节假日午后或夜间发生的严重交通事故),以及是否存在超载情况等。

(4) 查明事故发生的真实性。发生碰撞的,要观察第一碰撞点的痕迹,是否与报案人所称的碰撞物所留碰撞痕迹相符,如因碰撞物的不同,碰撞点往往会残留一定的灰屑、砖屑、土屑、油漆等;发生运动中碰撞的,要重点考虑碰撞部位,如追尾事故中后车在碰撞时紧急制动会导致车头碰撞部位靠下;要对路面痕迹进行仔细观察,被保险车辆紧急制动时会在路面留有轮胎摩擦的痕迹,有助于判断车辆发生碰撞前的行驶轨迹。对存在疑点的案件,应对事故真实性和出险经过进行进一步调查,可查找当事人和目击者进行调查取证,并做询问笔录。

(三) 初步判断保险责任

1. 对事故是否属于保险责任进行初步判断

应结合承保情况和查勘情况,判断事故是否属于机动车交通事故责任强制保险或商业机动车保险的保险责任,对是否立案提出建议。对不属于保险责任或存在条款列明的责任免除的、加扣免赔情形的,应收集好相关证据,并在查勘记录中注明。暂时不能对保险责任进行判断的，应在查勘记录中写明理由。

2. 初步判断责任划分情况

交管部门介入事故处理的，依据交管部门的认定初步判断责任划分情况；当事人根据《道路交通事故处理程序规定》和当地有关交通事故处理法规自行协商处理交通事故的，应协助事故双方协商确定事故责任并填写协议书（对当事人自行协商处理的交通事故，如发现责任划分明显与实际情况不符，缩小或扩大责任的，应要求被保险人重新协商或由交管部门出具交通事故认定书）。

（四）现场取证

1. 收取物证

物证是再现交通事故发生过程、分析事故原因与责任的最为客观的依据。收取物证是现场查勘的核心工作，各种查勘技术和方法都是为收取物证服务的。物证类型一般为现场的散落物、附着物和痕迹，如车体泥土、玻璃碎片、车身刮痕、地面血迹和刹车痕迹（见图 7-6）等。

图 7-6 刹车痕迹

2. 拍摄事故现场照片

为了如实反映事故现场的真实情况，为整个保险事故理赔找到依据和证据，现场查勘人员应当仔细拍摄事故现场每个必要的细节，记录损失情况。现场拍摄的照片，不仅是赔款案件的第一手资料，也是查勘报告的旁证材料。

1）现场查勘拍照的原则

现场查勘拍照的原则：先拍摄原始状况，后拍摄变动状况；先拍摄路面痕迹，后拍摄车、物痕迹；先拍摄易破坏、易消失的痕迹，后拍摄不易破坏和消失的痕迹。拍摄顺序应遵循由远到近、由整体到局部、由前到后、由左到右、由外到内的顺序。

2）摄影要求

查勘第一现场时，要有全景照片、近景照片、局部照片、特写照片等。若事故现场不是第一现场，则事故照片应侧重于近景照片。拍摄内容应与事故查勘记录一致，应当客观、真实、全面地反映被摄对象，不得有艺术夸张。照片档案应该有拍摄地点、摄影人、摄影时间、照片标示、文字说明等内容，一般应按照现场环境照片、痕迹查勘照片、车辆检验照片、肇事者照片的顺序分类编排。

（1）拍摄全景照片。全景照片要反映出险事故现场的全貌，包括事故的地点（道路名称、永久性建筑、标志性建筑、地理环境）、车辆的行驶路线、车辆的相对位置等。（见图 7-7）

图 7-7 全景照片拍摄

（2）拍摄近景照片。近景照片包括前景照片和后景照片。

前景照片（见图 7-8）：车前 45°拍摄，反映车辆的前脸和侧面，防止损失扩大。根据不同保险公司的要求，有的前景照片还应有人车合影。

后景照片（见图 7-9）：车后 45°拍摄，反映车辆另一侧和牌照等基本情况，防止损失扩大。

图 7-8 前景照片

图 7-9 后景照片

（3）拍摄局部照片。

拍摄局部照片是指将出险车辆的损坏部位按不同角度拍摄，照片要清楚，要能够反映车损部位、碰撞部位等情况。（见图 7-10 和图 7-11）

图 7-10 车损部位照片拍摄

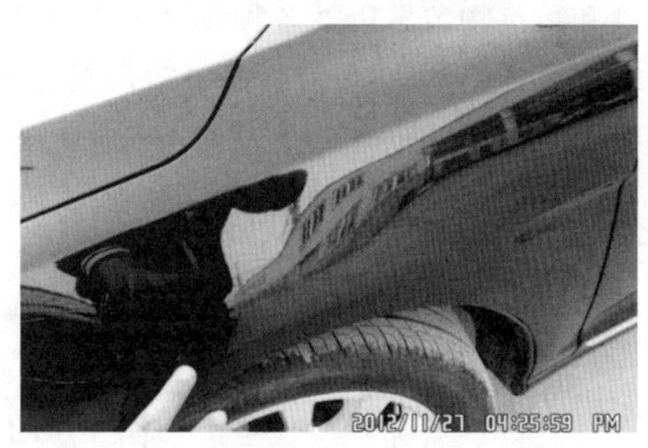

图 7-11 局部照片

（4）拍摄能反映车辆局部损失的特写照片。

特写照片又叫细目照，是反应受损部位最真实的照片，要尽量避免正面拍摄，一般 45°拍摄，避免照片失真（一般用于记录车辆受损部位及碰撞部位的碰撞点、VIN 码、证件照等），如图 7-12 所示。

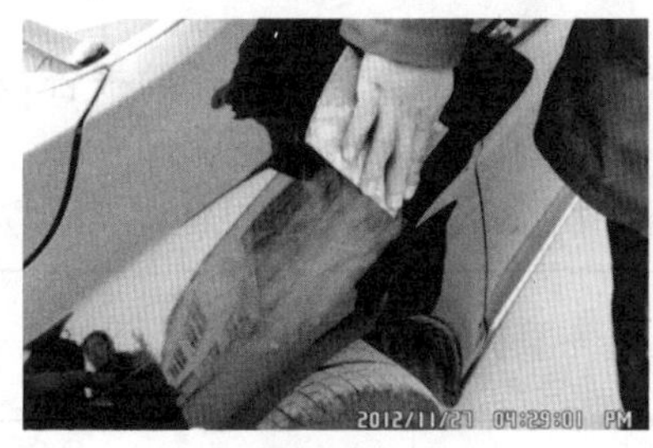

图 7-12 特写照片

3. 现场丈量

现场丈量必须准确，必要的尺寸必须丈量、记录清楚。现场丈量前要认定与事故有关的物体和痕迹，并做好相应的记录。丈量的内容包括车辆的位置及行驶方向，制动印痕，现场的指纹、毛发等微小印痕，轮胎花纹、车身漆皮、脱落的零部件及泥土等其他遗留物，接触部位的高度、形状、大小等。

（五）确定现场损失项目

现场调查取证后，查勘人员应向客户了解事故车辆维修情况的选择，客户委托保险查勘救援合作厂维修时，现场尽量将损失部位拍摄完全。对于仅涉及小额车损、小额财产损失及轻微人身伤害的案件，经现场查勘，责任清晰、损失明确且符合公司相关规定的，可进行事故现场定损处理，并出具事故车辆定损报告，由当事人或被保险人现场签名确认。一般案件或超权限案件应尽量在现场将损失拍摄下来，尽可能将看到的损失项目列出来，注明有可能隐藏的损失和部位，及时到维修厂查勘定损。查勘时不能当场定损的，查勘人员应与被保险人或其代理人约定定损的时间、地点；对于事故车辆损失较重，需拆检后方能定损的案件，应安排车辆到拆检定损点集中拆检定损。

（六）绘制现场查勘草图

当发生重大赔案时，应绘制事故现场查勘草图。现场查勘草图是在查勘现场绘制的重要的查勘记录资料。现场查勘草图要求内容完整，能表明现场的地点和方位，与事故有关的遗留痕迹和散落物位置以及各种物体的形态大小，且绘图尺寸要准确，物体位置、形状和大小等要基本成比例。图 7-13 为交通事故现场查勘草图示例。

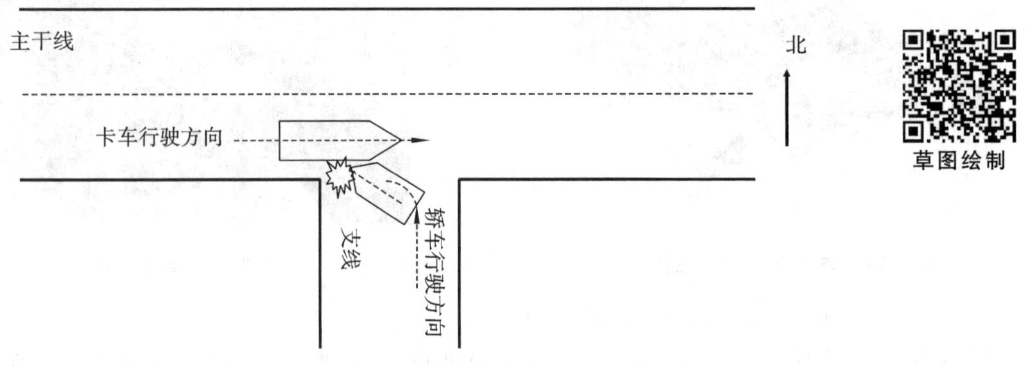

图 7-13　交通事故现场查勘草图示例

（七）填写现场查勘报告

根据查勘内容，查勘人员应认真填写现场查勘记录表（也称现场查勘报告，示例如表 7-4 所示），并由报案人签字确认。

表 7-4　机动车辆保险现场查勘报告示例

被保险人	张三	保单号码	2020××××××××××0051			
厂牌车型	别克××××× ×××××	牌照号码	京 V×××××	车架号/(VIN)码	LSG×××××× ××××××××	
保险期间	2011 年 01 月 10 日 0 时至 2012 年 01 月 09 日 24 时		使用性质	家庭自用	发动机号	98×× ××05
报案人姓名及联系电话	张二 139××××5569		与被保险人关系	兄弟	报案时间	2011 年 4 月 1 日

续表

<table>
<tr><td>出险时间</td><td colspan="3">2011 年 4 月 1 日 10 时 0 分</td><td colspan="2">出险地点</td><td colspan="2"></td></tr>
<tr><td>事故处理</td><td colspan="3">■交警队 □派出所 □消防队 □其他</td><td colspan="2">事故类型</td><td colspan="2">□单方 ■双方
□其他</td></tr>
<tr><td colspan="5">驾驶证审验:审验合格至 2012 年 4 月 30 日</td><td colspan="3">行车证:审验合格至 2012 年 4 月 30 日</td></tr>
<tr><td>驾驶员</td><td>张二</td><td>驾驶证号</td><td>3601××××××
××××1212</td><td>性别</td><td>男</td><td>准驾车辆</td><td></td></tr>
<tr><td colspan="8">初步判断保险责任:依据机动车辆保险综合条款　　条　　款　　项的规定,属于　　保险　　责任</td></tr>
<tr><td rowspan="8">预估损失</td><td colspan="2">险别</td><td colspan="2">损失金额/元</td><td colspan="3" rowspan="5">(现场图)</td></tr>
<tr><td colspan="2">车损险</td><td colspan="2">2 800</td></tr>
<tr><td rowspan="3">第三者责任险</td><td>车损</td><td colspan="2">2 600</td></tr>
<tr><td>财物损失</td><td colspan="2">0</td></tr>
<tr><td>人伤</td><td colspan="2">500</td></tr>
<tr><td colspan="2">施救费</td><td colspan="2">600</td><td colspan="3">查勘员签字:王五
联系电话:137××××4458</td></tr>
<tr><td colspan="2" rowspan="2">预估总额</td><td colspan="2" rowspan="2">6 500 元</td><td colspan="3">查勘地点:北京朝阳区交警大队停车场</td></tr>
<tr><td colspan="3">查勘时间:2011 年 4 月 1 日　　时</td></tr>
</table>

(八) 指导报案人进行后续处理

查勘人员指导报案人填写索赔申请书(样例如表 7-5 所示),告知客户后续的处理流程和咨询途径,向客户推荐保险公司特色理赔方案,引导客户选择快速、便捷的一站式后续服务。

表 7-5　机动车辆保险索赔申请书(样例)

报案号码:××××××××

<table>
<tr><td colspan="2">被保险人</td><td colspan="2">王××</td><td colspan="2">联系电话</td><td colspan="2">138××××××××</td></tr>
<tr><td colspan="2">车牌号码</td><td>×××××
××</td><td>厂牌型号</td><td colspan="4">福克斯 CAF7180M</td></tr>
<tr><td colspan="2">发动机号码</td><td>6J×××90</td><td>车架</td><td colspan="4">LVS××××××××××8000</td></tr>
<tr><td colspan="2">交强险保单号</td><td colspan="2">AS××××××××
×××××0000D</td><td>承保公司</td><td colspan="3">××保险</td></tr>
<tr><td colspan="2">商业险保单号</td><td colspan="2">AS××××××××
×××××00001</td><td>承保公司</td><td colspan="3">××保险</td></tr>
<tr><td>报案人</td><td>王××</td><td>联系电话</td><td>138××
×××××</td><td>出险驾驶人</td><td>王××</td><td>联系电话</td><td>138××××××××</td></tr>
</table>

续表

<table>
<tr><td>出险时间</td><td>2012 年 11 月 28 日
18 时 30 分</td><td>出险地点</td><td>包头市××××××</td></tr>
<tr><td colspan="4">出险原因及经过描述：</td></tr>
<tr><td colspan="4">车辆损失及人员伤亡情况描述：</td></tr>
<tr><td colspan="4">交通管理部门××××交警大队事故科初步处理意见：主次责任</td></tr>
<tr><td colspan="2" rowspan="5">报案人声明：本人(或经被保险人授权委托人)确知本出险通知书是向保险人索赔的重要文书。因此，特郑重声明，根据机动车辆保险条款之相关规定，以上内容均已如实填写，否则愿意承担法律责任</td><td colspan="2">报案时间：</td></tr>
<tr><td colspan="2">报案人签字：</td></tr>
<tr><td colspan="2">报案人与被保险人关系：</td></tr>
<tr><td colspan="2">联系电话：</td></tr>
<tr><td colspan="2">被保险人签字(签章)：</td></tr>
<tr><td colspan="4">重要提示：
1. 被保险人签字一栏：被保险人如果是个人，请本人签字；如果是单位，请加盖单位公章。
2. 如果委托他人办理索赔事宜，请务必向保险人递交书面授权委托书。
3. 请按背面《索赔须知》中标注的项目提供相关材料。</td></tr>
</table>

7.4 定损与核损

【案例导入】

某日，张女士在驾车上班路上，为躲避对面来车撞到路旁的树上，张女士立即拨打了保险公司的电话进行报案，保险公司询问了张女士相关情况后，随即派查勘人员赶赴现场。查勘人员接到通知 8 分钟后到达现场，并对事故现场进行了查勘，发现车辆损失严重，建议张女士报交警处理。交警在接到张女士报警后到达现场，核实该事故真实有效，并出具了交通事故认定书。由于该车损失较大，不能现场定损，需要到维修厂拆检做完全定损。该车到修理厂后，经过拆检，确定车头右侧受损，前保险杠、冷凝器、散热器、右前大灯、前杠中间加强件及水箱框架等都有不同程度的损伤。

讨论：如果你是保险公司的定损人员，你如何根据这些情况进行定损？

现场查勘

【相关知识】

一、定损的概念

定损是指根据现场查勘记录，保险公司定损人员与被保险人、第三方(如交警、修理厂等)

协商确定保险事故损失的过程。事故损失项目包括车辆损失、人员伤亡损失、其他财产损失和施救费用。

(1) 车辆损失是指在交通事故中车辆的直接损失,如造成的修车费等。

(2) 人员伤亡损失是指在交通事故中人员伤亡所导致的经济损失,如造成的医疗费、死亡伤残费等。

(3) 其他财产损失是指除车辆损失及人员伤亡损失以外的财产损失,如造成的本车车上财产损失、第三者财产损失等。

(4) 施救费用是指发生保险事故时,被保险人为防止损失的进一步扩大,采取必要、合理的措施进行施救而支出的费用,如抢救车上货物造成的费用。

定损直接关系到保险合同双方的切身利益,是车险理赔工作中非常关键的环节,因此,保险公司的定损工作必须真实、专业和准确。

二、事故车辆定损的工作流程

1. 定损前的准备

定损前的准备包括查阅查勘记录,了解事故损失情况,询问查勘人员的查勘意见;查看保险车辆的承保情况,确定损失项目所对应的险种和赔付限额,未承保险种的损失项目不予赔付,定损金额不得超过各险种的最高赔付限额。

2. 预约定损时间,赶赴定损地点

这一流程是指定损人员与客户或修理厂协商预约定损时间后,赶赴定损地点。

3. 确定损失项目和金额

(1) 根据现场查勘情况,认真检查事故车辆,确定保险车辆和第三者车辆的受损部位和损失程度,与客户或修理厂协商确定损失项目,包括换件项目和修理项目,并进行登记。损失严重的车辆应进行拆检定损,且定损人员应全程跟踪车辆的拆检,对换件项目和修理项目进行记录。同时,还应注意妥善保管修换的零配件。对无法一次定损的,应根据具体情况安排再次定损。与修理厂产生分歧的,定损人员应安排复勘,对损失重新认定。

(2) 定损员对于需要更换的零部件进行询报价。对于在公司报价范围内的零部件,向公司报价岗询价;对于不在公司报价范围内的零部件,根据当地汽车零配件价格核定。

(3) 工时费用以当地修理行业的平均价格为基础,并适当考虑修理厂的资质,与被保险人协商确定。

4. 出具损失情况确认书

定损人员要对事故的真实性、是否有损失扩大的情况等做出总结,并出具机动车保险车辆损失情况确认书(简称定损单,见表 7-6),与相关人员签字确认。

表 7-6 机动车保险车辆损失情况确认书

<table>
<tr><td colspan="2">被保险人:</td><td>出险时间:</td></tr>
<tr><td colspan="2">保险单号:</td><td>出险地点:</td></tr>
<tr><td>保险金额:</td><td>牌照号码:</td><td>事故责任:□全部 □主要 □同等 □次要
□无责 □单方</td></tr>
<tr><td colspan="3">厂牌型号:</td></tr>
</table>

续表

制造年份：	发动机号：	定损时间：
车架号码(VIN)：		定损地点：
发动机型号：		变速箱类型：□手动挡　□自动挡
送修时间：	修复竣工时间：	报价公司：□总公司　□省公司　□地市
损失部位及程度概述：		
维修费总计金额：(大写)　　　　元(￥　　) 残值作价金额：(大写)　　　　元(￥　　)，承保公司收回		

保险合同当事人各方协商，同意按本确定书及所附修理项目清单及零部件更换项目清单载明的修理及更换项目为确定本次事故损失范围的依据，并达成如下协议：

1. 本确定书所列维修费总计金额均已包含各项税费，其为保险公司认定的损失最高赔付金额，超过此金额部分，保险公司不予赔付。
2. 修理项目、修理工时费及修理材料费以所附修理项目清单为准。
3. 更换项目及换件工时费以所附零部件更换项目清单为准。
4. 更换项目需要报价的，本确定书只确定更换项目的数量，金额及换件工时费以所附零部件更换项目清单中的保险公司报价为准。

定损人员签字：	被保险人签字(盖章)：	修理厂签字(盖章)：
年　月　日	年　月　日	年　月　日

三、事故车辆定损的原则

事故车辆定损有以下六个原则：

(1) 事故车辆的修理范围仅限本次事故中所造成的车辆损失，注意区分本次事故损失、非本次事故损失和正常磨损。

(2) 坚持以修为主、以换为辅的原则，能修理的零部件尽可能修复，不能随意更换新的零部件。

(3) 能局部修复的,不要扩大到整体修理。

(4) 能更换零部件的禁止更换总成件。

(5) 根据修复工艺难易程度及当地工时费水平,准确确定工时费用。

(6) 准确掌握汽车零配件价格。

四、常损零件修与换的标准

常损零件修与换的标准如表 7-7 所示。

表 7-7 常损零件修与换标准

常损零件分类	具体事项	
承载式车身结构件	标准	弯曲变形就修,折曲变形就换
	弯曲变形的特点	损伤部位与非损伤部位过渡平滑、连续
		通过拉拔矫正可使它恢复到事故前的形状,而不会留下永久的塑性变形
	折曲变形的特点	折曲变形剧烈,曲率半径小于 3 mm,通常在很短的长度上弯曲可达 90°以上
		矫正后,零件上仍有明显的裂纹或开裂痕迹,或者出现永久变形带,不经调温加热处理不能恢复到事故前的形状
	其他应注意事项	在车身折曲随后的矫正过程中钢板内部发生了什么变化
		部分仅有轻微折曲变形或裂纹的大结构件也必须更换
		决定更换结构板件时,应完全遵照制造厂的建议
		高强度钢在任何条件下都不能用加热法来矫正
非结构钣金件	前翼子板	损伤没有达到必须将其从车上拆下来才能修复的程度,只是中部凹陷,则修
		损伤达到必须将其从车上拆下来才能修复的程度,且更换前翼子板价格低廉,供应流畅,材料价格达到或接近整形修复的工时费,则换
		每米长度超过 3 个折曲、破裂变形或已无基准形状,应考虑更换
		每米长度不足 3 个折曲、破裂变形,且基准形状还在,则修
		如果修复工时费明显小于更换费用,应考虑以修理为主
	三厢车的后翼子板	由于不可拆卸性,该后翼子板只有修理的可能性,都应采取修理的方法
	车门	如果门框产生塑性变形,一般来说是无法修复的,可考虑更换
		许多汽车车门面板是作为单独零件供应的,损坏后可单独更换
	发动机罩和行李箱盖	要将两层分开进行修理,如果不需将两层分开,则不用考虑更换
		若需两层分开整形修理,应先考虑工时费加辅料的成本与其价值的关系,如工时费加辅料的成本接近或超过其价值,则不应考虑修理;反之,则考虑修理

续表

<table>
<tr><th>常损零件分类</th><th colspan="2">具体事项</th></tr>
<tr><td rowspan="6">塑料件</td><td colspan="2">燃油箱及要求严格的安全结构件，必须考虑更换</td></tr>
<tr><td colspan="2">整体破碎应以更换为主</td></tr>
<tr><td colspan="2">价值较低、更换方便的零件应以更换为主</td></tr>
<tr><td colspan="2">应力集中部位应以更换为主，如车尾门铰链处等</td></tr>
<tr><td colspan="2">基础零件尺寸较大，为划痕、擦伤或穿孔，拆装麻烦、更换成本高或无现货供应，则修</td></tr>
<tr><td colspan="2">表面无漆的，不能使用氰基丙烯酸酯黏结法修理的，且表面光洁度要求较高的，一般更换</td></tr>
<tr><td rowspan="5">机械类零件</td><td rowspan="4">悬挂系统、转向系统</td><td>对于车轮外倾、主销内倾、主销后倾的情况，首先可通过检查轮胎的磨损是否均匀，初步判断事故前车轮定位情况</td></tr>
<tr><td>再检查车身定位尺寸，消除如摆臂橡胶套的磨损等原因</td></tr>
<tr><td>校正好车身后，再做车轮定位检测</td></tr>
<tr><td>如果车轮定位检测仍不合格，再根据其结构、维修手册判断具体的损伤部位，逐一更换、检测，直至损伤部件确认为止；由于焊接都会造成变形，一般考虑更换</td></tr>
<tr><td>铸造基础件</td><td>由于焊接都会造成变形，一般考虑更换</td></tr>
<tr><td rowspan="2">电器件</td><td colspan="2">熔断器、熔丝链、大限流熔断器要更换，应使用同规格的熔断器</td></tr>
<tr><td colspan="2">自动式断路器可自动复位循环使用</td></tr>
</table>

五、事故车辆修复费用组成与计算标准

事故车辆修复费用包括事故损失部分维修工时费用、事故损失部分需更换的配件费用（包含管理费）和残值。

1. 事故损失部分维修工时费用

事故损失部分维修工时费用包括相关部件拆装工时费、钣金修复工时费（含辅助材料费）、机电维修工时费（含外加工费）、喷漆费（含材料费）等。计算公式为

$$事故损失部分维修工时费用=工时定额\times工时单价+外加工费$$

式中，工时定额是指实际维修时核定的工时数；工时单价是指在生产过程中，以小时为单位的收费标准；外加工费是指实际发生在场外加工的费用。

2. 事故损失部分需要更换的配件费用（包含管理费）

1）市场零配件的种类

现在汽车修理市场上销售的零配件基本上分五种形式，即原厂配件、配套件、副厂件、仿制件及三无产品件。

2）价格形式

价格形式有以下四种：

（1）厂家指导价，即原厂配件价格、4S店配件价格；

(2) 市场零售价，当地大型汽配交易市场销售原装零配件的价格；

(3) 生产厂价格，符合国家及汽车厂家标准，合法生产及销售的装车件、配套件(OEM，original equipment manufacturer)价格；

(4) 其他价格，即副厂件、仿制件、三无产品件的价格。

保险公司确定事故车辆修复中需更换的配件费用一般采用以市场零售价为基础再加上一定的配件管理费的原则。

配件管理费是指保险公司在被保险车辆发生保险责任事故时，针对维修企业因维修需更换的配件在采购过程中发生的采购、装卸、运输、保管、损耗等费用以及维修企业应得到的利润和出具发票应缴的税金而给出的综合性补偿费用。

3) 事故损失部分需要更换的配件费用计算公式

事故损失部分需要更换的配件费用＝配件进货价×(1＋管理费比例)－残值

式中，配件进货价以该配件的市场零售价为准。

3. 残值

车辆因事故遭受损失后，残余部分或损坏维修更换下来的配件只需经再加工就可产生再利用的价值，由此，保险人对因事故遭受损失后的残余部分或维修后更换下来的损坏件，按照维修行为惯例和维修市场行情估算出价值，估算出的价值称为残值。残值原则上划归被保险人所有。

六、人员伤亡损失确定

保险事故除了导致车辆本身的损失外，可能还会造成人员伤亡。人员伤亡损失案件(人伤案件)可能涉及法律纠纷，前期能否取得真实可靠的信息对于后期的赔付工作有着极大的影响，因此，查勘人员在接到人伤案件后，要及时了解保险事故的真实情况，核实伤者病情，并且根据保险合同规定和有关法律法规确定人员伤亡损失的费用。

1. 人伤案件处理的要求

人伤案件分为门诊案件和住院案件。住院案件要求查勘人员在72小时内、节假日在96小时内到医院进行查勘，重大或特大交通事故最好第一时间到医院和交管部门查勘，了解事故原因，伤亡人数，以及伤亡人员的年龄、性别、职业等，向被保险人、伤者、主管医生投递告知书并告知客户索赔需要提供的资料及相关的理赔流程。

住院案件需要伤者提供门诊病历或住院病历复印件(需要加盖医院公章)、出院证明(或小结、诊断证明收据)、用药清单(含门诊及住院)等，需要赔付误工费、护理费、续医费的还需要提供医院的休假、陪护证明及续医证明，同时，需告知保险公司联系方式和联系人，可随时咨询。

2. 拍摄人伤损失照片的要求

到医院确定人伤损失时，应拍摄医院外景、病房号、床号、床头卡、患者全身照片(遵循头、躯干、上肢、下肢的顺序)、受伤部位(清楚显示受伤部位及伤情，如有敷料包扎者必须打开敷料)、单证(医疗费用清单、输液卡、身份证、事故责任认定书)等照片。

3. 人员伤亡费用的赔偿标准

1) 医疗费

医疗费通过医疗机构出具的医药费、住院费等收款凭证，结合病历和诊断证明等相关证据确定。若赔偿义务人对治疗的必要性和合理性有异议，需承担相应的举证责任。医疗费的赔偿数额,依照一审法庭辩论终结前实际发生的数额确定。

器官功能恢复训练所必需的康复费、适当的整容费及其他后续治疗费,赔偿权利人可待其实际发生后另行起诉,但根据医疗证明或者鉴定结论确定必然发生的费用,可以同已经发生的医疗费一同要求赔偿。

2)误工费

误工费根据受害人的误工时间和收入状况进行确定。误工时间根据受害人接受治疗的医疗机构所出具的证明确定。受害人因伤致残持续误工的,误工时间可计算到定残日前1天。若受害人有固定收入,则误工费依照实际减少的收入计算;若受害人无固定收入,则参照受害人近3年的平均收入计算,受害人无法举证证明其最近3年平均收入状况的,则可根据受诉人民法院所在地相同或相近行业上一年度职工的平均工资计算。

3)护理费

护理费根据护理人员的收入状况和护理人数、护理期限确定。若护理人员有收入,则参照误工费的规定计算;若护理人员没有收入或雇用护工,则参照当地护工从事同等级别护理的劳务报酬标准计算。

原则上,护理人员通常为1人,但医疗机构或者鉴定机构有明确意见的,可以参照该意见确定护理人员人数。护理期限应当计算至受害人恢复生活自理能力时为止。受害人由于残疾而无法恢复生活自理能力的,可依据其年龄、健康状况等因素确定合理的护理期限,但最长不超过20年。受害人定残后的护理,应参照其护理依赖程度并结合配制残疾辅助器具的情况确定护理级别。

4)交通费

交通费根据受害人及其必要的陪护人员由于就医或转院治疗而实际发生的费用计算。交通费应以正式票据作为凭证,相关凭据应与就医地点、时间、人数、次数相符。

5)住院伙食补助费

住院伙食补助费可根据当地国家机关一般工作人员的出差伙食补助标准予以确定。若受害人确有必要到外地进行治疗,因客观原因无法住院,受害人本人及其陪护人员实际发生的住宿费和伙食费,其合理部分应给予赔偿。

6)营养费

营养费根据受害人伤残情况,参照医疗机构的意见确定。

7)残疾赔偿金

残疾赔偿金根据受害人丧失劳动能力程度或伤残等级,参照受诉人民法院所在地上一年度城镇居民人均可支配收入或者农村居民人均纯收入标准,从定残之日开始按20年计算,但60周岁以上的,年龄每增加1岁减少1年;75周岁以上的,按5年计算。受害人因伤致残而实际收入没有减少,或伤残等级较轻但造成职业妨害严重且影响其劳动就业的,可相应调整残疾赔偿金。

8)残疾辅助器具费

残疾辅助器具费按照普通适用器具的合理费用标准计算。伤情有特别需要的,可根据辅助器具配制机构的意见确定相应的合理费用标准。辅助器具的更换周期及赔偿期限根据配制机构的意见确定。

9）丧葬费

丧葬费按照受诉人民法院所在地上一年度职工月平均工资标准，以6个月总额计算。

10）被扶养人生活费

被扶养人生活费根据扶养人丧失劳动能力程度，按照受诉人民法院所在地上一年度城镇居民人均消费性支出和农村居民人均年生活消费支出标准计算。被扶养人为未成年人的，计算至18周岁；被扶养人无劳动能力又无其他生活来源的，按20年计算，但60周岁以上的，年龄每增加1岁减少1年；75周岁以上的，按5年计算。

11）死亡赔偿金

死亡赔偿金按照受诉人民法院所在地上一年度城镇居民人均可支配收入或者农村居民人均纯收入标准，按20年计算，但60周岁以上的，年龄每增加1岁减少1年；75周岁以上的，按5年计算。

12）精神损害抚慰金

受害人或死者的近亲属遭受精神损害，赔偿权利人向人民法院请求赔偿精神损害抚慰金的，适用《最高人民法院关于确定民事侵权精神损害赔偿责任若干问题的解释》予以确定。机动车交通事故责任强制保险在死亡伤残责任限额内，原则上最后赔付精神损害抚慰金。

4. 人伤案件索赔所需资料

所需理赔材料总表如表7-8所示。委托他人办理理赔还需提供委托书及委托人、被委托人身份证原件。

表7-8 理赔材料总表

编号	材料名称	编号	材料名称	编号	材料名称	编号	材料名称
1	本车保单正本原件	10	本车被保险人身份证原件	19	三者交强险保单复印件	28	三者更换的配件（旧件）
2	本车交强险保单正本原件	11	本车被保险人身份证复印件	20	三者维修清单原件	29	其他保险公司定损单
3	本车保单及批单正本原件	12	本车定损单原件	21	三者施救费发票原件	30	查勘信息记录表（查勘报告）
4	本车保单及批单正本复印件	13	本车车损维修发票原件	22	三者车索赔申请书	31	车损照片
5	本车行驶证正副本原件	14	本车汽修厂结算清单	23	三者车交强险承保公司信息	32	复勘报告
6	本车行驶证正副本复印件	15	本车施救费发票原件	24	三者行驶证原件	33	复勘照片
7	本车驾驶证正副本原件	16	本车更换的配件（旧件）	25	三者行驶证复印件	34	旧件回收清单
8	本车驾驶证正副本复印件	17	三者定损单原件	26	三者驾驶证原件	35	交警证明（认定书、调解书、协议书）
9	本车驾驶员体检回执（A、B照提供）	18	三者发票原件	27	三者驾驶证复印件	36	法院出具的有关法律文书（如有诉讼）

续表

编号	材料名称	编号	材料名称	编号	材料名称	编号	材料名称
37	索赔申请书	52	被保险人营业执照原件	67	营养费有关材料	82	伤者联系方式
38	索赔告知书	53	被保险人营业执照复印件	68	鉴定费发票	83	伤者有效职业证明
39	转账支付授权书	54	简易案件审批表	69	转院证明	84	伤者户籍证明
40	柜面支付授权委托书	55	服务资格复印件	70	手术记录	85	伤者工资证明
41	出险通知书	56	被保险人银行账户	71	护理人有效身份证明	86	伤者完税证明
42	赔款通知书	57	被保险人单位财务收款收据	72	医疗机构护理证明、收据	87	伤者收入减少证明
43	授权委托书	58	与确认保险事故的性质、原因、损失程度等有关的其他证明和材料	73	医疗机构建议安装残疾辅助器具的医疗证明	88	伤者受伤部位照片
44	权益转让书	59	病历原件	74	残疾辅助器具购置机构证明（注明型号、厂家、价格、更换周期）	89	劳动合同
45	银行开具的及时还款证明	60	疾病诊断证明	75	残疾用具购置发票	90	单位联系电话
46	有效的经济赔偿凭证	61	医疗费发票原件	76	住院记录	91	单位详细通信地址
47	被保险人单位公章	62	医疗用药费用清单原件	77	出院小结原件	92	被扶养人户口簿复印件
48	被保险人组织机构代码证原件	63	医嘱单	78	残疾鉴定报告原件	93	被扶养人户籍证明
49	被保险人组织机构代码证复印件	64	病休假证明	79	交通费发票原件	94	被扶养人及家庭关系证明
50	被保险人税务登记证原件	65	“120”急救清单	80	住宿费发票原件	95	被扶养人丧失劳动力的证明
51	被保险人税务登记证复印件	66	续医费发票	81	伤者有效身份证明	96	供养证明

续表

编号	材料名称	编号	材料名称	编号	材料名称	编号	材料名称
97	人伤赔偿凭证	103	索赔申请书	109	车管所封停证明	115	车船税报停证明
98	死亡证明	104	赔款收据及权益转让书	110	报警回执	116	县级以上报纸登报声明
99	尸检报告	105	被保险人单位财务收款收据	111	附加费证明原件	117	养路费报停证明
100	户口注销证明	106	物损清单	112	购车发票原件、机动车车辆登记证书原件	118	消防部门出具的火灾鉴定报告证明
101	火化证明	107	物损发票	113	整套车钥匙（车原配）		
102	殡葬费发票	108	机动车保险盗抢立（破）案表	114	县级以上公安未破获案件证明		

注：1. 关于材料37、材料39：个人客户，需被保险人签字；单位客户，需加盖公章。

2. 关于材料45，如保险机动车为按揭方式购买且正处于还款期，则保单无特别约定金额时，赔款金额5 000元以上需提供按揭函。

3. 材料49、材料51及材料53，理赔客户为单位客户且理赔金额为1万元以上的案件需提供。

4. 材料55只有营运车、特种车需提供。

人伤案件分类索赔所需资料如表7-9所示。

表7-9 人伤案件分类索赔所需资料一览表

人伤案件类型	所需材料编号
门诊案件	6、8、9、10、35、37、39、45、46、49、51、53、55、56、59、60、61、62、64、65、66、81、82、83、85、86、87、88、89、90、91
住院案件	6、8、9、10、35、37、39、45、46、49、51、53、55、56、59、60、61、62、63、64、65、66、67、69、70、71、72、76、77、79、81、82、83、85、86、87、89、90、91
伤残案件	6、8、9、10、35、37、39、45、46、49、51、53、55、56、59、60、61、62、63、64、65、66、67、68、69、70、71、72、73、74、75、76、77、78、79、81、82、83、84、85、86、87、89、90、91、92、93、94、95、96、97
死亡案件	6、8、9、10、35、37、39、45、46、49、51、53、55、56、59、60、61、62、63、65、70、76、77、79、80、92、93、94、95、96、97、98、99、100、101、102

注：1. 本表中编号为表7-8中材料名称对应的编号。

2. 如赔款超过1万元，材料6、材料8需对应更改成材料5、材料7。

七、其他财产损失的确定

(1) 对于本车车上财产的损失，保险人应会同被保险人与相关人员逐项清理受损货物，以确定损失数量、损失程度及损失金额。

(2) 对于第三者财产的损失，实际定损费用往往同第三者向被保险人索要的赔偿费用存在一定的差距。保险公司定损人员要向被保险人解释清楚，保险公司仅对直接损失费用进行赔偿，超出部分应由被保险人与第三者协商处理，若协商不成，则可以采用仲裁或诉讼的方式寻求解决。

八、施救费用定损及标准

1. 施救费用

施救费用是对出险车辆进行施救所产生的费用。施救费用必须是为减少保险标的损失所支付的必要的合理费用。在确定施救费时，应注意把握如下原则：

(1) 充分考虑施救难度和施救工作量，参照市场行情确定施救费用，吊车费和拖车费可参照当地交通管理部门制定的标准进行确定。

(2) 对需要人工和专用设备进行施救的，可按照当地用工标准和专用设备使用费用，参照行业标准进行确定。

(3) 同时施救保险车辆以外的财物的，严格区分保险车辆和保险车辆以外的财物各自发生的费用，如果无法准确区分，可按照被施救物重量比例分摊计算。

(4) 充分考虑施救对象的实际价值。如果施救费用超过被施救物的实际价值，可放弃施救，并在案件定损单中说明情况。

2. 施救费用描述

1) 拖车费

拖车费为专管行业规定的事故拖车企业专用车辆对事故车辆产生拖运行为，从事故发生地点到附近指定维修企业或停车地点所产生的拖运费用。此拖运行为和费用应该符合相关行政管理规定的标准，拖车费标准如表 7-10 所示。

2) 吊车费

吊车费为对事故车辆进行吊装所产生的费用，其中包含吊车行驶费和吊装费。此费用的确定必须符合国家和行业的收费标准，吊车费标准如表 7-11 所示。

3) 抢救打捞费

抢救打捞费为对事故现场车辆进行抢救、施救、打捞所产生的费用，其中包含人工打捞、人工搬运、施工机械打捞等费用，此费用的确定必须符合相关行业标准的规定。当费用低于 500 元时，由保险公司支公司理赔经理负责确定审批；当费用在 500～1 000 元时，由保险公司分公司理赔经理负责确定审批；当费用大于 1 000 元时，必须上报总公司理赔部审批。

表 7-10 拖车费标准

路　　别	被 拖 车 型	起步价格/元	公里价格/元
市区道路	小型	300	15
	中型	500	15
	大型	800	15
一般道路	小型	500	15
	中型	700	15
	大型	1 200	15
高速道路	小型	250	5
	中型	400	15
	大型	500	25

注:1. 市区道路是指城市内部的道路;一般道路是指各个城市之间的道路,包括省级道路和国家级道路;高速道路是指高速公路。

2. "小型"是指小型客车;"中型"是指中型客车或轻型货车等;"大型"是指大型客车或中型以上的货车。

3. 标准使用说明:此施救费标准依据全国范围内平均收费标准制定,根据所在城市物价水平,在此标准价格的基础上,可上下浮动20%操作,最高限额为本标准的120%。

表 7-11 吊车费标准

路　　别	出动车型(T为吨位数)	起步价格/元	备　　注
市区道路	16 T	800	此费用包含100公里的行驶里程
	20 T	1 200	
	25 T	1 500	
	50 T	1 800	
一般道路	16 T	800	此费用包含100公里的行驶里程
	20 T	1 200	
	25 T	1 500	
	50 T	1 800	
高速道路	16 T	1 200	
	20 T	1 600	
	25 T	1 800	
	50 T	2 500	

注:1. 市区道路是指城市内部的道路;一般道路是指各个城市之间的道路,包括省级道路和国家级道路;高速道路是指高速公路。

2. 标准使用说明:此施救费标准依据全国范围内平均收费标准制定,根据所在城市物价水平,在此标准价格的基础上,可上下浮动20%操作,最高限额为本标准的120%。

九、核损

(一) 核损的概念

核损是指核损人员对保险责任事故中涉及的车辆损失、人员伤亡损失、其他财产损失和施救费用的确定进行复核的过程。核损能够提高定损金额的准确性、标准性和统一性。

(二) 核损的工作流程

1. 接收核损案件

核损人员接收核损案件,开始核损。

2. 复核案件是否属于保险责任

综合承保、报案、查勘及定损等环节的信息,判断事故是否属于保险责任,是否存在虚假成分。

3. 复核事故损失项目

核损人员对车辆损失、人员伤亡损失、其他财产损失及施救费用等的确定进行复核。

4. 出具核损意见

(1) 如果核损通过,则案件转入赔款理算环节。

(2) 如果核损不通过,则按核损人员要求重新核定损失。

(三) 核损的内容要点

1. 对是否属于保险责任的复核

(1) 查看保单的承保险别,审核事故损失是否能对应相应的承保险别,损失金额是否超过了对应险别的最高赔付限额。

(2) 查看保险期间,对临近保险起止期的保险事故应提高警惕,并对查勘情况进行重点审核。

(3) 核对被保险人与行驶证对应信息是否相符,若不相符,查看是否已经过户,是否有批单。

(4) 检查驾驶证、行驶证是否有效。

(5) 检查事故现场照片是否符合拍摄规范,照片日期是否可疑(照片日期在报案时间之前的可能是虚假案件)。

(6) 通过事故现场查勘拍摄的照片和事故成因,判断是否存在虚假成分。需要现场复勘的,可联系查勘人员恢复现场再次查勘。

(7) 对历史出险信息进行查阅,检查是否存在重复索赔的情况。

2. 对车辆损失的复核

1) 审核定损清单及事故照片的完整性

若提交的资料不能完整地反映事故损失内容,或照片不能完整地展现事故损失部位和事故全貌,应通知定损人员补充相关资料。

2) 换件项目的复核

(1) 剔除可以修复的换件项目(修复费用超过更换费用的除外)。

(2) 剔除非本次事故造成的换件项目。

(3) 剔除历史信息中已经定损更换但修理时未更换的重复索赔换件项目。

(4) 剔除可更换零部件的总成件。

(5) 剔除保险车辆标准配置外新增设备的换件项目(加保新增设备损失险的除外)。

(6) 剔除保险责任免除部分的换件项目,如车胎爆裂引起的保险事故中所爆车胎,自燃仅造成电器、供油系统的损失等。

3) 零配件价格的复核

(1) 零配件价格的复核应该以定损系统本地化价格为依据,并在一定范围内上下浮动;已进行报价的零配件以报价金额为准。

(2) 对于保单有特别约定的,按照约定处理,如专修厂价格、国产或进口玻璃价格等。

(3) 残值归被保险人的,对残值作价金额进行复核。

4) 维修项目的复核

(1) 应严格区分事故损失和非事故损失的界限,剔除非本次事故产生的维修项目。

(2) 应正确掌握维修工艺流程,剔除不必要的维修、拆装项目。

5) 维修工费的复核

(1) 对照事故照片及修理件的数量、损坏程度,剔除超额工时部分。

(2) 以当地的行业维修工时标准为上限,参照出险地当时的工时市场单价,剔除超额单价部分。

3. 对人员伤亡损失的复核

(1) 剔除非医保类药(或丙类药)部分和甲、乙类药品中的自费部分。

(2) 剔除治疗中非本次保险事故导致的创伤而产生的医药费。

(3) 剔除无原医院证明的擅自住院、转院、再诊、外购药品的费用。

(4) 剔除超过医保标准的床位费。

(5) 剔除超过医保标准范围的诊疗费。

(6) 剔除超过当地物价管理部门核定标准的会诊费。

4. 对其他财产损失的复核

对其他财产损失的复核是指对其他财产损失项目、数量及维修方案的合理性和价格进行复核。

5. 对施救费用的复核

(1) 剔除不符合当地物价部门颁布的收费标准的拖运费用。

(2) 剔除非承保财产的施救费用。

7.5 赔款理算与核赔

【案例导入】

A车投保交强险、车损险和商业三者险(30万元),B车投保交强险、车损险和商业三者险(20万元)。两车相撞,A车财产损失4 000元,B车财产损失6 000元。经事故处理部门认定,A车无责任,B车负全部责任。根据条款规定,全责免赔率为20%。

讨论:双方保险公司各应支付多少赔款?保险公司在赔偿时应如何进行理算?

【相关知识】

赔款理算是指理算人员审核被保险人提供的有关单证且审核无误后，根据相关法律法规、保险条款及事故证明等确定的事故保险责任及赔偿比例，计算车险赔款、缮制赔款计算书的行为。

前面已经介绍了交强险的赔款理算，下面主要介绍商业保险的赔款理算方法。在赔偿顺序上，应先通过交强险赔付，不足的部分再由商业保险来补充。

一、车损险赔款理算

（一）全部损失

赔款＝(保险金额－被保险人已从第三方获得的赔偿金额)×(1－事故责任免赔率)×(1－绝对免赔率之和)－绝对免赔额

（二）部分损失

被保险机动车发生部分损失，保险人按实际修复费用在保险金额内计算赔偿：

赔款＝(实际修复费用－被保险人已从第三方获得的赔偿金额)×(1－事故责任免赔率)×(1－绝对免赔率之和)－绝对免赔额

【例 7-1】 一投保家庭自用汽车损失保险的车辆在保险期间发生保险事故，新车购置价为 10 万元，保险金额为 10 万元，驾驶员承担全部责任，依据条款规定承担 20％的免赔率，车辆全部损失。暂不考虑交强险，计算车损险赔款。

【解】 由于车辆全部损失，因此，赔款＝保险金额×(1－事故责任免赔率)＝100 000 元×(1－20％)＝80 000 元。

【例 7-2】 一投保家庭自用汽车损失保险的车辆在保险期间发生保险事故，保险金额为 15 万元，实际修复费用为 5 000 元，驾驶员承担全部责任，依据条款规定承担 20％的免赔率。暂不考虑交强险，计算车损险赔款。

【解】 由于车辆部分损失，因此，赔款＝实际修复费用×(1－事故责任免赔率)＝5 000 元×(1－20％)＝4 000 元。

二、商业三者险赔款理算

商业三者险的赔偿金额，按《中华人民共和国道路交通安全法》和《中华人民共和国道路交通安全法实施条例》规定的赔偿范围、项目和标准，以及保险合同的约定进行确定和计算。

(1) 当第三者损失减去交强险赔付金额后，被保险人按事故责任比例应承担的赔偿金额等于或高于责任限额时：

赔款＝责任限额×(1－免赔率之和)

(2) 当第三者损失减去交强险赔付金额后，被保险人按事故责任比例应承担的赔偿金额低于责任限额时：

赔款＝应承担的赔偿金额×(1－免赔率之和)

【例 7-3】 一投保机动车商业三者险的车辆，发生交通事故，在事故中负主要责任，承担 70％的损失，责任限额为 10 万元，依据条款规定承担 15％的免赔率。此次事故第三方损失为

40 万元。暂不考虑交强险，计算商业三者险赔款。

【解】 被保险人按事故责任比例应承担的赔偿金额为 40 万元×70%＝28 万元＞10 万元，则赔款＝责任限额×(1－免赔率之和)＝10 万元×(1－15%)＝8.5 万元。

三、车上人员责任保险赔款理算

(1) 当扣除交强险对车上人员的赔款后，被保险人按事故责任比例应承担的每座车上人员伤亡赔偿金额未超过每人责任限额时，该险的赔款计算公式为

每人赔款＝每座应承担的赔偿金额×(1－免赔率)

(2) 当扣除交强险对车上人员的赔款后，被保险人按事故责任比例应承担的每座车上人员伤亡赔偿金额超过每人责任限额时，该险的赔款计算公式为

每人赔款＝每座责任限额×(1－免赔率)

最终赔款为每人赔款之和，赔款人数以投保座位数为限。

四、机动车全车盗抢保险的赔款计算

全部损失的赔款计算公式为

赔款＝保险金额×(1－免赔率)

部分损失的赔款计算公式为

赔款＝实际修理费用×(1－免赔率)

五、部分附加险的赔款计算

1. 玻璃单独破碎险

该险的赔款计算公式为

赔款＝实际发生的修理费用

2. 自燃损失险

(1) 全部损失的赔款计算公式为

赔款＝(保险金额－残值)×(1－20%)

(2) 部分损失的赔款计算公式为

赔款＝(核定的修理费用－残值)×(1－20%)

式中，“核定的修理费用－残值”不得超过该险种的保险金额。

(3) 施救费用赔款的计算公式为

赔款＝实际施救费用×保险财产价值/实际被施救财产总价值×(1－20%)

式中，“实际施救费用×保险财产价值/实际被施救财产总价值”不得超过该险种的保险金额。

3. 新增设备损失险

(1) 当损失金额与所负责任比例之积未超过保险金额时，该险的赔款计算公式为

赔款＝损失金额×事故责任比例×(1－免赔率)

(2) 当损失金额与所负责任比例之积未超过保险金额时，该险的赔款计算公式为

赔款＝保险金额×(1－免赔率)

计算新增设备损失险赔款时，每次赔偿的免赔率以该险对应的主险规定为准。

4. 车身划痕损失险

该险种在保险金额内按实际损失计算赔偿，并使用批单冲减保险金额。该险的赔款计算公式为

赔款＝实际损失金额×(1－15％)

5. 车上货物责任险

(1) 当被保险人按事故责任比例应承担的车上货物损失金额未超过责任限额时，该险的赔款计算公式为

赔款＝应承担的赔偿金额×(1－20％)

(2) 当被保险人按事故责任比例应承担的车上货物损失金额超过责任限额时，该险的赔款计算公式为

赔款＝责任限额×(1－20％)

6. 精神损害抚慰金责任险

(1) 法院生效判决或者经事故双方当事人协商一致并经保险人书面同意的、应由被保险人承担的精神损害赔偿责任，在扣除交强险中的精神损害抚慰金赔款后未超过责任限额时，该险的赔款计算公式为

赔款＝(应由被保险人承担的精神损害赔偿－交强险有关精神损害赔偿的赔款)×(1－20％)

(2) 应由被保险人承担的精神损害赔偿责任，在扣除交强险中的精神损害赔款后超过责任限额时，该险的赔款计算公式为

赔款＝责任限额×(1－20％)

7. 不计免赔险

该险的赔款计算公式为

赔款＝已承保且出险的各险种免赔额之和

六、交强险与商业保险赔偿理算

交强险按各分项限额赔偿，赔偿理算不考虑责任比例；商业保险理算需考虑责任比例。

【例 7-4】 甲车投保交强险、足额车损险、商业三者险 20 万元，乙车投保交强险、足额车损险、商业三者险 30 万元。两车互碰，甲车承担 70％责任，车损为 5 000 元，乙车承担 30％责任，车损为 3 500 元。按条款规定，主要责任免赔率为 15％，次要责任免赔率为 5％，则甲、乙两车能获得多少保险赔款？

【解】 (1) 甲、乙两车交强险赔偿：

作为甲车三者的乙车损失为 3 500 元，大于交强险中财产损失赔偿限额 2 000 元，所以保险公司应赔偿甲车 2 000 元。

作为乙车三者的甲车损失为 5 000 元，大于交强险中财产损失赔偿限额 2 000 元，所以保险公司应赔偿乙车 2 000 元。

(2) 甲、乙两车商业保险：

甲车车损赔偿＝(实际修复费用－交强险赔付金额)×(1－免赔率之和)＝(5 000 元－2 000元)×(1－15％)＝2 550 元。

甲车三者赔偿=(三者损失金额-交强险赔付金额)×事故责任比例×(1-免赔率之和)=(3 500 元-2 000 元)×70%×(1-15%)=892.5 元。

乙车车损赔偿=(实际修复费用-交强险赔付金额)×(1-免赔率之和)=(3 500 元-2 000元)×(1-5%)=1 425 元。

乙车三者赔偿=(三者损失金额-交强险赔付金额)×事故责任比例×(1-免赔率之和)=(5 000 元-2 000 元)×30%×(1-5%)=855 元。

甲车赔款理算总额=2 000 元+2 550 元+892.5 元=5 442.5 元。

乙车赔款理算总额=2 000 元+1 425 元+855 元=4 280 元。

七、核赔

(一) 车险核赔流程

核赔是对整个案件信息的审核,包括报案、查勘定损、核损、复勘及缮制等,是指通过对上述信息的综合审核给出赔付意见,如果确认赔案符合要求则核赔同意,案件审核结束转入支付环节;如果赔案不符合要求则需退回相应环节处理。车检核赔流程如图 7-14 所示。

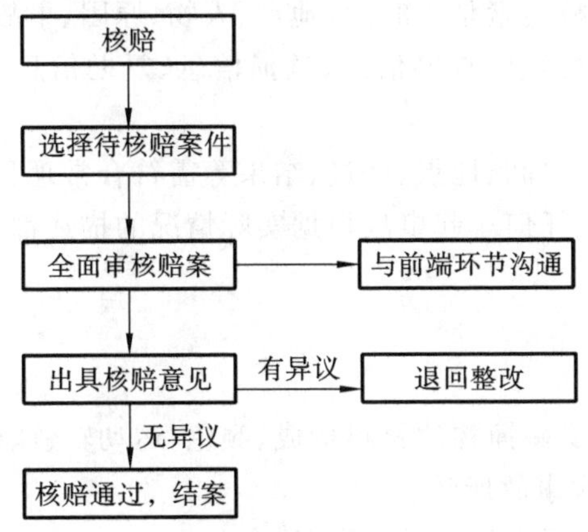

图 7-14 车险核赔流程

(二) 车险核赔的主要内容

核赔不是简单地完成对单证的审核,重要的是对整个赔案的处理过程进行管控,并对核赔险种提出防灾、防损的具体办法和要求。核赔对理赔工作质量控制的作用体现在核赔人对赔案的处理过程:一是及时了解保险标的的出险原因、损失情况,对重大案件应参与现场查勘;二是审核、确定保险责任;三是核定损失;四是审核赔款计算。核赔的防灾、防损作用:通过定期对核赔情况进行分析,发现出险案件之间的内在规律,提出防灾、防损的具体措施以及改善核保、核赔工作的意见和要求,提高承保业务质量和理赔工作质量。

车险核赔的主要内容包括审核以下事项。

1. 保单有效性

(1) 出险时间是否在承保有效期内。

(2) 被保险人与行驶证车主是否一致,是否具有可保利益。

(3) 保费是否到账(随着见费出单的规范,此类情况将逐渐杜绝)。

2. 标的车辆及三者车辆

(1) 标的车辆:核对车牌号、车架号、发动机号,确认出险车辆为保险标的车辆。

(2) 三者车辆:三者车辆的外观、车架号、发动机号以及号牌号码是否与客户报案、查勘照片、交警证明一致。

(3) 三者财物:三者损失物的外观、型号、数量等是否与客户报案、查勘照片、交警证明一致。

3. 保险责任

(1) 出险时间:是否在有效期内。

(2) 出险地点:是否在保单载明的形式范围内。

(3) 出险原因:是否承保相应险种,是否属于保险事故。出险原因的判断原则为近因原则。

(4) 驾驶人及驾驶资质。

(5) 车辆性质,即车辆合法性、年审情况及使用性质。

(6) 保单特别约定:是否符合保单特别约定中明示的责任、义务。

4. 事故的真实性

(1) 事故要素齐全。事故要素是指时间、地点、人物、原因、事故过程及损失结果。

(2) 事故表述一致:保险信息、查勘信息、核损信息、复勘信息、缮制信息等中对于事故的描述完全一致。

(3) 事故发生合理:事故时间、地点、经过、结果等需符合常理且应具备逻辑关系。

(4) 事故可再现:原则上任何一起事故根据实际情况的描述都可再现,导致的结果应与索赔原因一致。

5. 事故损失

1) 车辆损失

(1) 审核车体的本身与受碰撞物的材料构成、颜色、运动轨迹、碰撞过程、碰撞点等是否匹配,报损项目是否可能由本次事故所致。

(2) 审核车辆定损项目、损失程度是否准确、合理。

(3) 审核更换零部件是否按照规定进行了询价,定损项目与报价项目是否一致。

(4) 审核残值确定是否合理。

2) 其他财产损失

(1) 通过照片及相关单证审核物损是否由保险事故造成。

(2) 审核财产损失金额和赔款计算是否合理、准确。

3) 施救费用

根据案情和施救费用的有关规定,核定施救费用单证是否有效,金额确定是否合理。

6. 理赔单证

(1) 审核确认被保险人按规定提供的单证材料是否齐全、有效,有无涂改、伪造,是否符合单证规范要求。

(2) 审核单证是否齐全。

7. 赔款计算

(1) 审核赔款理算是否正确。

(2) 审核免赔率使用是否正确。

(3) 在查勘、核损、复勘意见中指出所需加扣的免赔。

8. 索赔人

(1) 原则上索赔人应为被保险人。

(2) 当索赔人非被保险人本人时，应持有相应法律证明(法院判决书或被保险人死亡、失踪证明)或符合法律要求的由被保险人出具的委托办理索赔的授权委托书。

9. 支付对象

(1) 根据案件实际情况，确认赔款支付对象无误。

(2) 原则上赔款只能支付给被保险人或法定受益人。

(3) 保险人或法定受益人委托办理领款的，应提供齐全的委托手续。

(4) 某些特定的情况下，收款人也可以是交通事故受害人、医院、法院等。

10. 其他

核赔工作还应按相关文件规定处理其他事项。

(三) 核赔的退回处理

核赔人员按照审核要求进行赔案审核，重点审核相关环节是否按照要求进行案件的处理，结合各环节的案件处理信息和承保情况综合考虑，给出最终赔付意见。对于无异议的案件，核赔人员核赔同意后，案件将自动结案转入支付环节；如果核赔人员对案件有异议，应退回前端相应环节责任人进行进一步的处理，核赔退回的问题得到完全处理后再发送核赔审核，核赔确认处理无误后方可通过，案件结案。核赔退回时应对问题说明清楚，以便问题处理人(责任人)理解；相关问题责任人对于核赔退回案件应及时处理。问题处理完后应及时回复，回复时应针对核赔退回的问题做处理说明。常见核赔退回问题及处理用语如表7-12所示。

表7-12 常见核赔退回问题及处理用语

常见问题类型示例	责任人	退回用语示例	回复用语示例
单证不全	缮制人员	制××单证	××单证已补
理算错误	缮制人员	××险种计算错误	计算错误已修改 (并上传错误计算公式)
验标信息不全	查勘定损人员	缺车架号(或车牌、发动机号)信息	车架号(或车牌、发动机号) 信息已上传
损失项目异议	核损人员	××更换不合理	××已删除，做修复处理
项目价格异议	核损人员	××价格偏高	价格已修改
事故事实性异议	核损或调查人员	事故真实性异议，请调查	事故已调查，调查报告已上传
保险责任异议	客服人员	驾驶证年审不合格， 不属于保险责任	案件已拒赔

任务小结

（1）汽车保险理赔简称车险理赔，是指被保险车辆发生保险责任范围内的损失后，保险人依据保险合同的约定进行处理的过程。车险理赔工作的基本流程一般包括受理报案、查勘定损、核损、赔款理算、核赔、赔付结案等。

（2）车险理赔中，报案是指被保险人在发生了保险事故之后通知保险人，要求保险人进行事故处理的过程。

（3）现场查勘是指运用科学的方法和现代技术手段，对保险事故现场进行实地勘察和查询，将事故现场、事故原因等内容完整而准确地记录下来的工作过程。

（4）保险事故现场分为原始现场、变动现场和恢复现场。

（5）现场查勘流程包括现场处理、现场调查、初步判断保险责任、现场取证、确定现场损失项目、绘制现场查勘草图、填写现场查勘报告、指导报案人进行后续处理。

（6）定损是指根据现场查勘记录，保险公司定损人员与被保险人、第三方（如交警、修理厂等）协商确定保险事故损失的过程。

（7）事故损失项目包括车辆损失、人员伤亡损失、其他财产损失和施救费用。

（8）核损是指核损人员对保险责任事故中涉及的车辆损失、人员伤亡损失、其他财产损失和施救费用的确定进行复核的过程。核损能够提高定损金额的准确性、标准性和统一性。

（9）赔款理算是指理算人员审核被保险人提供的有关单证且审核无误后，根据相关法律法规、保险条款及事故证明等确定的事故保险责任及赔偿比例，计算车险赔款、缮制赔款计算书的行为。

（10）核赔是对整个案件信息的审核，包括报案、查勘定损、核损、复勘及缮制等。

拓展与提升

人伤案件的特点及分类

一、人伤案件特点

人伤案件特点：①赔付金额较高；②赔付周期长；③赔付关系复杂；④易引起赔偿纠纷。

二、人伤案件分类

（1）轻伤：伤势轻微，不需要住院治疗，治疗费用在 2 000 元以内的案件。

（2）中度伤害：需要住院治疗，住院时间一般为一周以内，治疗费用在 2 000 元以上 10 000 元以下的案件。

（3）重度伤害：伤势较重，有骨折（非粉碎性的）或有脑、内脏复合性损伤，住院时间在三周左右，治疗费用在 30 000 元以内的案件。

（4）特重伤害：有多发复合性外伤，有中、重度昏迷，重度颅脑损伤，造成伤残或人员死亡，住院时间在三周以上，治疗费用在 30 000 元以上的案件。

查勘摄影

一、现场查勘摄影方式

现场查勘摄影一般包括方位摄影、中心摄影、细目摄影和宣传摄影四种方式。

(1) 方位摄影是指根据以事故车辆为中心的周围环境，采用不同的方式拍摄现场的位置和全貌，以反映事故现场轮廓的摄影方式。拍摄事故现场的位置时，一般采用方位摄影。

(2) 中心摄影是指以事故接触点为中心，拍摄事故接触部位及相关部位，以反映与事故相关的物体状态和痕迹特点的摄影方式。拍摄现场的中心位置时，宜采用中心摄影。

(3) 细目摄影是指拍摄事故现场的各种痕迹、物证，以反映其大小、形状和特征的摄影方式。细目摄影的拍摄部位：①事故车辆和其他物体接触部分的表面痕迹，用以反映事故原因；②物体痕迹，如事故车辆的制动痕迹、伤亡人员的血迹及机械故障的损坏痕迹等；③事故车辆的牌号、厂牌型号等；④事故的损失、伤亡与物资的损坏等。

(4) 宣传摄影是指为了宣传和收集资料的需要，运用技巧突出反映某一方面(如车辆损伤、伤亡者以及事故责任者等)的摄影方式。

二、现场查勘摄影方法

现场查勘摄影一般包括相向拍摄、十字交叉拍摄、连续拍摄和比例拍摄四种方法。

(1) 相向拍摄法是指从两个相对的方向对现场中心部分进行拍摄，以反映中心情况的摄影方法。

(2) 十字交叉拍摄法是指从四个不同的地点对现场中心部分进行交叉拍摄，以准确反映现场中心情况的摄影方法。

(3) 连续拍摄法是指将现场分段进行拍摄，然后将分段照片拼接为完整照片的方法。此种拍摄方法适用于事故现场面积较大，一张照片难以描述全貌的情况。

(4) 比例拍摄法是将尺子或其他参照物放在被损物体旁边进行拍摄的方法。此法适用于拍摄痕迹、物证以及碎片、微小物的情况，方便观者根据照片确定被拍摄物体的实际大小和尺寸。

任务工单 7

完成时间(分钟):

<table>
<tr><td rowspan="3">学习任务 7:汽车保险理赔实务</td><td>班　级</td><td colspan="3"></td></tr>
<tr><td>姓　名</td><td></td><td>学　号</td><td></td></tr>
<tr><td>日　期</td><td></td><td>评　分</td><td></td></tr>
</table>

知识习题

一、填空题

1. 车险理赔主要具有__________、__________、__________、__________等特点。

2. 当被保险人出险时,可采取多种方式报案,如__________、__________和__________。

3. 保险事故现场主要分为三类,即__________、__________和__________。

4. 定损时,事故损失项目包括__________、__________、__________和__________。

5. 事故车辆的修复费用主要由三部分组成,即__________、__________和__________。

6. 定损人员要对事故的真实性、是否有损失扩大的情况等做出总结,并出具__________,与相关人员签字确认。

7. __________是指核损人员对保险责任事故中涉及的车辆损失、人员伤亡损失、其他财产损失和施救费用的确定进行复核的过程。

8. __________是指理算人员审核被保险人提供的有关单证且审核无误后,根据相关法律法规、保险条款及事故证明等确定的事故保险责任及赔偿比例,计算车险赔款、缮制赔款计算书的行为。

9. 进行保险事故赔偿时,应先通过__________赔付,不足的部分再由__________来补充。

二、简答题

1. 什么是汽车保险理赔?
2. 简述汽车保险理赔的意义。
3. 在车险理赔过程中,应遵循哪些原则?
4. 简述汽车保险理赔人员的岗位要求。
5. 简述受理报案的主要内容。
6. 什么是现场查勘?在现场查勘前应做好哪些准备?现场查勘的主要内容有哪些?
7. 说说什么是定损,并简述定损的工作流程。
8. 核损时,如何审核案件是否在保险责任赔付范围内?
9. 什么是核赔?核赔的内容有哪些?

三、计算题

甲、乙两车相撞,甲车车损为 10 万元,医疗费损失 8 万元,货物损失 12 万元;乙车车损为 22 万元，医疗费损失 4 万元，货物损失 14 万元。甲车负主要责任，承担 70%责任；乙车负次要责任，承担 30%责任。两车均投保了车损险和商业三者险。甲车在 A 公司投保了保险金额为 16 万元的车损险，赔偿限额为 50 万元的商业三者险；乙车在 B 公司投保了保险金额为 20 万元的车损险，赔偿限额为 20 万元的商业三者险。在不考虑免赔率和交强险赔偿的条件下，分别计算 A、B 保险公司对甲、乙两车的被保险人各应承担的赔偿金额。

学习任务 8
汽车保险相关法律法规

本任务主要介绍了汽车保险从业人员职业道德及《保险法》等与汽车保险相关的常见法律法规，旨在让读者了解与汽车保险相关的法律法规基础知识及汽车保险从业人员应该具备的职业道德，同时也为从事汽车保险行业人员提供学习借鉴的资料。

知识目标

- 了解《保险法》；
- 了解我国车辆管理法律法规；
- 了解人身损害赔偿法律法规；
- 清楚汽车保险从业人员应具备的职业道德。

能力目标

- 能够利用与汽车保险相关的法律法规进行案例分析；
- 遵守汽车保险从业人员职业道德规范。

8.1 《保险法》常见条款解读

【案例导入】

2017年1月，王某买了一辆大众轿车，同时为自己的轿车买了车辆损失险和商业三者险。然而不幸的是，王某的爱车在投保一个月后被盗。在爱车被盗的一段时间后，王某突然收到交管部门的通知：他的大众轿车在李县与他人的轿车互碰发生重大交通事故，王某的轿车受损严重，肇事嫌疑人弃车逃逸；他人轿车被撞坏，驾驶员受伤。因为这起交通事故系窃贼驾驶被盗车辆所致，所以交管部门认定窃贼应当负全部责任。事故发生后，肇事嫌疑人一直在潜逃中，车祸另一方驾驶员要求王某赔偿其经济损失。与此同时，王某认为自己的轿车受损也应得到赔偿，于是向保险公司索赔。保险公司接到报案后拒绝赔偿损失，理由是损失是由窃贼造成的，并不是由被保险人造成的，不属于其保险责任。

试分析：

(1) 王某要求保险公司承担车辆损失是否合理？为什么？

(2) 王某要求保险公司承担三者损失赔偿是否合理？为什么？

【相关知识】

一、保险合同纠纷

(1) 由保险人负举证责任的情况：①保险人主张不符合承保条件的；②对询问范围及内容有争议的；③保险人履行了明确说明义务的；④保险人以被保险人自杀为由拒绝承担给付保险金责任的；⑤保险人拒付时，应当证明被保险人的死亡、伤残结果与其实施的故意犯罪或者抗拒依法采取的刑事强制措施的行为之间存在因果关系。

(2) 唯一一处不由保险人负举证责任的情况：以被保险人自杀时无民事行为能力为由抗辩的，由受益人或者被保险人的继承人承担举证责任。

(3) 代签字情况下的责任划分：投保人签字非其本人所签但交纳了保险费的，视为其对代签行为的追认，但不是对保险人履行提示义务的确认。

(4) 保险人收取了保险费，尚未做出是否承保的意思表示，发生保险事故时要看是否符合承保条件。

(5) 投保单与保险单不一致的，一般以投保单为准，但不一致的情形系经保险人说明并经投保人同意的，以投保人签收的保险单内容为准。

(6) 投保人的告知义务，限于保险人询问的范围和内容。

(7) 体检不免如实告知，即被保险人配合参加了保险公司要求的体检不能视为履行了如实告知义务，但保险人知道被保险人体检结果的除外。

(8) 对免责条款，保险人应履行提示及明确说明义务，否则该条款不产生效力。保险人所做的明确说明可为两种：①通常人可理解的；②投保人签字确认的。

(9) 禁止性规定情形作为免责事由的，只需提示，无须说明。

(10) 保险人享有的法定解除合同权的条款无须提示，无须说明。

(11) 保险人不得解除合同的情况：①明知＋已收取保费，不可解除；②明知＋超过 30 日，不可解除；③合同成立超过 2 年，不可解除；④投保人违反了投保单中所列概括性条款。

保险人未行使合同解除权，不得直接以未如实告知为由拒绝赔偿。应先解除合同，再拒绝理赔。

二、人身保险

1. 保险利益

(1) 投保人在保险合同订立时，对被保险人应具有保险利益。无保险利益的，人身保险合同无效。

(2) 投保人对下列人员具有保险利益：①本人；②配偶、子女、父母；③前项以外与投保人有抚养、赡养或扶养关系的家庭其他成员、近亲属；④与投保人有劳动关系的劳动者；⑤同意投保人为其订立合同的被保险人。

(3) 法院主动审查的事项：①人身保险订立时，是否具有保险利益；②一般死亡险，被保险人是否同意并认可保险金额。

2. 死亡险

(1) 投保人不得为无民事行为能力人投保死亡险。

(2) 死亡险合同需要经过被保险人同意并认可保险金额。此项法院应主动审查。

(3) 例外的是，父母(仅限于父母，不包括其他监护职责的人)可为其未成年子女投保死亡险，无须同意，无须认可金额，但不得超过限额。

(4) 被保险人在保险责任期间下落不明，保险人要支付保险金。

3. 欠缴保费

(1) 人寿保险的保险费，保险人不得用诉讼方式要求投保人支付。

(2) 因欠缴保险费导致保险合同效力中止的：①投保人提出复效申请＋可保证明＋补交保险费，保险人不得拒绝复效；②保险人 30 日内未明确拒绝的，视为同意复效；③复效时间为投保人补交保险费之日。

4. 受益人

(1) 被保险人可单独指定或变更受益人。

(2) 投保人指定和变更受益人时，须经被保险人同意，否则指定无效。

(3) 变更受益人，自变更意思发出时生效，但若未通知保险人则不得对抗保险人。

(4) 为劳动者投保人身保险，应指定劳动者或劳动者的近亲属为受益人。

(5) 受益人约定为法定或者法定继承人的，以《中华人民共和国继承法》的法定继承人为受益人。

(6) 受益人仅约定身份的：①投保人与被保险人为同一主体，根据事故发生时与被保险人的身份关系确定受益人，这表示该投保人以自己的生命身体订立保险合同，自己遭遇事故时才能确定受益人，即“为自己，自己死”；②投保人与被保险人为不同主体，根据合同成立时与被保险人的身份关系确定受益人，即“为他人，成立时”。

(7) 受益人约定包括姓名＋身份，保险事故发生时身份关系发生变化的，认定为未指定受益人。

(8) 受益人(有继承关系的)与被保险人在同一事件中死亡,且不能确定死亡先后顺序的,推定受益人死亡在先。

(9) 部分受益人死亡的情况,其受益份额的处理:①未约定受益顺序的,均为同一顺序;②未约定受益份额的,由其他受益人平均分。

5. 故意犯罪、自杀

(1) 投保人故意造成被保险人死、伤、病时,保险人不给付保险金。

(2) 受益人故意造成被保险人死、伤、病的,该受益人丧失受益权。

(3) 被保险人故意犯罪与其死、伤、残有因果关系时,保证人不给付保险金,且保险人就因果关系举证。

(4) 被保险人在羁押、服刑期间,因意外或者疾病造成伤残或者死亡,保险人要给付保险金。

(5) 自杀的情况:①合同成立 2 年内,被保险人一般情况自杀,保险人不给付保险金,保险人负举证责任;②合同成立 2 年内,无民事行为能力人(被保险人)自杀,保险人要给付保险金,受益人或继承人负举证责任;③合同成立满 2 年后,被保险人自杀,保险人给付保险金。

6. 第三人侵权

第三人侵权造成的人身保险事故,受益人可双份求偿,即发生人身保险事故的,保险人给付保险金后,不得向侵权人追偿。

7. 健康险

(1) 若费用补偿型商业健康险条款约定按照基本医疗保险标准支付,医疗费用超过基本医疗保险的,保险人不给付保险金;药品范围超过基本医疗保险范围的,保险人要给付保险金。

(2) 保险人主张扣减公费医疗或社保部分的,应证明该保险产品设计时已经考虑并降低了保费费率。

8. 投保人可自主解除合同的相关规定

(1) 一般无须被保险人或者受益人同意。

(2) 被保险人或者受益人已向投保人支付相当于保险单现金价值的款项并通知保险人的,需经被保险人或受益人同意。

(3) 保单的现金价值退给投保人(赎回权)。

三、财产保险

(1) 财产保险理赔中的"两限定":①保险责任≤保险金额;②保险金额≤保险价值。

(2) 不足额险:按保险金额与保险价值的比例赔偿。

(3) 重复险:按保险金额与保险金额总和的比例赔偿。

(4) 代位求偿权,财产保险有,而人身保险无。

(5) 被保险人的诉讼时效为 2 年,自其知道或者应当知道保险事故发生之日起计算。

(6) 保险人代位求偿权,诉讼时效为 2 年,应自其取得代位求偿权之日起算。

(7) 无代位求偿权的情况为特殊关系+非故意,即保险人不得对被保险人的家庭成员或者其组成人员行使代位求偿权,以及被保险人非故意造成财产保险事故时,保险人无代位求偿权。

(8) 被保险人放弃对第三者请求赔偿的权利的：①全部放弃，保险人不赔；②部分放弃，保险人赔未放弃部分。

(9) 责任保险，以民事赔偿责任为保险标的。第一，因为是财产保险，保险事故发生时具有保险利益。第二，应遵循直接支付规则。原则上由被保险人向保险人请求，但被保险人怠于请求时，第三者可直接向保险人请求赔偿保险金。第三，被保险人支付的仲裁或诉讼费用等，由保险人承担。

《保险法》具体内容见附录 A 《中华人民共和国保险法》。

8.2 车辆管理法律法规

【案例导入】

2009 年 9 月 5 日，驾驶员陈某醉酒后驾驶比亚迪轿车由西向东行驶，因情况处理不当，将公路南侧站立的行人李某、赵某撞到，造成李某、赵某死亡，陈某自己也受了伤。

(1) 陈某违反了《道路交通安全法》的哪条规定？应该受到怎样的处罚？

(2) 对于这起事故，交通管理部门人员到达现场后的处理程序是什么？

【相关知识】

一、《道路交通安全法》

(一) 修订与施行时间

《道路交通安全法》自 2004 年 5 月 1 日起施行，于 2007 年 12 月 29 日、2011 年 4 月 22 日经全国人民代表大会常务委员会修订，修订版自 2011 年 5 月 1 日起施行。

(二) 主要内容

《道路交通安全法》共八章 124 条。此八章分别为总则、车辆和驾驶人(包括机动车、非机动车，以及机动车驾驶人)、道路通行条件、道路通行规定(包括一般规定、机动车通行规定、非机动车通行规定、行人和乘车人通行规定、高速公路的特别规定)、交通事故处理、执法监督、法律责任以及附则。

1. 总则

这一部分规定了《道路交通安全法》适用对象、交通安全管理部门等内容。

《道路交通安全法》适用对象为中华人民共和国境内的车辆驾驶人、行人、乘车人以及与道路交通活动有关的单位和个人。国务院公安部门负责全国道路交通安全管理工作。县级以上地方各级人民政府公安机关交通管理部门负责本行政区域内的道路交通安全管理工作。

2. 车辆和驾驶人

这一部分规定了对车辆管理和对驾驶人管理的内容。

1) 机动车、非机动车

这一部分包含机动车上道路行驶条件、需要办理登记的特殊情形、定期进行安全技术检验、报废情况、典型禁止行为、强制保险制度、非机动车的登记规定等内容。

机动车上道路行驶的条件：①经公安机关交通管理部门登记，尚未登记的机动车，需要临时上道路行驶的，应当取得临时通行牌证；②应当悬挂机动车号牌，放置检验合格标志、保险标志，并随车携带机动车行驶证。机动车号牌应当按照规定悬挂并保持清晰、完整，不得故意遮挡、污损。

机动车需要办理登记的特殊情形有四类：①机动车所有权发生转移的；②机动车登记内容变更的；③机动车用作抵押的；④机动车报废的。

对登记后上道路行驶的机动车，应当依照法律、行政法规的规定，根据车辆用途、载客载货数量、使用年限等不同情况，定期进行安全技术检验。对提供机动车行驶证和机动车第三者责任强制保险单的，机动车安全技术检验机构应当予以检验，任何单位不得附加其他条件。对符合机动车国家安全技术标准的，公安机关交通管理部门应当发给检验合格标志。机动车的安全技术检验实行社会化，任何单位不得要求机动车到指定的场所进行检验。

国家实行机动车强制报废制度，根据机动车的安全技术状况和不同用途，规定不同的报废标准。应当报废的机动车必须及时办理注销登记。达到报废标准的机动车不得上道路行驶。报废的大型客、货车及其他营运车辆应当在公安机关交通管理部门的监督下解体。

任何单位或者个人不得有下列行为：①拼装机动车或者擅自改变机动车已登记的结构、构造或者特征；②改变机动车型号、发动机号、车架号或者车辆识别代号；③伪造、变造或者使用伪造、变造的机动车登记证书、号牌、行驶证、检验合格标志、保险标志；④使用其他机动车的登记证书、号牌、行驶证、检验合格标志、保险标志。

国家实行机动车第三者责任强制保险制度，设立道路交通事故社会救助基金。

非机动车登记规定：依法应当登记的非机动车，经公安机关交通管理部门登记后，方可上道路行驶；依法应当登记的非机动车种类，由省、自治区、直辖市人民政府根据当地实际情况规定；非机动车的外形尺寸、质量、制动器、车铃和夜间反光装置，应当符合非机动车安全技术标准。

2）机动车驾驶人

这一部分包含驾驶机动车的资格、驾驶人义务、违规处罚等内容。

驾驶机动车应当依法取得机动车驾驶证。驾驶人应当按照驾驶证载明的准驾车型驾驶机动车；驾驶机动车时，应当随身携带机动车驾驶证。驾驶证必须依照法律、行政法规的规定进行定期审验。

驾驶人驾驶机动车上道路行驶前，应当对机动车的安全技术性能进行认真检查；不得驾驶安全设施不全或者机件不符合技术标准等具有安全隐患的机动车。机动车驾驶人应当安全驾驶、文明驾驶，饮酒、服用国家管制的精神药品或者麻醉药品，或者患有妨碍安全驾驶机动车的疾病，或者过度疲劳影响安全驾驶的，不得驾驶机动车。

对机动车驾驶人违反道路交通安全法律、法规的行为，除依法给予行政处罚外，实行累积记分制度。公安机关交通管理部门对累积记分达到规定分值的机动车驾驶人，扣留机动车驾驶证，对其进行道路交通安全法律、法规教育，重新考试；考试合格的，发还其机动车驾驶证。

3. 道路通行条件

这一部分规定了道路交通信号、特殊情况下的通行等内容。

全国实行统一的道路交通信号。交通信号包括交通信号灯、交通标志、交通标线和交通警察的指挥。

特殊情况下的通行：①铁路与道路平面交叉的道口，应当设置警示灯、警示标志或者安全防护设施；②道路出现坍塌、坑槽、水毁、隆起等损毁或者交通信号灯、交通标志、交通标线等交通设施损毁、灭失的，道路、交通设施的养护部门或者管理部门应当设置警示标志并及时修复；③学校、幼儿园、医院、养老院门前的道路没有行人过街设施的，应当施划人行横道线，设置提示标志。

4. 道路通行规定

这一部分对道路通行及机动车、非机动车、行人和乘车人、高速公路通行等分别做出了规定。

1）一般规定

这一部分规定了道路划分等内容。

根据道路条件和通行需要，道路划分为机动车道、非机动车道和人行道的，机动车、非机动车、行人实行分道通行；没有划分机动车道、非机动车道和人行道的，机动车在道路中间通行，非机动车和行人在道路两侧通行。

2）机动车通行规定

这一部分规定了车辆行驶速度、安全距离、载物与载客等内容。

机动车上道路行驶，不得超过限速标志标明的最高时速。在没有限速标志的路段，应当保持安全车速。

同车道行驶的机动车，后车应当与前车保持足以采取紧急制动措施的安全距离。

机动车载物应当符合核定的载质量，严禁超载；载物的长、宽、高不得违反装载要求，不得遗洒、飘散载运物。机动车运载超限的不可解体的物品，影响交通安全的，应当按照公安机关交通管理部门指定的时间、路线、速度行驶，悬挂明显标志。在公路上运载超限的不可解体的物品，并应当依照公路法的规定执行。机动车载运爆炸物品、易燃易爆化学物品以及剧毒、放射性等危险物品，应当经公安机关批准后，按指定的时间、路线、速度行驶，悬挂警示标志并采取必要的安全措施。

机动车载人不得超过核定的人数，客运机动车不得违反规定载货。禁止货运机动车载客。在允许拖拉机通行的道路上，拖拉机可以从事货运，但是不得用于载人。

3）非机动车通行规定

这一部分规定了电动自行车等的行驶时速等内容。

非机动车应当在非机动车道内行驶；在没有非机动车道的道路上，应当靠车行道的右侧行驶。残疾人机动轮椅车、电动自行车在非机动车道内行驶时，最高车速不得超过 15 km/h。

4）行人和乘车人通行规定

这一部分规定了行人允许与禁止的行为、乘车人禁止的行为等内容。

行人应当在人行道内行走，没有人行道的靠路边行走。行人不得跨越、倚坐道路隔离设施，不得扒车、强行拦车或者实施妨碍道路交通安全的其他行为。

乘车人不得携带易燃易爆等危险物品，不得向车外抛撒物品，不得有影响驾驶人安全驾驶的行为。

5）高速公路的特别规定

这一部分规定了车辆的行驶速度等内容。

行人、非机动车、拖拉机、轮式专用机械车、铰接式客车、全挂拖斗车以及其他设计最高车速低于70 km/h的机动车，不得进入高速公路。高速公路限速标志标明的最高车速不得超过120 km/h。

5. 交通事故处理

这一部分规定了事故后驾驶人义务、事故的自行协商处理、事故的认定、事故损害赔偿的争议处理、抢救费用的支付与垫付、责任的确定等内容。

在道路上发生交通事故，车辆驾驶人应当立即停车，保护现场；造成人身伤亡的，车辆驾驶人应当立即抢救受伤人员，并迅速报告执勤的交通警察或者公安机关交通管理部门。因抢救受伤人员变动现场的，应当标明位置。乘车人、过往车辆驾驶人、过往行人应当予以协助。

在道路上发生交通事故，未造成人身伤亡，当事人对事实和成因无争议的，可以即行撤离现场，恢复交通，自行协商处理损害赔偿事宜；不即行撤离现场的，应当迅速报告执勤的交通警察或者公安机关交通管理部门。在道路上发生交通事故，仅造成轻微财产损失，并且基本事实清楚的，当事人应当先撤离现场再进行协商处理。

公安机关交通管理部门接到报警后应当立即派交通警察对交通事故现场进行勘验、检查，收集证据，中华人民共和国并根据交通事故现场勘验、检查、调查情况和有关的检验、鉴定结论，及时制作交通事故认定书，作为处理交通事故的证据。交通事故认定书应当载明交通事故的基本事实、成因和当事人的责任，并送达当事人。

对交通事故损害赔偿的争议，当事人可以请求公安机关交通管理部门调解，也可以直接向人民法院提起民事诉讼。经公安机关交通管理部门调解，当事人未达成协议或者调解书生效后不履行的，当事人可以向人民法院提起民事诉讼。

对交通事故中受伤人员的抢救费用，如果肇事车辆已参加机动车第三者责任强制保险，则由保险公司在责任限额范围内支付；抢救费用超过责任限额的、未参加机动车第三者责任强制保险或者肇事后逃逸的，由道路交通事故社会救助基金先行垫付部分或者全部抢救费用，道路交通事故社会救助基金管理机构有权向交通事故责任人追偿。

机动车发生交通事故造成人身伤亡、财产损失的，由保险公司在机动车第三者责任强制保险责任限额范围内予以赔偿，不足的部分，按照下列规定承担赔偿责任：①机动车之间发生交通事故的，由有过错一方承担赔偿责任；双方都有过错的，按照各自过错的比例分担责任。②机动车与非机动车驾驶人、行人之间发生交通事故，非机动车驾驶人、行人没有过错的，由机动车一方承担赔偿责任；有证据证明非机动车驾驶人、行人有过错的，根据过错程度适当减轻机动车一方的赔偿责任；机动车一方没有过错的，承担不超过10%的赔偿责任。交通事故的损失是非机动车驾驶人、行人故意碰撞机动车造成的，机动车一方不承担赔偿责任。

6. 执法监督

这一部分规定了公安机关交通管理部门的执法行为和具体监督等内容。

7. 法律责任

这一部分规定了驾驶人违规的处罚、车辆违规处理等内容。

驾驶人有饮酒行为的处罚规定：①饮酒后驾驶机动车的，处暂扣6个月机动车驾驶证，并处1 000元以上2 000元以下罚款，因饮酒后驾驶机动车被处罚，再次饮酒后驾驶机动车的，处10日以下拘留，并处1 000元以上2 000元以下罚款，吊销机动车驾驶证；②醉酒驾驶机动车的，由公安机关交通管理部门约束至酒醒，吊销机动车驾驶证，依法追究刑事责任，5年内不得重新取得机动车驾驶证；③饮酒后驾驶营运机动车的，处15日拘留，并处5 000元罚款，吊销机动车驾驶证，5年内不得重新取得机动车驾驶证；④醉酒驾驶营运机动车的，由公安机关交通管理部门约束至酒醒，吊销机动车驾驶证，依法追究刑事责任，10年内不得重新取得机动车驾驶证，重新取得机动车驾驶证后，不得驾驶营运机动车；⑤饮酒后或者醉酒驾驶机动车发生重大交通事故，终生不得重新取得机动车驾驶证。

8. 附则

这一部分规定了术语的含义、军队车辆、武警车辆、拖拉机的管理等内容。

“道路”是指公路、城市道路和虽在单位管辖范围但允许社会机动车通行的地方，包括广场、公共停车场等用于公众通行的场所；“车辆”是指机动车和非机动车；“机动车”是指以动力装置驱动或者牵引，上道路行驶的供人员乘用或者用于运送物品以及进行工程专项作业的轮式车辆；“非机动车”是指以人力或者畜力驱动，上道路行驶的交通工具，以及虽有动力装置驱动但设计最高时速、空车质量、外形尺寸符合有关国家标准的残疾人机动轮椅车、电动自行车等交通工具；“交通事故”是指车辆在道路上因过错或者意外造成的人身伤亡或者财产损失的事件。

中国人民解放军和中国人民武装警察部队在编机动车牌证、在编机动车检验以及机动车驾驶人考核工作，由中国人民解放军、中国人民武装警察部队有关部门负责。

对上道路行驶的拖拉机，由农业(农业机械)主管部门行使管理职权。

二、《中华人民共和国道路交通安全法实施条例》

(一) 施行时间

《中华人民共和国道路交通安全法实施条例》(以下简称《实施条例》)自2004年5月1日起施行。

(二) 主要内容

《实施条例》是根据《道路交通安全法》的规定制定的，分八章115条。此八章分别为总则、车辆和驾驶人、道路通行条件、道路通行规定、交通事故处理、执法监督、法律责任及附则。此处只对条例规定比《道路交通安全法》更细化的内容进行分析。

1. 机动车

这一部分规定了机动车登记种类及相关事项、汽车强制报废制度、行驶记录仪配备、车辆安全技术检验等内容。国家对机动车实行登记制度。

机动车的登记，分为注册登记、变更登记、转移登记、抵押登记和注销登记。

已注册登记的机动车有下列情形之一的，机动车所有人应当向登记该机动车的公安机关交通管理部门申请变更登记：①改变机动车车身颜色的；②更换发动机的；③更换车身或者车架的；④因质量有问题，制造厂更换整车的；⑤营运机动车改为非营运机动车或者非营运机动车改为营运机动车的；⑥机动车所有人的住所迁出或者迁入公安机关交通管理部门管辖区域的。

已注册登记的机动车达到国家规定的强制报废标准的，公安机关交通管理部门应当在报废期满的2个月前通知机动车所有人办理注销登记。机动车所有人应当在报废期满前将机动车交售给机动车回收企业，由机动车回收企业将报废的机动车登记证书、号牌、行驶证交公安机关交通管理部门注销。机动车所有人逾期不办理注销登记的，公安机关交通管理部门应当公告该机动车登记证书、号牌、行驶证作废。因机动车灭失申请注销登记的，机动车所有人应当向公安机关交通管理部门提交本人身份证明，交回机动车登记证书。

用于公路营运的载客汽车、重型载货汽车、半挂牵引车应当安装、使用符合国家标准的行驶记录仪。交通警察可以对机动车行驶速度、连续驾驶时间以及其他行驶状态信息进行检查。安装行驶记录仪可以分步实施，实施步骤由国务院机动车产品主管部门与有关部门规定。

机动车应当从注册登记之日起，按照下列期限进行安全技术检验：①营运载客汽车 5 年以内每年检验一次，超过 5 年的，每 6 个月检验一次；②载货汽车和大型、中型非营运载客汽车 10 年以内每年检验一次，超过 10 年的，每 6 个月检验一次；③小型、微型非营运载客汽车 6 年以内每 2 年检验一次，超过 6 年的，每年检验一次，超过 15 年的，每 6 个月检验一次；④摩托车 4 年以内每 2 年检验一次；超过 4 年的，每年检验一次；拖拉机和其他机动车每年检验一次。

2. 机动车驾驶人

这一部分规定了机动车驾驶证有效期、实习期、不能驾车的情形等内容。

机动车驾驶证的有效期为 6 年。机动车驾驶人在机动车驾驶证的 6 年有效期内，每个记分周期均未达到 12 分的，换发 10 年有效期的机动车驾驶证；在机动车驾驶证的 10 年有效期内，每个记分周期均未达到 12 分的，换发长期有效的机动车驾驶证。换发机动车驾驶证时，公安机关交通管理部门应当对机动车驾驶证进行审验。

机动车驾驶人初次申领机动车驾驶证后的 12 个月为实习期。在实习期内驾驶机动车的，应当在车身后部粘贴或者悬挂统一式样的实习标志。机动车驾驶人在实习期内不得驾驶公共汽车、营运客车或者执行任务的警车、消防车、救护车、工程救险车以及载有爆炸物品、易燃易爆化学物品、剧毒或者放射性等危险物品的机动车；驾驶的机动车不得牵引挂车。

机动车驾驶人在机动车驾驶证丢失、损毁、超过有效期或者被依法扣留、暂扣期间以及记分达到 12 分的，不得驾驶机动车。

3. 机动车通行规定

这一部分规定了机动车载物、载人、牵引挂车、牵引故障机动车以及漫水路段安全行驶等内容。

(1) 机动车载物不得超过机动车行驶证上核定的载质量，装载长度、宽度不得超出车厢，并应当遵守下列规定：①重型、中型载货汽车，半挂车载物，高度从地面起不得超过 4 m，载运集装箱的车辆不得超过 4.2 m；②其他载货的机动车载物，高度从地面起不得超过 2.5 m；③摩托车载物，高度从地面起不得超过 1.5 m，长度不得超出车身 0.2 m，两轮摩托车载物宽度左右各不得超出车把 0.15 m，三轮摩托车载物宽度不得超过车身。

载客汽车除车身外部的行李架和内置的行李箱外，不得载货。载客汽车行李架载货，从车顶起高度不得超过 0.5 m，从地面起高度不得超过 4 m。

(2) 机动车载人应当遵守下列规定：①公路载客汽车不得超过核定的载客人数，但按照规定免票的儿童除外，在载客人数已满的情况下，按照规定免票的儿童不得超过核定载客人数的 10%；②载货汽车车厢不得载客，在城市道路上，货运机动车在留有安全位置的情况下，车厢内可以附载临时作业人员 1～5 人，载物高度超过车厢栏板时，货物上不得载人；③摩托车后座不得乘坐未满 12 周岁的未成年人，轻便摩托车不得载人。

(3) 机动车牵引挂车应当符合下列规定：①载货汽车、半挂牵引车、拖拉机只允许牵引一辆挂车，挂车的灯光信号、制动、连接、安全防护等装置应当符合国家标准；②小型载客汽车只允许牵引旅居挂车或者总质量700 kg以下的挂车，挂车不得载人；③载货汽车所牵引挂车的载质量不得超过载货汽车本身的载质量。

大型、中型载客汽车，低速载货汽车，三轮汽车以及其他机动车不得牵引挂车。

(4) 牵引故障机动车应当遵守下列规定：①被牵引的机动车除驾驶人外不得载人，不得拖带挂车；②被牵引的机动车宽度不得大于牵引机动车的宽度；③当使用软连接牵引装置时，牵引车与被牵引车之间的距离应大于4 m小于10 m；④对制动失效的被牵引车，应使用硬连接牵引装置牵引；⑤牵引车和被牵引车均应开启危险报警闪光灯。

汽车吊车和轮式专用机械车不得牵引车辆。摩托车不得牵引车辆或者被其他车辆牵引。转向或者照明、信号装置失效的故障机动车，应使用专用清障车拖曳。

机动车行经漫水路或者漫水桥时，应停车察明水情，确认安全后，低速通过。

4. 附则

这一部分规定了拖拉机的管理等内容。

农业(农业机械)主管部门应当定期向公安机关交通管理部门提供拖拉机登记、安全技术检验以及拖拉机驾驶证发放的资料、数据。公安机关交通管理部门对拖拉机驾驶人作出暂扣、吊销驾驶证处罚或者记分处理的，应定期将处罚决定书和记分情况通报有关的农业(农业机械)主管部门。吊销驾驶证的，还应将驾驶证送交有关的农业(农业机械)主管部门。

三、《道路交通事故处理程序规定》

(一) 施行时间

2017年7月22日，中华人民共和国公安部发布《道路交通事故处理程序规定》，该规定自2018年5月1日起施行。

(二) 主要内容

《道路交通事故处理程序规定》共12章，分别为总则、管辖、报警和受理、自行协商、简易程序、调查(包括一般规定，现场处置和调查，交通肇事逃逸查缉及检验、鉴定)、认定与复核(包括道路交通事故认定、复核)、处罚执行、损害赔偿调解、涉外道路交通事故处理、执法监督及附则。以下仅就部分内容进行解读。

1. 总则

这一部分介绍了法规制定目的和处理道路交通事故的交警应具备的资格等内容。

为了规范道路交通事故处理程序，保障公安机关交通管理部门依法履行职责，保护道路交通事故当事人的合法权益，根据《道路交通安全法》及其实施条例等有关法律、行政法规，制定《道路交通事故处理程序规定》。

交通警察处理道路交通事故，应当取得相应等级的资格，鼓励应用先进的科技装备和先进技术处理道路交通事故。

2. 报警和受案

这一部分规定了道路交通事故当事人应当报警的情形和现场未报警而事后又报警的处理等内容。

发生死亡事故、伤人事故的，或者发生财产损失事故且有下列情形之一的，当事人应当保护现场并立即报警：①驾驶人无有效机动车驾驶证或者驾驶的机动车与驾驶证载明的准驾车型不符的；②驾驶人有饮酒、服用国家管制的精神药品或者麻醉药品嫌疑的；③驾驶人有从事校车业务或者旅客运输，严重超过额定乘员载客，或者严重超过规定时速行驶嫌疑的；④机动车无号牌或者使用伪造、变造的号牌的；⑤当事人不能自行移动车辆的；⑥一方当事人离开现场的；⑦有证据证明事故是由一方故意造成的。

驾驶人必须在确保安全的原则下，立即组织车上人员疏散到路外安全地点，避免发生次生事故。驾驶人已因道路交通事故死亡或者受伤无法行动的，车上其他人员应当自行组织疏散。

发生财产损失事故且有下列情形之一，车辆可以移动的，当事人应当组织车上人员疏散到路外安全地点，在确保安全的原则下，采取现场拍照或者标划事故车辆现场位置等方式固定证据，将车辆移至不妨碍交通的地点后报警：①机动车无检验合格标志或者无保险标志的；②碰撞建筑物、公共设施或者其他设施的。

公安机关及其交通管理部门接到报警的，应当受理，制作受案登记表并记录下列内容：①报警方式、时间，报警人姓名、联系方式，电话报警的，还应当记录报警电话；②发生或者发现道路交通事故的时间、地点；③人员伤亡情况；④车辆类型、车辆号牌号码，是否载有危险物品以及危险物品的种类、是否发生泄漏等；⑤涉嫌交通肇事逃逸的，还应当询问并记录肇事车辆的车型、颜色、特征及其逃逸方向、逃逸驾驶人的体貌特征等有关情况。报警人不报姓名的，应当记录在案。报警人不愿意公开姓名的，应当为其保密。

发生道路交通事故后当事人未报警，在事故现场撤除后，当事人又报警请求公安机关交通管理部门处理的，公安机关交通管理部门应当按照规定的记录内容予以记录，并在三日内做出是否接受案件的决定。

3. 自行协商和简易程序

这一部分规定了自行协商的情形、简易程序的适用场合等内容。

机动车与机动车、机动车与非机动车发生财产损失事故，当事人应当在确保安全的原则下，采取现场拍照或者标划事故车辆现场位置等方式固定证据后，立即撤离现场，将车辆移至不妨碍交通的地点，再协商处理损害赔偿事宜。按规定应保护现场并报警的情形除外。当事人自行协商达成协议的，制作道路交通事故自行协商协议书，并共同签名。

道路交通事故自行协商协议书应载明事故发生的时间、地点、天气、当事人姓名、驾驶证号或身份证号、联系方式、机动车种类和号牌号码、保险公司、保险凭证号、事故形态、碰撞部位、当事人的责任等内容。

公安机关交通管理部门可以适用简易程序处理以下道路交通事故，但有交通肇事、危险驾驶犯罪嫌疑的除外：①财产损失事故；②受伤当事人伤势轻微，各方当事人一致同意适用简易程序处理的伤人事故。

适用简易程序的，可以由一名交通警察处理。

交通警察适用简易程序处理道路交通事故时，应当在固定现场证据后，责令当事人撤离现场，恢复交通。拒不撤离现场的，予以强制撤离。当事人无法及时移动车辆影响通行和交通安全的，交通警察应当将车辆移至不妨碍交通的地点。

撤离现场后，交通警察应当根据现场固定的证据和当事人、证人陈述等，认定并记录道路交通事故发生的时间、地点、天气、当事人姓名、驾驶证号或者身份证号、联系方式、机动车种类和号牌号码、保险公司、保险凭证号、道路交通事故形态、碰撞部位等，并根据规定确定当事人的责任，当场制作道路交通事故认定书。不具备当场制作条件的，交通警察应当在三日内制作道路交通事故认定书。

道路交通事故认定书应当由当事人签名，并现场送达当事人。当事人拒绝签名或者接收的，交通警察应当在道路交通事故认定书上注明情况。

4. 调查

这一部分规定了道路交通事故调查的交警数量、非道路交通事故的处理、抢救费用垫付、人身伤害程度认定依据等内容。

除简易程序外，公安机关交通管理部门对道路交通事故进行调查时，交通警察不得少于两人。

交通警察调查时应当向被调查人员出示人民警察证，告知被调查人依法享有的权利和义务，向当事人发送联系卡。联系卡载明交通警察姓名、办公地址、联系方式、监督电话等内容。

交通警察调查道路交通事故时，应当合法、及时、客观、全面地收集证据。对一次死亡三人以上的道路交通事故，公安机关交通管理部门应当开展深度调查；对造成其他严重后果或者存在严重安全问题的道路交通事故，可以开展深度调查。具体程序另行规定。

交通警察到达事故现场后，应当立即进行下列工作：

(1) 按照事故现场安全防护有关标准和规范的要求划定警戒区域，在安全距离位置放置发光或者反光锥筒和警告标志，确定专人负责现场交通指挥和疏导。因道路交通事故导致交通中断或者现场处置、勘查需要采取封闭道路等交通管制措施的，还应当视情在事故现场来车方向提前组织分流，放置绕行提示标志。

(2) 组织抢救受伤人员。

(3) 指挥救护、勘查等车辆停放在安全和便于抢救、勘查的位置，开启警灯，夜间还应当开启危险报警闪光灯和示廓灯。

(4) 查找道路交通事故当事人和证人，控制肇事嫌疑人。

(5) 其他需要立即开展的工作。

道路交通事故造成人员死亡的，应当经急救、医疗人员或者法医确认，并由具备资质的医疗机构出具死亡证明。尸体应当存放在殡葬服务单位或者医疗机构等有停尸条件的场所。

交通警察应当对事故现场开展下列调查工作：①勘查事故现场，查明事故车辆、当事人、道路及其空间关系和事故发生时的天气情况；②固定、提取或者保全现场证据材料；③询问当事人、证人并制作询问笔录，现场不具备制作询问笔录条件的，可以通过录音、录像记录询问过程；④其他调查工作。

5. 认定与复核

这一部分规定了道路交通事故责任判定依据和道路交通事故认定等内容。

公安机关交通管理部门应当根据当事人的行为对发生道路交通事故所起的作用和过错的严重程度，确定当事人的责任。

(1) 一方当事人的过错导致道路交通事故的，承担全部责任。

(2) 两方或者两方以上当事人的过错导致道路交通事故的，根据其行为对事故发生的作用和过错的严重程度，分别承担主要责任、同等责任和次要责任。

(3) 各方均无导致道路交通事故的过错,属于交通意外事故的,各方均无责任。

(4) 一方当事人故意造成道路交通事故的,他方无责任。

公安机关交通管理部门应当自现场调查之日起10日内制作道路交通事故认定书。道路交通事故认定书应当载明:①道路交通事故当事人、车辆、道路和交通环境等基本情况;②道路交通事故发生经过;③道路交通事故证据及事故形成原因的分析;④当事人导致道路交通事故的过错及责任或者意外原因;⑤做出道路交通事故认定的公安机关交通管理部门名称和日期。道路交通事故认定书应当由办案民警签名或者盖章,加盖公安机关交通管理部门道路交通事故处理专用章,分别送达当事人,并告知当事人向公安机关交通管理部门申请复核、调解,以及直接向人民法院提起民事诉讼的权利、期限。

6. 损害赔偿调解

这一部分规定了损害赔偿调解日期和程序等内容。

公安机关交通管理部门受理调解申请后应当按照下列规定日期开始调解:①造成人员死亡的,从规定的办理丧葬事宜时间结束之日起;②造成人员受伤的,从治疗终结之日起;③因伤致残的,从定残之日起;④造成财产损失的,从确定损失之日起。

交通警察调解道路交通事故损害赔偿,按照下列程序实施:

(1) 告知各方当事人的权利、义务。

(2) 听取当事人各方的请求及理由。

(3) 根据道路交通事故认定书认定的事实及《中华人民共和国道路交通安全法》第七十六条规定,确定当事人承担的损害赔偿责任。

(4) 计算损害赔偿的数额,确定各方当事人各自承担的比例,人身损害赔偿的标准按照《中华人民共和国侵权责任法》《最高人民法院关于审理人身损害赔偿案件适用法律若干问题的解释》《最高人民法院关于审理道路交通事故损害赔偿案件适用法律若干问题的解释》等有关规定执行,财产损失的修复费用、折价赔偿费用按照实际价值或者评估机构的评估结论计算。

(5) 确定赔偿履行方式及期限。

7. 附则

这一部分规定了道路交通事故处理资格等级管理规定、车辆发生非道路交通事故的处理、法律文书式样等内容。

道路交通事故处理资格等级管理规定由公安部另行制定,资格证书式样全国统一。

车辆在道路以外通行时发生的事故,公安机关交通管理部门接到报案的,参照《道路交通事故处理程序规定》处理。

执行《道路交通事故处理程序规定》所需要的法律文书式样,由公安部制定。公安部没有制定式样,执法工作中需要的其他法律文书,省级公安机关可以制定式样。当事人自行协商处理损害赔偿事宜的,可以自行制作协议书,但应当符合《道路交通事故处理程序规定》中关于协议书内容的规定。

四、《最高人民法院关于审理人身损害赔偿案件适用法律若干问题的解释》

(一) 施行时间

《最高人民法院关于审理人身损害赔偿案件适用法律若干问题的解释》(以下简称《解释》)于2004年5月1日起施行。

(二) 主要内容

《解释》规定了受害人遭受人身损害后可获得的赔偿项目及其计算标准等内容。受害人遭受人身损害后可获得的赔偿项目包括四个方面:一是因就医治疗支出的各项费用以及因误工减少的收入;二是因伤致残的,其因增加生活上需要所支出的必要费用以及因丧失劳动能力导致的收入损失;三是受害人死亡的相关赔偿;四是精神损害抚慰金。

(1) 受害人遭受人身损害,因就医治疗支出的各项费用以及因误工减少的收入,包括医疗费、误工费、护理费、交通费、住宿费、住院伙食补助费、必要的营养费。

(2) 受害人因伤致残的,其因增加生活上需要所支出的必要费用以及因丧失劳动能力导致的收入损失,包括残疾赔偿金、残疾辅助器具费、被扶养人生活费,以及因康复护理、继续治疗实际发生的必要的康复费、护理费、后续治疗费。

(3) 受害人死亡的,赔偿义务人除应当根据抢救治疗情况赔偿医疗费、误工费、护理费、交通费、住宿费、住院伙食补助费、必要的营养费等相关费用外,还应当赔偿丧葬费、被扶养人生活费、死亡补偿费以及受害人亲属办理丧葬事宜支出的交通费、住宿费和误工损失等其他合理费用。

(4) 受害人或者死者近亲属遭受精神损害,赔偿权利人向人民法院请求赔偿精神损害抚慰金的,适用《最高人民法院关于确定民事侵权精神损害赔偿责任若干问题的解释》予以确定。

五、《人体损伤致残程度分级》

最高人民法院、最高人民检察院、公安部、国家安全部、司法部联合发布《人体损伤致残程度分级》(以下简称《分级》),并于2017年1月1日起施行《分级》。司法鉴定机构和司法鉴定人进行人体损伤致残程度鉴定统一适用《分级》。

《分级》有两个重要改变:

(1) 取消《交通事故处理程序规定道路交通事故受伤人员伤残评定》,自2017年1月1日后,所有交通事故案件、故意伤害案件、雇员损害等人身损害致伤的鉴定标准统一适用《分级》,工伤除外。

(2)《分级》与过去的《交通事故处理程序规定道路交通事故受伤人员伤残评定》相比,提高了伤残等级鉴定标准。

《分级》规定了人体损伤致残程度分级的原则、方法、内容和等级划分,适用于人身损害致残程度等级鉴定。

《分级》中的定义:①损伤是指各种因素造成的人体组织器官结构破坏和(或)功能障碍;②残疾是指人体组织器官结构破坏或者功能障碍,以及个体在现代临床医疗条件下难以恢复的生活、工作、社会活动能力不同程度的降低或者丧失。

《分级》将人体损伤致残程度划分为10个等级,从一级(人体致残率100%)到十级(人体致残率10%),每级致残率相差10%,依据人体组织器官结构破坏、功能障碍及其对医疗、护理的依赖程度,适当考虑由于残疾引起的社会交往和心理因素影响,综合判定致残程度等级。

8.3 汽车保险从业人员职业道德

【案例导入】

张某酒后驾车撞上护栏致车辆受损，因其是某保险代理公司代理员齐某的客户，张某便打电话与齐某协商。齐某在得知情况后与张某商定，由张某之妻王某冒充驾车司机，齐某同王某向保险公司查勘员和交警谎称王某开车发生事故，后保险公司将保险金5.85万元赔付给张某。公安机关立案并对案件进行了仔细侦查，查明情况后张某退还了保险金。

(1) 该案例中张某和齐某有哪些不当之处？

(2) 机动车保险从业人员应该遵守哪些职业道德？

【相关知识】

一、职业的定义、分类与特点

1. 职业的定义

人的社会生活分为三个领域，即家庭、职业与社会。

人们在社会生活中，为了自身生存和社会发展，一般都要终身或较长时间地从事某种专门社会工作和承担一定的社会职责，并以此作为自己获取生活资料的主要手段，这种社会工作就是职业。

人们对自己理想工作期盼的内容以工作兴趣、工作报酬、与领导的关系这三项最为重要，其他关注内容为工作时间、工作地点、与同事的关系、晋升机会、劳动保护、退休保障、工作紧张程度、技术培训等。

2. 职业的分类

《中华人民共和国职业分类大典》(以下简称《大典》)于1999年出版。2015年，由国家职业分类大典修订工作委员会召开全体会议，审议并通过了2015版的《大典》。《大典》将我国职业归为8个大类，75个中类，434个小类，1 481个细类(职业)。汽车保险理赔服务归属于专业技术人员大类，是汽车后市场领域的一个重要组成部分，做好该工作，对于提升保险公司的服务水平，满足汽车保险客户的理赔需求，具有十分重要的作用。

3. 职业的特点

人们所从事的职业是多种多样的，在不同的历史时期，职业也有所不同，有些职业会衰落甚至消失，如磨刀修剪、无线寻呼员、铅字排版工等，而有些职业又会被催生，如形象设计师、景观设计师、会展策划师、婚姻家庭咨询师等。但是，伴随人类的生存而存在的职业，始终具有其鲜明的特点。

二、道德的概述

道德是指人们的行为应遵循的原则和标准。

道德是社会环境等向人们提出的，处理个人与个人、个人与社会之间各种关系的一种特殊的行为规范。道德属于意识形态领域，它对个人与个人、个人与社会之间的各种关系具有一定的调节作用，它是靠社会舆论、内心信念、传统、习惯等来调节这些关系的。

1. 道德的特征

(1) 特殊的规范性。道德比法律宽泛，它靠社会舆论和个人信念、习惯、传统和教育的力量来维护。

(2) 更大的稳固性。在社会变革中，当旧的经济基础被打破以后，与之相适应的新的上层建筑未能及时建立起来，这时就需要依靠变化速度较慢的道德因素来约束。

(3) 特殊的层次性。不同的社会领域，有着不同的道德体系，如职业道德、家庭道德和社会公共生活规范等。

(4) 广泛的社会性。各行各业都有着带有行业行为特征的道德约束。

2. 道德的作用

道德对社会的发展可以产生积极的促进作用或消极的阻滞作用，具体体现如下：

(1) 认识作用。道德可使人正确认识自身和他人、集体、国家之间的关系，以及自己应该承担的社会责任和义务，还能帮助人们提高觉悟，正确选择行为方式和人生道路。

(2) 调节作用。道德要求个人做出必要的节制和牺牲，以维护社会生活的正常进行。

(3) 教育作用。道德通过舆论、习惯等教育人，培养人们良好的个人道德意识、品质和行为。

三、职业道德

1. 职业道德的定义

人们在从事正当职业并履行其职责过程中所应该遵循的行为规范的准则，称为职业道德。职业道德是一般社会道德在职业生活中的具体体现。

2. 职业道德的特征

(1) 阶级性和全民性。人人都要从业，人人都需要遵守职业道德，但不同的阶级有着不同的职业道德。

(2) 历史继承性和相对稳定性，如尊老爱幼、尊重妇女、社会公德等。

(3) 鲜明性和确定性。职业道德可以鲜明地表达本职业的义务和责任，以及职业行为上的道德准则，它着重反映本职业特殊的利益和要求。

(4) 灵活性和多样性。在行为准则的表达方式方面，职业道德比较具体、灵活、多样，是具体的约束性规范条文，一般采用可以体现各职业特点的术语，言简意赅地表达本行业职业道德的特殊要求。例如，教师的职业要求是学高为师、身正为范，商人的职业道德是买卖公平、童叟无欺。

3. 职业道德内容

职业道德内容包括职业态度、职业义务和职业良心三个方面。

4. 树立良好职业道德的重要性

(1) 良好的职业道德有利于社会进步。职业活动是人们主要的社会活动，用于调节职业活动中的各种关系的职业道德是反映社会道德的一个标志。从事各种职业的人都在各自的岗位上爱岗敬业、遵纪守法、不谋私利、多作贡献，必然会使社会风气和社会面貌发生显著变化，推动社会进步，构建和谐社会。

(2) 良好的职业道德有利于促进企业发展。具有良好职业道德的员工群体所表现出的道德修养和工作热忱，可集中体现企业的良好形象。在全体员工的共同努力下，更多客户得到了满意服务，信赖这家企业，从而使企业赢得了信誉，提升了形象，获得了效益，促进了发展。

（3）良好的职业道德有利于个人发展。由于职业道德具有鲜明的职业特点和具体的道德要求，凡具有良好职业道德的人，都能够自觉提高职业意识，增强爱岗敬业的主人翁意识，激励自己自觉自愿、积极主动、创造性地完成本职工作，从而培养了一种良好的职业意识，使自己受用终生。

5. 加强职业道德修养

所谓修养，是指个人在政治、学识、道德、技艺、素养等方面自觉进行学习、陶冶、提高及经过长期努力所能够达到的某种能力和素质。

1）目的和任务

加强职业道德修养的目的和任务是，通过对职业道德理论和规范的认识与体验，提高自身的职业道德素质，达到道德上的理想人格，即提高职业道德品质和职业道德境界。

2）内容

职业道德修养包括认识修养、情感修养、信念修养、习惯培养等多个方面。

（1）所谓认识修养，是指认识本职业活动的社会意义和道德价值，并认识本职业的道德关系以及调节各种关系的职业道德规范。

（2）所谓情感修养，是指将职业道德认识同个人道德观相结合而产生的对现实职业道德关系和职业行为的爱憎、好恶。它是构成职业道德品质的主要环节。

（3）所谓信念修养，是指人们在一定的认识基础上，对某种思想理论、学说和理想所持的坚定不移的观念和真诚信服、坚决执行的态度。信念是产生职业道德的内在动力，它有三个层次，即全心全意为人民服务，维护人民利益和不损害人民利益。

（4）所谓习惯培养，是指在日常职业行为中，按照社会要求的行为习惯去规范自己的言行，使之合乎社会要求。

3）提高修养的途径和方法

树立正确的人生观，内心自省，躬行实践，这是提高个人职业道德修养的有效途径和必要方法。

四、保险职业道德

1. 保险职业道德定义

保险职业道德，是指保险从业者在其职业活动中形成的并被共同遵守的道德原则和道德规范。这种规范主要依靠社会舆论、传统、习惯和内心信念来维持，这是调整保险从业人员职业活动中各种关系的基本原则。

2. 保险职业道德功能

（1）调节功能。保险职业道德可以调整保险从业人员与社会的关系，它通过各种形式的职业教育和社会舆论的力量，使保险从业人员逐渐具有一定的信念，形成一定的传统，进而成为共同遵守的行为规范。

（2）认识功能。良好的保险职业道德，有助于保险从业人员增强是非观念，认识事物、行为的性质，指导自身的言行。

（3）激励功能。通过保险职业道德的规定与实施可以影响人们的思想，培养和提高人们的保险职业道德意识，引导人们行为的功用和效能。

3. 保险职业道德的基本要求

1）诚实信用

诚信是保险行业的立业之本，这不仅是保险法律法规的规定，还是市场经济的要求和保险行业从业的基本要求。

保险行业从业人员在承保过程中，必须规范自己的经营行为。具体体现在以下方面：

（1）告知：订立合同时主动说明保险合同条款以及责任免除条款；发生事故后按合同约定赔偿。

（2）弃权与禁止反言：弃权是指保险人放弃其在保险合同中可以主张的某种权利；禁止反言是指保险人已放弃某种权利，日后不得再向被保险人主张这种权利。

2）服务至上

保险从业人员对客户的服务态度好，能提高该行业的信誉，增强保险业的生命力，反之，就会影响保险业的职业声誉。保险从业人员不应让客户感觉“投保容易理赔难”，在提高服务质量方面，应具体做到以下三个方面：

（1）强化服务意识。言语要文明；沟通讲策略，用语讲准确，建议看场合；大事讲原则、小事讲风格；平等对待对方。

（2）提高服务质量。在坚持原则、坚持行规的前提下，尽量满足客户的个性化需求；衣着大方，对客户热情接待、耐心解答、热忱帮助；言出必行。

（3）设身处地地替客户着想，认真帮助客户设计投保方案，理解客户的索赔要求。

3）爱岗敬业

所谓爱岗，就是要热爱工作岗位，热爱保险工作；所谓敬业，就是要基于对保险的热爱而产生神圣感、使命感、责任感和勤勉的行为倾向。敬业是爱岗的升华，是爱岗情感的表达。

4）精通业务

汽车保险有众多的工作岗位，如承保、核保、查勘、定损、核赔、理算等，而每个工作岗位又有其自身的特殊业务要求，每个岗位的从业人员，都应该根据自身岗位的业务要求，熟悉并最终达到精通业务的水平。

5）乐于奉献

在从事保险工作的过程中，乐于奉献主要体现在以下五个方面：

（1）要以积极心态面对工作。

（2）要培养归属意识，与同事同甘共苦，勿疏、勿畏、勿厌。新从业的员工要摒弃过去的经验，将自我调整到“空杯”状态，学会从企业的角度客观地看待自己在工作中所扮演的角色。

（3）要尽量缩短自己的“工作蜜月期”，结束新人的角色，能够独立承担工作任务，适时展现自己的才干。

（4）要具有艰苦奋斗创业精神。

（5）要经得起挫折的打击。

6）甘当“公仆”

作为一名保险行业的从事人员，要甘当保户的“公仆”，甘当同事的“公仆”。

7）团结协作

汽车属于流动性极强的保险标的，车辆在异地出险时，代其他保险人查勘、定损的人员，应该将其他保险人承保的车辆视同自己公司所承保的车辆，认真查勘，合理定损，给予客户必要的关怀。

8）风纪严整

保险从业人员的风纪严整包括以下五个方面：

(1) 遵章守纪，包括遵守政治纪律、组织纪律、廉政纪律、各项工作纪律。

(2) 作风严谨。在思想作风方面，要实事求是，密切联系群众，开展批评与自我批评；在工作作风方面，要认真负责，讲究效率，严守秘密，规范语言行为。

(3) 平等待人。要尊重他人人格，讲究民主意识，谦虚自律，努力提高个人的修养。

(4) 举止文明。着装整洁规范，仪表举止庄重，语言准确文明。

(5) 廉洁奉公。有法必依，执法必严，违法必究；自重、自省、自警、自励；清正廉洁，严格自律，为人清白，不谋私利，作风正派，品行端正。

9）公平竞争

保险从业人员需要遵循自愿、平等、公平、诚实、守信的原则，互相尊重，遵守公认的职业道德。

公平竞争的基本要求：①尊重并研究、学习竞争对手，不在客户中贬低对手；②遵纪守法，不采取不正当竞争手段与同行争揽业务。

10）保守商业秘密

商业秘密的泄露途径主要包括对外来人员缺乏防范，外出人员对所带资料保管不善，谈话被偷听，内部人员泄露秘密，人才流动，废旧载体泄露信息等。

任务小结

(1)《保险法》常见条款包括对保险合同纠纷、人身保险、财产保险等相关内容的规定。

(2)《道路交通安全法》共八章 124 条。此八章分别为总则、车辆和驾驶人（包括机动车、非机动车，以及机动车驾驶人）、道路通行条件、道路通行规定（包括一般规定、机动车通行规定、非机动车通行规定、行人和乘车人通行规定、高速公路的特别规定）、交通事故处理、执法监督、法律责任以及附则。

(3)《实施条例》分八章 115 条。此八章分别为总则、车辆和驾驶人、道路通行条件、道路通行规定、交通事故处理、执法监督、法律责任及附则。

(4)《道路交通事故处理程序规定》共 12 章，分别为总则、管辖、报警和受理、自行协商、简易程序、调查（包括一般规定，现场处置和调查，交通肇事逃逸查缉及检验、鉴定）、认定与复核（包括道路交通事故认定、复核）、处罚执行、损害赔偿调解、涉外道路交通事故处理、执法监督及附则。

(5)《最高人民法院关于审理人身损害赔偿案件适用法律若干问题的解释》规定了受害人遭受人身损害后可获得的赔偿项目及其计算标准等内容。受害人遭受人身损害后可获得的赔偿项目包括四个方面：一是因就医治疗支出的各项费用以及因误工减少的收入；二是因伤致残的，其因增加生活上需要所支出的必要费用以及因丧失劳动能力导致的收入损失；三是受害人死亡的相关赔偿；四是精神损害抚慰金。

(6)《人体损伤致残程度分级》规定了人体损伤致残程度分级的原则、方法、内容和等级划分，适用于人身损害致残程度等级鉴定；将人体损伤致残程度划分为 10 个等级，从一级（人体致残率 100%）到十级（人体致残率 10%），每级致残率相差 10%。

任务工单 8

完成时间(分钟):

<table>
<tr><td rowspan="3">学习任务 8:汽车保险相关法律法规</td><td>班　级</td><td colspan="3"></td></tr>
<tr><td>姓　名</td><td></td><td>学　号</td><td></td></tr>
<tr><td>日　期</td><td></td><td>评　分</td><td></td></tr>
</table>

知 识 习 题

一、填空题

1. 汽车保险相关法律法规主要包括____________、____________、____________、____________、____________、____________、____________和其他方面的保险特别法。

2. 保险合同的当事人包括____________、____________、____________和____________。

3. 交通信号包括____________、____________、交通标线和____________。

二、选择题

1.《保险法》是规范(　　)的根本法律。

A. 保险当事人　　B. 保险法律关系　　C. 保险合同　　D. 保险纠纷

2. 财产保险中,保险人对被保险人的赔偿金额要受到(　　)的限制。

A. 实际损失金额、保险金额、保险利益三个量的最小者

B. 实际损失金额、保险金额、保险利益三个量的最大者

C. 实际损失金额、保险金额、保险利益三个量的算数平均值

D. 实际损失金额、保险金额、保险利益三个量的加权平均值

3. 机动车与非机动车驾驶人、行人之间发生交通事故的,赔偿损失责任(　　)。

A. 一律由机动车承担　　B. 一律由非机动车承担

C. 根据过错分担　　D. 自行协商承担

4. 机动车通过交叉路口遇有交通信号灯的指示与交通警察的指挥不一致时,应当(　　)通行。

A. 按交通信号的指示

B. 按交通警察的指挥

C. 在确保安全的情况下直接

D. 在确保安全的情况下既可以按交通信号灯的指示,也可以按照交通警察的指挥。

5. 对违反道路交通安全行为的处罚种类不包括(　　)。

A. 警告　　B. 罚款　　C. 没收驾驶证　　D. 拘留

三、判断题

1. 现行《保险法》是指 1995 年 6 月颁布并于 2002 年 10 月修改的《中华人民共和国保险法》。(　　)

2. 我国《保险法》规定,从事保险活动必须遵循诚实信用原则,这是指被保险人在保险活动中,必须诚实守信,不得隐瞒欺骗。(　　)

3. 保险代理人具有代理权,其从事的所有活动属于民事法律行为,由保险人承担法律后果。(　　)

4. 保险金额与保险标的的保险价值相等。(　　)

5. 机动车在道路上临时停车的,不得妨碍其他车辆和行人通行。(　　)

附录 A 《中华人民共和国保险法》

一、修订与施行

《保险法》于1995年6月30日第八届全国人民代表大会常务委员会第十四次会议通过，后经2002年10月28日第九届全国人民代表大会常务委员会第三十次会议《关于修改〈中华人民共和国保险法〉的决定》修正，2009年2月28日第十一届全国人民代表大会常务委员会第七次会议修订，2009年2月28日中华人民共和国主席令（十一届第十一号）公布，自2009年10月1日起施行，2014年8月31日发布的《全国人民代表大会常务委员会关于修改〈中华人民共和国保险法〉等五部法律的决定》，以及2015年4月24日第十二届全国人民代表大会常务委员会第十四次会议通过的《全国人民代表大会常务委员会关于修改〈中华人民共和国计量法〉等五部法律的决定》再次对其进行修正。

二、主要内容

《保险法》共分八章，分别为总则、保险合同、保险公司、保险经营规则、保险代理人和保险经纪人、保险业监督管理、法律责任、附则。《保险法》是规范保险法律关系的根本法律，也是汽车保险法律体系的核心内容。

第一章　总则（本章规定商业保险含义、法律适用地域、经营单位、监管机构等内容）

第一条　为了规范保险活动，保护保险活动当事人的合法权益，加强对保险业的监督管理，维护社会经济秩序和社会公共利益，促进保险事业的健康发展，制定本法。

第二条　本法所称保险，是指投保人根据合同约定，向保险人支付保险费，保险人对于合同约定的可能发生的事故因其发生所造成的财产损失承担赔偿保险金责任，或者当被保险人死亡、伤残、疾病或者达到合同约定的年龄、期限等条件时承担给付保险金责任的商业保险行为。

第三条　在中华人民共和国境内从事保险活动，适用本法。

第四条　从事保险活动必须遵守法律、行政法规，尊重社会公德，不得损害社会公共利益。

第五条　保险活动当事人行使权利、履行义务应当遵循诚实信用原则。

第六条　保险业务由依照本法设立的保险公司以及法律、行政法规规定的其他保险组织经营，其他单位和个人不得经营保险业务。

第七条　在中华人民共和国境内的法人和其他组织需要办理境内保险的，应当向中华人民共和国境内的保险公司投保。

第八条　保险业和银行业、证券业、信托业实行分业经营、分业管理，保险公司与银行、证券、信托业务机构分别设立。国家另有规定的除外。

第九条　国务院保险监督管理机构依法对保险业实施监督管理。

国务院保险监督管理机构根据履行职责的需要设立派出机构。派出机构按照国务院保险监督管理机构的授权履行监督管理职责。

第二章 保险合同

第一节 一般规定

第十条 保险合同是投保人与保险人约定保险权利义务关系的协议。

投保人是指与保险人订立保险合同，并按照合同约定负有支付保险费义务的人。

保险人是指与投保人订立保险合同，并按照合同约定承担赔偿或者给付保险金责任的保险公司。

第十一条 订立保险合同，应当协商一致，遵循公平原则确定各方的权利和义务。

除法律、行政法规规定必须保险的外，保险合同自愿订立。

第十二条 人身保险的投保人在保险合同订立时，对被保险人应当具有保险利益。

财产保险的被保险人在保险事故发生时，对保险标的应当具有保险利益。

人身保险是以人的寿命和身体为保险标的的保险。

财产保险是以财产及其有关利益为保险标的的保险。

被保险人是指其财产或者人身受保险合同保障，享有保险金请求权的人。投保人可以为被保险人。

保险利益是指投保人或者被保险人对保险标的具有的法律上承认的利益。

第十三条 投保人提出保险要求，经保险人同意承保，保险合同成立。保险人应当及时向投保人签发保险单或者其他保险凭证。

保险单或者其他保险凭证应当载明当事人双方约定的合同内容。当事人也可以约定采用其他书面形式载明合同内容。

依法成立的保险合同，自成立时生效。投保人和保险人可以对合同的效力约定附条件或者附期限。

第十四条 保险合同成立后，投保人按照约定交付保险费，保险人按照约定的时间开始承担保险责任。

第十五条 除本法另有规定或者保险合同另有约定外，保险合同成立后，投保人可以解除合同，保险人不得解除合同。

第十六条 订立保险合同，保险人就保险标的或者被保险人的有关情况提出询问的，投保人应当如实告知。

投保人故意或者因重大过失未履行前款规定的如实告知义务，足以影响保险人决定是否同意承保或者提高保险费率的，保险人有权解除合同。

前款规定的合同解除权，自保险人知道有解除事由之日起，超过三十日不行使而消灭。自合同成立之日起超过二年的，保险人不得解除合同；发生保险事故的，保险人应当承担赔偿或者给付保险金的责任。

投保人故意不履行如实告知义务的，保险人对于合同解除前发生的保险事故，不承担赔偿或者给付保险金的责任，并不退还保险费。

投保人因重大过失未履行如实告知义务，对保险事故的发生有严重影响的，保险人对于合同解除前发生的保险事故，不承担赔偿或者给付保险金的责任，但应当退还保险费。

保险人在合同订立时已经知道投保人未如实告知的情况的，保险人不得解除合同；发生保险事故的，保险人应当承担赔偿或者给付保险金的责任。

保险事故是指保险合同约定的保险责任范围内的事故。

第十七条　订立保险合同，采用保险人提供的格式条款的，保险人向投保人提供的投保单应当附格式条款，保险人应当向投保人说明合同的内容。

对保险合同中免除保险人责任的条款，保险人在订立合同时应当在投保单、保险单或者其他保险凭证上作出足以引起投保人注意的提示，并对该条款的内容以书面或者口头形式向投保人作出明确说明；未作提示或者明确说明的，该条款不产生效力。

第十八条　保险合同应当包括下列事项：

（一）保险人的名称和住所；

（二）投保人、被保险人的姓名或者名称、住所，以及人身保险的受益人的姓名或者名称、住所；

（三）保险标的；

（四）保险责任和责任免除；

（五）保险期间和保险责任开始时间；

（六）保险金额；

（七）保险费以及支付办法；

（八）保险金赔偿或者给付办法；

（九）违约责任和争议处理；

（十）订立合同的年、月、日。

投保人和保险人可以约定与保险有关的其他事项。

受益人是指人身保险合同中由被保险人或者投保人指定的享有保险金请求权的人。投保人、被保险人可以为受益人。

保险金额是指保险人承担赔偿或者给付保险金责任的最高限额。

第十九条　采用保险人提供的格式条款订立的保险合同中的下列条款无效：

（一）免除保险人依法应承担的义务或者加重投保人、被保险人责任的；

（二）排除投保人、被保险人或者受益人依法享有的权利的。

第二十条　投保人和保险人可以协商变更合同内容。

变更保险合同的，应当由保险人在保险单或者其他保险凭证上批注或者附贴批单，或者由投保人和保险人订立变更的书面协议。

第二十一条　投保人、被保险人或者受益人知道保险事故发生后，应当及时通知保险人。故意或者因重大过失未及时通知，致使保险事故的性质、原因、损失程度等难以确定的，保险人对无法确定的部分，不承担赔偿或者给付保险金的责任，但保险人通过其他途径已经及时知道或者应当及时知道保险事故发生的除外。

第二十二条　保险事故发生后，按照保险合同请求保险人赔偿或者给付保险金时，投保人、被保险人或者受益人应当向保险人提供其所能提供的与确认保险事故的性质、原因、损失程度等有关的证明和资料。

保险人按照合同的约定，认为有关的证明和资料不完整的，应当及时一次性通知投保人、被保险人或者受益人补充提供。

第二十三条　保险人收到被保险人或者受益人的赔偿或者给付保险金的请求后，应当及时作出核定；情形复杂的，应当在三十日内作出核定，但合同另有约定的除外。保险人应当将核定结果通知被保险人或者受益人；对属于保险责任的，在与被保险人或者受益人达成赔偿或者给付保险金的协议后十日内，履行赔偿或者给付保险金义务。保险合同对赔偿或者给付保险金的期限有约定的，保险人应当按照约定履行赔偿或者给付保险金义务。

保险人未及时履行前款规定义务的，除支付保险金外，应当赔偿被保险人或者受益人因此受到的损失。

任何单位和个人不得非法干预保险人履行赔偿或者给付保险金的义务，也不得限制被保险人或者受益人取得保险金的权利。

第二十四条　保险人依照本法第二十三条的规定作出核定后，对不属于保险责任的，应当自作出核定之日起三日内向被保险人或者受益人发出拒绝赔偿或者拒绝给付保险金通知书，并说明理由。

第二十五条　保险人自收到赔偿或者给付保险金的请求和有关证明、资料之日起六十日内，对其赔偿或者给付保险金的数额不能确定的，应当根据已有证明和资料可以确定的数额先予支付；保险人最终确定赔偿或者给付保险金的数额后，应当支付相应的差额。

第二十六条　人寿保险以外的其他保险的被保险人或者受益人，向保险人请求赔偿或者给付保险金的诉讼时效期间为二年，自其知道或者应当知道保险事故发生之日起计算。

人寿保险的被保险人或者受益人向保险人请求给付保险金的诉讼时效期间为五年，自其知道或者应当知道保险事故发生之日起计算。

第二十七条　未发生保险事故，被保险人或者受益人谎称发生了保险事故，向保险人提出赔偿或者给付保险金请求的，保险人有权解除合同，并不退还保险费。

投保人、被保险人故意制造保险事故的，保险人有权解除合同，不承担赔偿或者给付保险金的责任；除本法第四十三条规定外，不退还保险费。

保险事故发生后，投保人、被保险人或者受益人以伪造、变造的有关证明、资料或者其他证据，编造虚假的事故原因或者夸大损失程度的，保险人对其虚报的部分不承担赔偿或者给付保险金的责任。

投保人、被保险人或者受益人有前三款规定行为之一，致使保险人支付保险金或者支出费用的，应当退回或者赔偿。

第二十八条　保险人将其承担的保险业务，以分保形式部分转移给其他保险人的，为再保险。

应再保险接受人的要求，再保险分出人应当将其自负责任及原保险的有关情况书面告知再保险接受人。

第二十九条　再保险接受人不得向原保险的投保人要求支付保险费。

原保险的被保险人或者受益人不得向再保险接受人提出赔偿或者给付保险金的请求。

再保险分出人不得以再保险接受人未履行再保险责任为由，拒绝履行或者迟延履行其原保险责任。

第三十条　采用保险人提供的格式条款订立的保险合同，保险人与投保人、被保险人或者受益人对合同条款有争议的，应当按照通常理解予以解释。对合同条款有两种以上解释的，人民法院或者仲裁机构应当作出有利于被保险人和受益人的解释。

第二节　人身保险合同

第三十一条　投保人对下列人员具有保险利益：

（一）本人；

（二）配偶、子女、父母；

（三）前项以外与投保人有抚养、赡养或者扶养关系的家庭其他成员、近亲属；

（四）与投保人有劳动关系的劳动者。

除前款规定外，被保险人同意投保人为其订立合同的，视为投保人对被保险人具有保险利益。

订立合同时，投保人对被保险人不具有保险利益的，合同无效。

第三十二条　投保人申报的被保险人年龄不真实，并且其真实年龄不符合合同约定的年龄限制的，保险人可以解除合同，并按照合同约定退还保险单的现金价值。保险人行使合同解除权，适用本法第十六条第三款、第六款的规定。

投保人申报的被保险人年龄不真实，致使投保人支付的保险费少于应付保险费的，保险人有权更正并要求投保人补交保险费，或者在给付保险金时按照实付保险费与应付保险费的比例支付。

投保人申报的被保险人年龄不真实，致使投保人支付的保险费多于应付保险费的，保险人应当将多收的保险费退还投保人。

第三十三条　投保人不得为无民事行为能力人投保以死亡为给付保险金条件的人身保险，保险人也不得承保。

父母为其未成年子女投保的人身保险，不受前款规定限制。但是，因被保险人死亡给付的保险金总和不得超过国务院保险监督管理机构规定的限额。

第三十四条　以死亡为给付保险金条件的合同，未经被保险人同意并认可保险金额的，合同无效。

按照以死亡为给付保险金条件的合同所签发的保险单，未经被保险人书面同意，不得转让或者质押。

父母为其未成年子女投保的人身保险，不受本条第一款规定限制。

第三十五条　投保人可以按照合同约定向保险人一次支付全部保险费或者分期支付保险费。

第三十六条　合同约定分期支付保险费，投保人支付首期保险费后，除合同另有约定外，投保人自保险人催告之日起超过三十日未支付当期保险费，或者超过约定的期限六十日未支付当期保险费的，合同效力中止，或者由保险人按照合同约定的条件减少保险金额。

被保险人在前款规定期限内发生保险事故的，保险人应当按照合同约定给付保险金，但可以扣减欠交的保险费。

第三十七条　合同效力依照本法第三十六条规定中止的，经保险人与投保人协商并达成协议，在投保人补交保险费后，合同效力恢复。但是，自合同效力中止之日起满二年双方未达成协议的，保险人有权解除合同。

保险人依照前款规定解除合同的，应当按照合同约定退还保险单的现金价值。

第三十八条　保险人对人寿保险的保险费，不得用诉讼方式要求投保人支付。

第三十九条　人身保险的受益人由被保险人或者投保人指定。

投保人指定受益人时须经被保险人同意。投保人为与其有劳动关系的劳动者投保人身保险，不得指定被保险人及其近亲属以外的人为受益人。

被保险人为无民事行为能力人或者限制民事行为能力人的，可以由其监护人指定受益人。

第四十条　被保险人或者投保人可以指定一人或者数人为受益人。

受益人为数人的，被保险人或者投保人可以确定受益顺序和受益份额；未确定受益份额的，受益人按照相等份额享有受益权。

第四十一条　被保险人或者投保人可以变更受益人并书面通知保险人。保险人收到变更受益人的书面通知后，应当在保险单或者其他保险凭证上批注或者附贴批单。

投保人变更受益人时须经被保险人同意。

第四十二条　被保险人死亡后，有下列情形之一的，保险金作为被保险人的遗产，由保险人依照《中华人民共和国继承法》的规定履行给付保险金的义务：

（一）没有指定受益人，或者受益人指定不明无法确定的；

（二）受益人先于被保险人死亡，没有其他受益人的；

（三）受益人依法丧失受益权或者放弃受益权，没有其他受益人的。

受益人与被保险人在同一事件中死亡，且不能确定死亡先后顺序的，推定受益人死亡在先。

第四十三条　投保人故意造成被保险人死亡、伤残或者疾病的，保险人不承担给付保险金的责任。投保人已交足二年以上保险费的，保险人应当按照合同约定向其他权利人退还保险单的现金价值。

受益人故意造成被保险人死亡、伤残、疾病的，或者故意杀害被保险人未遂的，该受益人丧失受益权。

第四十四条　以被保险人死亡为给付保险金条件的合同，自合同成立或者合同效力恢复之日起二年内，被保险人自杀的，保险人不承担给付保险金的责任，但被保险人自杀时为无民事行为能力人的除外。

保险人依照前款规定不承担给付保险金责任的，应当按照合同约定退还保险单的现金价值。

第四十五条　因被保险人故意犯罪或者抗拒依法采取的刑事强制措施导致其伤残或者死亡的，保险人不承担给付保险金的责任。投保人已交足二年以上保险费的，保险人应当按照合同约定退还保险单的现金价值。

第四十六条　被保险人因第三者的行为而发生死亡、伤残或者疾病等保险事故的，保险人向被保险人或者受益人给付保险金后，不享有向第三者追偿的权利，但被保险人或者受益人仍有权向第三者请求赔偿。

第四十七条　投保人解除合同的，保险人应当自收到解除合同通知之日起三十日内，按照合同约定退还保险单的现金价值。

第三节　财产保险合同

第四十八条　保险事故发生时，被保险人对保险标的不具有保险利益的，不得向保险人请求赔偿保险金。

第四十九条　保险标的转让的，保险标的的受让人承继被保险人的权利和义务。

保险标的转让的，被保险人或者受让人应当及时通知保险人，但货物运输保险合同和另有约定的合同除外。

因保险标的转让导致危险程度显著增加的，保险人自收到前款规定的通知之日起三十日内，可以按照合同约定增加保险费或者解除合同。保险人解除合同的，应当将已收取的保险费，按照合同约定扣除自保险责任开始之日起至合同解除之日止应收的部分后，退还投保人。

被保险人、受让人未履行本条第二款规定的通知义务的，因转让导致保险标的危险程度显著增加而发生的保险事故，保险人不承担赔偿保险金的责任。

第五十条　货物运输保险合同和运输工具航程保险合同，保险责任开始后，合同当事人不得解除合同。

第五十一条　被保险人应当遵守国家有关消防、安全、生产操作、劳动保护等方面的规定，维护保险标的的安全。

保险人可以按照合同约定对保险标的的安全状况进行检查，及时向投保人、被保险人提出消除不安全因素和隐患的书面建议。

投保人、被保险人未按照约定履行其对保险标的的安全应尽责任的，保险人有权要求增加保险费或者解除合同。

保险人为维护保险标的的安全，经被保险人同意，可以采取安全预防措施。

第五十二条　在合同有效期内，保险标的的危险程度显著增加的，被保险人应当按照合同约定及时通知保险人，保险人可以按照合同约定增加保险费或者解除合同。保险人解除合同的，应当将已收取的保险费，按照合同约定扣除自保险责任开始之日起至合同解除之日止应收的部分后，退还投保人。

被保险人未履行前款规定的通知义务的，因保险标的的危险程度显著增加而发生的保险事故，保险人不承担赔偿保险金的责任。

第五十三条　有下列情形之一的，除合同另有约定外，保险人应当降低保险费，并按日计算退还相应的保险费：

（一）据以确定保险费率的有关情况发生变化，保险标的的危险程度明显减少的；

（二）保险标的的保险价值明显减少的。

第五十四条　保险责任开始前，投保人要求解除合同的，应当按照合同约定向保险人支付手续费，保险人应当退还保险费。保险责任开始后，投保人要求解除合同的，保险人应当将已收取的保险费，按照合同约定扣除自保险责任开始之日起至合同解除之日止应收的部分后，退还投保人。

第五十五条　投保人和保险人约定保险标的的保险价值并在合同中载明的，保险标的发生损失时，以约定的保险价值为赔偿计算标准。

投保人和保险人未约定保险标的的保险价值的，保险标的发生损失时，以保险事故发生时保险标的的实际价值为赔偿计算标准。

保险金额不得超过保险价值。超过保险价值的，超过部分无效，保险人应当退还相应的保险费。

保险金额低于保险价值的，除合同另有约定外，保险人按照保险金额与保险价值的比例承担赔偿保险金的责任。

第五十六条　重复保险的投保人应当将重复保险的有关情况通知各保险人。

重复保险的各保险人赔偿保险金的总和不得超过保险价值。除合同另有约定外，各保险人按照其保险金额与保险金额总和的比例承担赔偿保险金的责任。

重复保险的投保人可以就保险金额总和超过保险价值的部分，请求各保险人按比例返还保险费。

重复保险是指投保人对同一保险标的、同一保险利益、同一保险事故分别与两个以上保险人订立保险合同，且保险金额总和超过保险价值的保险。

第五十七条　保险事故发生时，被保险人应当尽力采取必要的措施，防止或者减少损失。

保险事故发生后，被保险人为防止或者减少保险标的的损失所支付的必要的、合理的费用，由保险人承担；保险人所承担的费用数额在保险标的损失赔偿金额以外另行计算，最高不超过保险金额的数额。

第五十八条　保险标的发生部分损失的，自保险人赔偿之日起三十日内，投保人可以解除合同；除合同另有约定外，保险人也可以解除合同，但应当提前十五日通知投保人。

合同解除的，保险人应当将保险标的未受损失部分的保险费，按照合同约定扣除自保险责任开始之日起至合同解除之日止应收的部分后，退还投保人。

第五十九条　保险事故发生后，保险人已支付了全部保险金额，并且保险金额等于保险价值的，受损保险标的的全部权利归于保险人；保险金额低于保险价值的，保险人按照保险金额与保险价值的比例取得受损保险标的的部分权利。

第六十条　因第三者对保险标的的损害而造成保险事故的，保险人自向被保险人赔偿保险金之日起，在赔偿金额范围内代位行使被保险人对第三者请求赔偿的权利。

前款规定的保险事故发生后，被保险人已经从第三者取得损害赔偿的，保险人赔偿保险金时，可以相应扣减被保险人从第三者已取得的赔偿金额。

保险人依照本条第一款规定行使代位请求赔偿的权利，不影响被保险人就未取得赔偿的部分向第三者请求赔偿的权利。

第六十一条　保险事故发生后，保险人未赔偿保险金之前，被保险人放弃对第三者请求赔偿的权利的，保险人不承担赔偿保险金的责任。

保险人向被保险人赔偿保险金后，被保险人未经保险人同意放弃对第三者请求赔偿的权利的，该行为无效。

被保险人故意或者因重大过失致使保险人不能行使代位请求赔偿的权利的，保险人可以扣减或者要求返还相应的保险金。

第六十二条　除被保险人的家庭成员或者其组成人员故意造成本法第六十条第一款规定的保险事故外，保险人不得对被保险人的家庭成员或者其组成人员行使代位请求赔偿的权利。

第六十三条　保险人向第三者行使代位请求赔偿的权利时，被保险人应当向保险人提供必要的文件和所知道的有关情况。

第六十四条　保险人、被保险人为查明和确定保险事故的性质、原因和保险标的的损失程度所支付的必要的、合理的费用，由保险人承担。

第六十五条　保险人对责任保险的被保险人给第三者造成的损害，可以依照法律的规定或者合同的约定，直接向该第三者赔偿保险金。

责任保险的被保险人给第三者造成损害，被保险人对第三者应负的赔偿责任确定的，根据被保险人的请求，保险人应当直接向该第三者赔偿保险金。被保险人怠于请求的，第三者有权就其应获赔偿部分直接向保险人请求赔偿保险金。

责任保险的被保险人给第三者造成损害，被保险人未向该第三者赔偿的，保险人不得向被保险人赔偿保险金。

责任保险是指以被保险人对第三者依法应负的赔偿责任为保险标的的保险。

第六十六条　责任保险的被保险人因给第三者造成损害的保险事故而被提起仲裁或者诉讼的，被保险人支付的仲裁或者诉讼费用以及其他必要的、合理的费用，除合同另有约定外，由保险人承担。

第三章　保险公司(本章规定保险公司设立条件、营业执照领取等内容)

第六十七条　设立保险公司应当经国务院保险监督管理机构批准。

国务院保险监督管理机构审查保险公司的设立申请时，应当考虑保险业的发展和公平竞争的需要。

第六十八条　设立保险公司应当具备下列条件：

(一) 主要股东具有持续盈利能力，信誉良好，最近三年内无重大违法违规记录，净资产不低于人民币二亿元；

(二) 有符合本法和《中华人民共和国公司法》规定的章程；

(三) 有符合本法规定的注册资本；

(四) 有具备任职专业知识和业务工作经验的董事、监事和高级管理人员；

(五) 有健全的组织机构和管理制度；

(六) 有符合要求的营业场所和与经营业务有关的其他设施；

(七) 法律、行政法规和国务院保险监督管理机构规定的其他条件。

第六十九条　设立保险公司，其注册资本的最低限额为人民币二亿元。

国务院保险监督管理机构根据保险公司的业务范围、经营规模，可以调整其注册资本的最低限额，但不得低于本条第一款规定的限额。

保险公司的注册资本必须为实缴货币资本。

第七十条　申请设立保险公司，应当向国务院保险监督管理机构提出书面申请，并提交下列材料：

(一) 设立申请书，申请书应当载明拟设立的保险公司的名称、注册资本、业务范围等；

(二) 可行性研究报告；

(三) 筹建方案；

(四) 投资人的营业执照或者其他背景资料，经会计师事务所审计的上一年度财务会计报告；

(五) 投资人认可的筹备组负责人和拟任董事长、经理名单及本人认可证明；

(六) 国务院保险监督管理机构规定的其他材料。

第七十一条　国务院保险监督管理机构应当对设立保险公司的申请进行审查，自受理之日起六个月内作出批准或者不批准筹建的决定，并书面通知申请人。决定不批准的，应当书面说明理由。

第七十二条　申请人应当自收到批准筹建通知之日起一年内完成筹建工作；筹建期间不得从事保险经营活动。

第七十三条　筹建工作完成后，申请人具备本法第六十八条规定的设立条件的，可以向国务院保险监督管理机构提出开业申请。

国务院保险监督管理机构应当自受理开业申请之日起六十日内，作出批准或者不批准开业的决定。决定批准的，颁发经营保险业务许可证；决定不批准的，应当书面通知申请人并说明理由。

第七十四条　保险公司在中华人民共和国境内设立分支机构，应当经保险监督管理机构批准。

保险公司分支机构不具有法人资格，其民事责任由保险公司承担。

第七十五条　保险公司申请设立分支机构，应当向保险监督管理机构提出书面申请，并提交下列材料：

（一）设立申请书；

（二）拟设机构三年业务发展规划和市场分析材料；

（三）拟任高级管理人员的简历及相关证明材料；

（四）国务院保险监督管理机构规定的其他材料。

第七十六条　保险监督管理机构应当对保险公司设立分支机构的申请进行审查，自受理之日起六十日内作出批准或者不批准的决定。决定批准的，颁发分支机构经营保险业务许可证；决定不批准的，应当书面通知申请人并说明理由。

第七十七条　经批准设立的保险公司及其分支机构，凭经营保险业务许可证向工商行政管理机关办理登记，领取营业执照。

第七十八条　保险公司及其分支机构自取得经营保险业务许可证之日起六个月内，无正当理由未向工商行政管理机关办理登记的，其经营保险业务许可证失效。

第七十九条　保险公司在中华人民共和国境外设立子公司、分支机构，应当经国务院保险监督管理机构批准。

第八十条　外国保险机构在中华人民共和国境内设立代表机构，应当经国务院保险监督管理机构批准。代表机构不得从事保险经营活动。

第八十一条　保险公司的董事、监事和高级管理人员，应当品行良好，熟悉与保险相关的法律、行政法规，具有履行职责所需的经营管理能力，并在任职前取得保险监督管理机构核准的任职资格。

保险公司高级管理人员的范围由国务院保险监督管理机构规定。

第八十二条　有《中华人民共和国公司法》第一百四十六条规定的情形或者下列情形之一的，不得担任保险公司的董事、监事、高级管理人员：

（一）因违法行为或者违纪行为被金融监督管理机构取消任职资格的金融机构的董事、监事、高级管理人员，自被取消任职资格之日起未逾五年的；

（二）因违法行为或者违纪行为被吊销执业资格的律师、注册会计师或者资产评估机构、验证机构等机构的专业人员，自被吊销执业资格之日起未逾五年的。

第八十三条　保险公司的董事、监事、高级管理人员执行公司职务时违反法律、行政法规或者公司章程的规定，给公司造成损失的，应当承担赔偿责任。

第八十四条　保险公司有下列情形之一的，应当经保险监督管理机构批准：

（一）变更名称；

（二）变更注册资本；

（三）变更公司或者分支机构的营业场所；

（四）撤销分支机构；

（五）公司分立或者合并；

（六）修改公司章程；

（七）变更出资额占有限责任公司资本总额百分之五以上的股东，或者变更持有股份有限公司股份百分之五以上的股东；

（八）国务院保险监督管理机构规定的其他情形。

第八十五条　保险公司应当聘用专业人员，建立精算报告制度和合规报告制度。

第八十六条　保险公司应当按照保险监督管理机构的规定，报送有关报告、报表、文件和资料。

保险公司的偿付能力报告、财务会计报告、精算报告、合规报告及其他有关报告、报表、文件和资料必须如实记录保险业务事项，不得有虚假记载、误导性陈述和重大遗漏。

第八十七条　保险公司应当按照国务院保险监督管理机构的规定妥善保管业务经营活动的完整账簿、原始凭证和有关资料。

前款规定的账簿、原始凭证和有关资料的保管期限，自保险合同终止之日起计算，保险期间在一年以下的不得少于五年，保险期间超过一年的不得少于十年。

第八十八条　保险公司聘请或者解聘会计师事务所、资产评估机构、资信评级机构等中介服务机构，应当向保险监督管理机构报告；解聘会计师事务所、资产评估机构、资信评级机构等中介服务机构，应当说明理由。

第八十九条　保险公司因分立、合并需要解散，或者股东会、股东大会决议解散，或者公司章程规定的解散事由出现，经国务院保险监督管理机构批准后解散。

经营有人寿保险业务的保险公司，除因分立、合并或者被依法撤销外，不得解散。

保险公司解散，应当依法成立清算组进行清算。

第九十条　保险公司有《中华人民共和国企业破产法》第二条规定情形的，经国务院保险监督管理机构同意，保险公司或者其债权人可以依法向人民法院申请重整、和解或者破产清算；国务院保险监督管理机构也可以依法向人民法院申请对该保险公司进行重整或者破产清算。

第九十一条　破产财产在优先清偿破产费用和共益债务后，按照下列顺序清偿：

（一）所欠职工工资和医疗、伤残补助、抚恤费用，所欠应当划入职工个人账户的基本养老保险、基本医疗保险费用，以及法律、行政法规规定应当支付给职工的补偿金；

（二）赔偿或者给付保险金；

（三）保险公司欠缴的除第（一）项规定以外的社会保险费用和所欠税款；

（四）普通破产债权。

破产财产不足以清偿同一顺序的清偿要求的，按照比例分配。

破产保险公司的董事、监事和高级管理人员的工资，按照该公司职工的平均工资计算。

第九十二条　经营有人寿保险业务的保险公司被依法撤销或者被依法宣告破产的，其持有的人寿保险合同及责任准备金，必须转让给其他经营有人寿保险业务的保险公司；不能同其他保险公司达成转让协议的，由国务院保险监督管理机构指定经营有人寿保险业务的保险公司接受转让。

转让或者由国务院保险监督管理机构指定接受转让前款规定的人寿保险合同及责任准备金的，应当维护被保险人、受益人的合法权益。

第九十三条　保险公司依法终止其业务活动，应当注销其经营保险业务许可证。

第九十四条　保险公司，除本法另有规定外，适用《中华人民共和国公司法》的规定。

第四章　保险经营规则(本章规定保险公司业务范围、资金运用、保险公司员工行为规范等内容)

第九十五条　保险公司的业务范围：

(一) 人身保险业务,包括人寿保险、健康保险、意外伤害保险等保险业务;

(二) 财产保险业务,包括财产损失保险、责任保险、信用保险、保证保险等保险业务;

(三) 国务院保险监督管理机构批准的与保险有关的其他业务。

保险人不得兼营人身保险业务和财产保险业务。但是,经营财产保险业务的保险公司经国务院保险监督管理机构批准,可以经营短期健康保险业务和意外伤害保险业务。

保险公司应当在国务院保险监督管理机构依法批准的业务范围内从事保险经营活动。

第九十六条　经国务院保险监督管理机构批准,保险公司可以经营本法第九十五条规定的保险业务的下列再保险业务：

(一) 分出保险;

(二) 分入保险。

第九十七条　保险公司应当按照其注册资本总额的百分之二十提取保证金,存入国务院保险监督管理机构指定的银行,除公司清算时用于清偿债务外,不得动用。

第九十八条　保险公司应当根据保障被保险人利益、保证偿付能力的原则,提取各项责任准备金。

保险公司提取和结转责任准备金的具体办法,由国务院保险监督管理机构制定。

第九十九条　保险公司应当依法提取公积金。

第一百条　保险公司应当缴纳保险保障基金。

保险保障基金应当集中管理,并在下列情形下统筹使用：

(一) 在保险公司被撤销或者被宣告破产时,向投保人、被保险人或者受益人提供救济;

(二) 在保险公司被撤销或者被宣告破产时,向依法接受其人寿保险合同的保险公司提供救济;

(三) 国务院规定的其他情形。

保险保障基金筹集、管理和使用的具体办法,由国务院制定。

第一百零一条　保险公司应当具有与其业务规模和风险程度相适应的最低偿付能力。保险公司的认可资产减去认可负债的差额不得低于国务院保险监督管理机构规定的数额;低于规定数额的,应当按照国务院保险监督管理机构的要求采取相应措施达到规定的数额。

第一百零二条　经营财产保险业务的保险公司当年自留保险费,不得超过其实有资本金加公积金总和的四倍。

第一百零三条　保险公司对每一危险单位,即对一次保险事故可能造成的最大损失范围所承担的责任,不得超过其实有资本金加公积金总和的百分之十;超过的部分应当办理再保险。

保险公司对危险单位的划分应当符合国务院保险监督管理机构的规定。

第一百零四条　保险公司对危险单位的划分方法和巨灾风险安排方案,应当报国务院保险监督管理机构备案。

第一百零五条　保险公司应当按照国务院保险监督管理机构的规定办理再保险,并审慎选择再保险接受人。

第一百零六条　保险公司的资金运用必须稳健，遵循安全性原则。

保险公司的资金运用限于下列形式：

（一）银行存款；

（二）买卖债券、股票、证券投资基金份额等有价证券；

（三）投资不动产；

（四）国务院规定的其他资金运用形式。

保险公司资金运用的具体管理办法，由国务院保险监督管理机构依照前两款的规定制定。

第一百零七条　经国务院保险监督管理机构会同国务院证券监督管理机构批准，保险公司可以设立保险资产管理公司。

保险资产管理公司从事证券投资活动，应当遵守《中华人民共和国证券法》等法律、行政法规的规定。

保险资产管理公司的管理办法，由国务院保险监督管理机构会同国务院有关部门制定。

第一百零八条　保险公司应当按照国务院保险监督管理机构的规定，建立对关联交易的管理和信息披露制度。

第一百零九条　保险公司的控股股东、实际控制人、董事、监事、高级管理人员不得利用关联交易损害公司的利益。

第一百一十条　保险公司应当按照国务院保险监督管理机构的规定，真实、准确、完整地披露财务会计报告、风险管理状况、保险产品经营情况等重大事项。

第一百一十一条　保险公司从事保险销售的人员应当品行良好，具有保险销售所需的专业能力。保险销售人员的行为规范和管理办法，由国务院保险监督管理机构规定。

第一百一十二条　保险公司应当建立保险代理人登记管理制度，加强对保险代理人的培训和管理，不得唆使、诱导保险代理人进行违背诚信义务的活动。

第一百一十三条　保险公司及其分支机构应当依法使用经营保险业务许可证，不得转让、出租、出借经营保险业务许可证。

第一百一十四条　保险公司应当按照国务院保险监督管理机构的规定，公平、合理拟订保险条款和保险费率，不得损害投保人、被保险人和受益人的合法权益。

保险公司应当按照合同约定和本法规定，及时履行赔偿或者给付保险金义务。

第一百一十五条　保险公司开展业务，应当遵循公平竞争的原则，不得从事不正当竞争。

第一百一十六条　保险公司及其工作人员在保险业务活动中不得有下列行为：

（一）欺骗投保人、被保险人或者受益人；

（二）对投保人隐瞒与保险合同有关的重要情况；

（三）阻碍投保人履行本法规定的如实告知义务，或者诱导其不履行本法规定的如实告知义务；

（四）给予或者承诺给予投保人、被保险人、受益人保险合同约定以外的保险费回扣或者其他利益；

（五）拒不依法履行保险合同约定的赔偿或者给付保险金义务；

（六）故意编造未曾发生的保险事故、虚构保险合同或者故意夸大已经发生的保险事故的损失程度进行虚假理赔，骗取保险金或者牟取其他不正当利益；

（七）挪用、截留、侵占保险费；

（八）委托未取得合法资格的机构从事保险销售活动；

（九）利用开展保险业务为其他机构或者个人牟取不正当利益；

（十）利用保险代理人、保险经纪人或者保险评估机构，从事以虚构保险中介业务或者编造退保等方式套取费用等违法活动；

（十一）以捏造、散布虚假事实等方式损害竞争对手的商业信誉，或者以其他不正当竞争行为扰乱保险市场秩序；

（十二）泄露在业务活动中知悉的投保人、被保险人的商业秘密；

（十三）违反法律、行政法规和国务院保险监督管理机构规定的其他行为。

第五章　保险代理人和保险经纪人

第一百一十七条　保险代理人是根据保险人的委托，向保险人收取佣金，并在保险人授权的范围内代为办理保险业务的机构或者个人。

保险代理机构包括专门从事保险代理业务的保险专业代理机构和兼营保险代理业务的保险兼业代理机构。

第一百一十八条　保险经纪人是基于投保人的利益，为投保人与保险人订立保险合同提供中介服务，并依法收取佣金的机构。

第一百一十九条　保险代理机构、保险经纪人应当具备国务院保险监督管理机构规定的条件，取得保险监督管理机构颁发的经营保险代理业务许可证、保险经纪业务许可证。

第一百二十条　以公司形式设立保险专业代理机构、保险经纪人，其注册资本最低限额适用《中华人民共和国公司法》的规定。

国务院保险监督管理机构根据保险专业代理机构、保险经纪人的业务范围和经营规模，可以调整其注册资本的最低限额，但不得低于《中华人民共和国公司法》规定的限额。

保险专业代理机构、保险经纪人的注册资本或者出资额必须为实缴货币资本。

第一百二十一条　保险专业代理机构、保险经纪人的高级管理人员，应当品行良好，熟悉保险法律、行政法规，具有履行职责所需的经营管理能力，并在任职前取得保险监督管理机构核准的任职资格。

第一百二十二条　个人保险代理人、保险代理机构的代理从业人员、保险经纪人的经纪从业人员，应当品行良好，具有从事保险代理业务或者保险经纪业务所需的专业能力。

第一百二十三条　保险代理机构、保险经纪人应当有自己的经营场所，设立专门账簿记载保险代理业务、经纪业务的收支情况。

第一百二十四条　保险代理机构、保险经纪人应当按照国务院保险监督管理机构的规定缴存保证金或者投保职业责任保险。

第一百二十五条　个人保险代理人在代为办理人寿保险业务时，不得同时接受两个以上保险人的委托。

第一百二十六条　保险人委托保险代理人代为办理保险业务，应当与保险代理人签订委托代理协议，依法约定双方的权利和义务。

第一百二十七条　保险代理人根据保险人的授权代为办理保险业务的行为，由保险人承担责任。

保险代理人没有代理权、超越代理权或者代理权终止后以保险人名义订立合同，使投保人有理由相信其有代理权的，该代理行为有效。保险人可以依法追究越权的保险代理人的责任。

第一百二十八条　保险经纪人因过错给投保人、被保险人造成损失的，依法承担赔偿责任。

第一百二十九条　保险活动当事人可以委托保险公估机构等依法设立的独立评估机构或者具有相关专业知识的人员，对保险事故进行评估和鉴定。

接受委托对保险事故进行评估和鉴定的机构和人员，应当依法、独立、客观、公正地进行评估和鉴定，任何单位和个人不得干涉。

前款规定的机构和人员，因故意或者过失给保险人或者被保险人造成损失的，依法承担赔偿责任。

第一百三十条　保险佣金只限于向保险代理人、保险经纪人支付，不得向其他人支付。

第一百三十一条　保险代理人、保险经纪人及其从业人员在办理保险业务活动中不得有下列行为：

（一）欺骗保险人、投保人、被保险人或者受益人；

（二）隐瞒与保险合同有关的重要情况；

（三）阻碍投保人履行本法规定的如实告知义务，或者诱导其不履行本法规定的如实告知义务；

（四）给予或者承诺给予投保人、被保险人或者受益人保险合同约定以外的利益；

（五）利用行政权力、职务或者职业便利以及其他不正当手段强迫、引诱或者限制投保人订立保险合同；

（六）伪造、擅自变更保险合同，或者为保险合同当事人提供虚假证明材料；

（七）挪用、截留、侵占保险费或者保险金；

（八）利用业务便利为其他机构或者个人牟取不正当利益；

（九）串通投保人、被保险人或者受益人，骗取保险金；

（十）泄露在业务活动中知悉的保险人、投保人、被保险人的商业秘密。

第一百三十二条　本法第八十六条第一款、第一百一十三条的规定，适用于保险代理机构和保险经纪人。

第六章　保险业监督管理（本章规定了条款与费率的监管及对保险公司监管的方法等内容）

第一百三十三条　保险监督管理机构依照本法和国务院规定的职责，遵循依法、公开、公正的原则，对保险业实施监督管理，维护保险市场秩序，保护投保人、被保险人和受益人的合法权益。

第一百三十四条　国务院保险监督管理机构依照法律、行政法规制定并发布有关保险业监督管理的规章。

第一百三十五条　关系社会公众利益的保险险种、依法实行强制保险的险种和新开发的人寿保险险种等的保险条款和保险费率，应当报国务院保险监督管 理机构批准。国务院保险监督管理机构审批时，应当遵循保护社会公众利益和防止不正当竞争的原则。其他保险险种的保险条款和保险费率，应当报保险监督管理机构备案。

保险条款和保险费率审批、备案的具体办法，由国务院保险监督管理机构依照前款规定制定。

第一百三十六条　保险公司使用的保险条款和保险费率违反法律、行政法规或者国务院保险监督管理机构的有关规定的，由保险监督管理机构责令停止使用，限期修改；情节严重的，可以在一定期限内禁止申报新的保险条款和保险费率。

第一百三十七条　国务院保险监督管理机构应当建立健全保险公司偿付能力监管体系，对保险公司的偿付能力实施监控。

第一百三十八条　对偿付能力不足的保险公司，国务院保险监督管理机构应当将其列为重点监管对象，并可以根据具体情况采取下列措施：

（一）责令增加资本金、办理再保险；

（二）限制业务范围；

（三）限制向股东分红；

（四）限制固定资产购置或者经营费用规模；

（五）限制资金运用的形式、比例；

（六）限制增设分支机构；

（七）责令拍卖不良资产、转让保险业务；

（八）限制董事、监事、高级管理人员的薪酬水平；

（九）限制商业性广告；

（十）责令停止接受新业务。

第一百三十九条　保险公司未依照本法规定提取或者结转各项责任准备金，或者未依照本法规定办理再保险，或者严重违反本法关于资金运用的规定的，由保险监督管理机构责令限期改正，并可以责令调整负责人及有关管理人员。

第一百四十条　保险监督管理机构依照本法第一百三十九条的规定作出限期改正的决定后，保险公司逾期未改正的，国务院保险监督管理机构可以决定选派保险专业人员和指定该保险公司的有关人员组成整顿组，对公司进行整顿。

整顿决定应当载明被整顿公司的名称、整顿理由、整顿组成员和整顿期限，并予以公告。

第一百四十一条　整顿组有权监督被整顿保险公司的日常业务。被整顿公司的负责人及有关管理人员应当在整顿组的监督下行使职权。

第一百四十二条　整顿过程中，被整顿保险公司的原有业务继续进行。但是，国务院保险监督管理机构可以责令被整顿公司停止部分原有业务、停止接受新业务，调整资金运用。

第一百四十三条　被整顿保险公司经整顿已纠正其违反本法规定的行为，恢复正常经营状况的，由整顿组提出报告，经国务院保险监督管理机构批准，结束整顿，并由国务院保险监督管理机构予以公告。

第一百四十四条　保险公司有下列情形之一的，国务院保险监督管理机构可以对其实行接管：

（一）公司的偿付能力严重不足的；

（二）违反本法规定，损害社会公共利益，可能严重危及或者已经严重危及公司的偿付能力的。

被接管的保险公司的债权债务关系不因接管而变化。

第一百四十五条　接管组的组成和接管的实施办法，由国务院保险监督管理机构决定，并予以公告。

第一百四十六条　接管期限届满，国务院保险监督管理机构可以决定延长接管期限，但接管期限最长不得超过二年。

第一百四十七条 接管期限届满，被接管的保险公司已恢复正常经营能力的，由国务院保险监督管理机构决定终止接管，并予以公告。

第一百四十八条 被整顿、被接管的保险公司有《中华人民共和国企业破产法》第二条规定情形的，国务院保险监督管理机构可以依法向人民法院申请对该保险公司进行重整或者破产清算。

第一百四十九条 保险公司因违法经营被依法吊销经营保险业务许可证的，或者偿付能力低于国务院保险监督管理机构规定标准，不予撤销将严重危害保险市场秩序、损害公共利益的，由国务院保险监督管理机构予以撤销并公告，依法及时组织清算组进行清算。

第一百五十条 国务院保险监督管理机构有权要求保险公司股东、实际控制人在指定的期限内提供有关信息和资料。

第一百五十一条 保险公司的股东利用关联交易严重损害公司利益，危及公司偿付能力的，由国务院保险监督管理机构责令改正。在按照要求改正前，国务院保险监督管理机构可以限制其股东权利；拒不改正的，可以责令其转让所持的保险公司股权。

第一百五十二条 保险监督管理机构根据履行监督管理职责的需要，可以与保险公司董事、监事和高级管理人员进行监督管理谈话，要求其就公司的业务活动和风险管理的重大事项作出说明。

第一百五十三条 保险公司在整顿、接管、撤销清算期间，或者出现重大风险时，国务院保险监督管理机构可以对该公司直接负责的董事、监事、高级管理人员和其他直接责任人员采取以下措施：

（一）通知出境管理机关依法阻止其出境；

（二）申请司法机关禁止其转移、转让或者以其他方式处分财产，或者在财产上设定其他权利。

第一百五十四条 保险监督管理机构依法履行职责，可以采取下列措施：

（一）对保险公司、保险代理人、保险经纪人、保险资产管理公司、外国保险机构的代表机构进行现场检查；

（二）进入涉嫌违法行为发生场所调查取证；

（三）询问当事人及与被调查事件有关的单位和个人，要求其对与被调查事件有关的事项作出说明；

（四）查阅、复制与被调查事件有关的财产权登记等资料；

（五）查阅、复制保险公司、保险代理人、保险经纪人、保险资产管理公司、外国保险机构的代表机构以及与被调查事件有关的单位和个人的财务会计资料及其他相关文件和资料；对可能被转移、隐匿或者毁损的文件和资料予以封存；

（六）查询涉嫌违法经营的保险公司、保险代理人、保险经纪人、保险资产管理公司、外国保险机构的代表机构以及与涉嫌违法事项有关的单位和个人的银行账户；

（七）对有证据证明已经或者可能转移、隐匿违法资金等涉案财产或者隐匿、伪造、毁损重要证据的，经保险监督管理机构主要负责人批准，申请人民法院予以冻结或者查封。

保险监督管理机构采取前款第（一）项、第（二）项、第（五）项措施的，应当经保险监督管理机构负责人批准；采取第（六）项措施的，应当经国务院保险监督管理机构负责人批准。

保险监督管理机构依法进行监督检查或者调查，其监督检查、调查的人员不得少于二人，并应当出示合法证件和监督检查、调查通知书；监督检查、调查的人员少于二人或者未出示合法证件和监督检查、调查通知书的，被检查、调查的单位和个人有权拒绝。

第一百五十五条　保险监督管理机构依法履行职责，被检查、调查的单位和个人应当配合。

第一百五十六条　保险监督管理机构工作人员应当忠于职守，依法办事，公正廉洁，不得利用职务便利牟取不正当利益，不得泄露所知悉的有关单位和个人的商业秘密。

第一百五十七条　国务院保险监督管理机构应当与中国人民银行、国务院其他金融监督管理机构建立监督管理信息共享机制。

保险监督管理机构依法履行职责，进行监督检查、调查时，有关部门应当予以配合。

第七章　法律责任(本章规定了对保险公司、保险中介等存在违法行为的具体处理规定)

第一百五十八条　违反本法规定，擅自设立保险公司、保险资产管理公司或者非法经营商业保险业务的，由保险监督管理机构予以取缔，没收违法所得，并处违法所得一倍以上五倍以下的罚款；没有违法所得或者违法所得不足二十万元的，处二十万元以上一百万元以下的罚款。

第一百五十九条　违反本法规定，擅自设立保险专业代理机构、保险经纪人，或者未取得经营保险代理业务许可证、保险经纪业务许可证从事保险代理业 务、保险经纪业务的，由保险监督管理机构予以取缔，没收违法所得，并处违法所得一倍以上五倍以下的罚款；没有违法所得或者违法所得不足五万元的，处五万元 以上三十万元以下的罚款。

第一百六十条　保险公司违反本法规定，超出批准的业务范围经营的，由保险监督管理机构责令限期改正，没收违法所得，并处违法所得一倍以上五倍 以下的罚款；没有违法所得或者违法所得不足十万元的，处十万元以上五十万元以下的罚款。逾期不改正或者造成严重后果的，责令停业整顿或者吊销业务许可证。

第一百六十一条　保险公司有本法第一百一十六条规定行为之一的，由保险监督管理机构责令改正，处五万元以上三十万元以下的罚款；情节严重的，限制其业务范围、责令停止接受新业务或者吊销业务许可证。

第一百六十二条　保险公司违反本法第八十四条规定的，由保险监督管理机构责令改正，处一万元以上十万元以下的罚款。

第一百六十三条　保险公司违反本法规定，有下列行为之一的，由保险监督管理机构责令改正，处五万元以上三十万元以下的罚款：

（一）超额承保，情节严重的；

（二）为无民事行为能力人承保以死亡为给付保险金条件的保险的。

第一百六十四条　违反本法规定，有下列行为之一的，由保险监督管理机构责令改正，处五万元以上三十万元以下的罚款；情节严重的，可以限制其业务范围、责令停止接受新业务或者吊销业务许可证：

（一）未按照规定提存保证金或者违反规定动用保证金的；

（二）未按照规定提取或者结转各项责任准备金的；

（三）未按照规定缴纳保险保障基金或者提取公积金的；

（四）未按照规定办理再保险的；

（五）未按照规定运用保险公司资金的；

（六）未经批准设立分支机构；

（七）未按照规定申请批准保险条款、保险费率的。

第一百六十五条　保险代理机构、保险经纪人有本法第一百三十一条规定行为之一的，由保险监督管理机构责令改正，处五万元以上三十万元以下的罚款；情节严重的，吊销业务许可证。

第一百六十六条　保险代理机构、保险经纪人违反本法规定，有下列行为之一的，由保险监督管理机构责令改正，处二万元以上十万元以下的罚款；情节严重的，责令停业整顿或者吊销业务许可证：

（一）未按照规定缴存保证金或者投保职业责任保险的；

（二）未按照规定设立专门账簿记载业务收支情况的。

第一百六十七条　违反本法规定，聘任不具有任职资格的人员的，由保险监督管理机构责令改正，处二万元以上十万元以下的罚款。

第一百六十八条　违反本法规定，转让、出租、出借业务许可证的，由保险监督管理机构处一万元以上十万元以下的罚款；情节严重的，责令停业整顿或者吊销业务许可证。

第一百六十九条　违反本法规定，有下列行为之一的，由保险监督管理机构责令限期改正；逾期不改正的，处一万元以上十万元以下的罚款：

（一）未按照规定报送或者保管报告、报表、文件、资料的，或者未按照规定提供有关信息、资料的；

（二）未按照规定报送保险条款、保险费率备案的；

（三）未按照规定披露信息的。

第一百七十条　违反本法规定，有下列行为之一的，由保险监督管理机构责令改正，处十万元以上五十万元以下的罚款；情节严重的，可以限制其业务范围、责令停止接受新业务或者吊销业务许可证：

（一）编制或者提供虚假的报告、报表、文件、资料的；

（二）拒绝或者妨碍依法监督检查的；

（三）未按照规定使用经批准或者备案的保险条款、保险费率的。

第一百七十一条　保险公司、保险资产管理公司、保险专业代理机构、保险经纪人违反本法规定的，保险监督管理机构除分别依照本法第一百六十条至第一百七十条的规定对该单位给予处罚外，对其直接负责的主管人员和其他直接责任人员给予警告，并处一万元以上十万元以下的罚款；情节严重的，撤销任职资格。

第一百七十二条　个人保险代理人违反本法规定的，由保险监督管理机构给予警告，可以并处二万元以下的罚款；情节严重的，处二万元以上十万元以下的罚款。

第一百七十三条　外国保险机构未经国务院保险监督管理机构批准，擅自在中华人民共和国境内设立代表机构的，由国务院保险监督管理机构予以取缔，处五万元以上三十万元以下的罚款。

外国保险机构在中华人民共和国境内设立的代表机构从事保险经营活动的，由保险监督管理机构责令改正，没收违法所得，并处违法所得一倍以上五倍以下的罚款；没有违法所得或者违法所得不足二十万元的，处二十万元以上一百万元以下的罚款；对其首席代表可以责令撤换;情节严重的,撤销其代表机构。

第一百七十四条　投保人、被保险人或者受益人有下列行为之一,进行保险诈骗活动,尚不构成犯罪的,依法给予行政处罚:

(一)投保人故意虚构保险标的,骗取保险金的;

(二)编造未曾发生的保险事故,或者编造虚假的事故原因或者夸大损失程度,骗取保险金的;

(三)故意造成保险事故,骗取保险金的。

保险事故的鉴定人、评估人、证明人故意提供虚假的证明文件,为投保人、被保险人或者受益人进行保险诈骗提供条件的,依照前款规定给予处罚。

第一百七十五条　违反本法规定,给他人造成损害的,依法承担民事责任。

第一百七十六条　拒绝、阻碍保险监督管理机构及其工作人员依法行使监督检查、调查职权,未使用暴力、威胁方法的,依法给予治安管理处罚。

第一百七十七条　违反法律、行政法规的规定,情节严重的,国务院保险监督管理机构可以禁止有关责任人员一定期限直至终身进入保险业。

第一百七十八条　保险监督管理机构从事监督管理工作的人员有下列情形之一的,依法给予处分:

(一)违反规定批准机构的设立的;

(二)违反规定进行保险条款、保险费率审批的;

(三)违反规定进行现场检查的;

(四)违反规定查询账户或者冻结资金的;

(五)泄露其知悉的有关单位和个人的商业秘密的;

(六)违反规定实施行政处罚的;

(七)滥用职权、玩忽职守的其他行为。

第一百七十九条　违反本法规定,构成犯罪的,依法追究刑事责任。

第八章　附则(本章为辅助性规定内容,包含保险公司应加入保险行业协会,以及海上保险、农业保险的适用法律等)

第一百八十条　保险公司应当加入保险行业协会。保险代理人、保险经纪人、保险公估机构可以加入保险行业协会。

保险行业协会是保险业的自律性组织,是社会团体法人。

第一百八十一条　保险公司以外的其他依法设立的保险组织经营的商业保险业务,适用本法。

第一百八十二条　海上保险适用《中华人民共和国海商法》的有关规定;《中华人民共和国海商法》未规定的,适用本法的有关规定。

第一百八十三条　中外合资保险公司、外资独资保险公司、外国保险公司分公司适用本法规定;法律、行政法规另有规定的,适用其规定。

第一百八十四条　国家支持发展为农业生产服务的保险事业。农业保险由法律、行政法规另行规定。

强制保险,法律、行政法规另有规定的,适用其规定。

第一百八十五条　本法自 2009 年 10 月 1 日起施行。

参考文献 CANKAOWENXIAN

[1] 贾喜君.汽车保险与理赔[M].哈尔滨:哈尔滨工业大学出版社,2013.

[2] 周燕.汽车保险与理赔实务[M].北京:机械工业出版社,2016.

[3] 樊永强,寿茂峰,欧阳淼娃.汽车保险与理赔[M].北京:北京工业大学出版社,2017.

[4] 王永盛. 车险理赔查勘与定损[M]. 3 版.北京:机械工业出版社,2014.

[5] 马春阳,程高利,王永春.汽车保险与理赔[M].北京:航空工业出版社,2018.

[6] 李景芝,赵长利.汽车保险典型案例分析[M].北京:国防工业出版社,2010.